JN121014

学校組織のナレッジマネジメント

より良い体育授業実践を目指して効果的な教師間コミュニケーションを探る

高岡敦史 著

目 次

第5章　考　察

第6章　結　論

まえがき

学校には，社会の変化に合わせて様々な「改革」が文部科学省から降ってくる.

公教育は国家的・国際的な未来を形成する極めて重要なシステムであるから，政府がガバナンスする必要があるのは当然だ.

一つひとつの「改革」は，様々な会議体で検討が重ねられたものだから，意味や意義のあるものなのだが，社会の変化が激しくなるにしたがって「改革」も矢継ぎ早となり，学校は追われることになる.

しかし，多くの学校教員は，高い使命感に基づいて献身的な教育実践を日々展開していて，降ってくる「改革」もやがて自分のものにして，教育実践を変えていく. そうして，学校教育はリニューアルを続けてきた.

リニューアルし続けるためのエネルギー源は，教師としての成長，子どもたちを育てるんだという大きな目的意識，そして，学級づくりや授業づくり，生徒指導を自律的に実践できるという意識に基づく教員の内発的なモチベーションだろう. 外からの制度的な圧力や補助金や助成金といった経済的なインセンティブからは，複雑でクリエイティブな学校教員の仕事にとって有効なモチベーションは生まれないからだ.

私が学校教員のコミュニケーションに関心を抱いたのは，崇高な内発的なモチベーションを持ち，支え合い，モチベーションを高め合う姿を，授業研究の会議の場で感じたからである. そして，対話する姿や言葉にこそ，授業づくりや学校づくりの成否を決める要素が詰まっているのではないかと思ったからだ.

いざ，教員間コミュニケーションを分析対象にしようとすると，コミュニケーション現象を「みる」ための枠組みが必要になる.「この対話は良いのか，悪いのか」,「この話し合いはどういう機能を持っているのか」といったことを分析的に理解しようとすれば,「みる」側に，ものさしや分類基準のようなものが必要だ.

私が採用した枠組みは，野中郁次郎先生の知識創造理論だった.

知識創造理論は，教員の一言一言に，発言者の知識がどう表現され，対話の場に出された知識がどう共有されたり，どう更新されたりするのか，というコミュニケーションの動きを分析したり，長い時間をかけた話し合いの大きな流れやその機能を分析したりすることができる認識枠組みを提供してくれる．そして，それだけでなく，結果的により良い授業づくりに向かうことができる知の共有と更新の対話の作法を明らかにできる可能性を持っていると直感した．結果的に，強力な理論であることが明らかになったし，その説明力や分析力は今でもまったく薄れていないと感じている．

本書は，体育・スポーツ経営学を学ぶ大学院生だった私の博士論文をベースにしている．

分析対象にした教員間コミュニケーションは,体育授業づくりをめぐるものだ.

保健体育には，いわゆる教科書がない．学習内容の考え方は学習指導要領に示されているものの，授業実践では，唯一絶対の正解が出せるような問いはほとんどないし，学習方法も極めて多様にあり得る．つまり，体育授業づくりは，教科教育の中でも突出して無形の知の集積が求められると言える．

学校教育をはじめとしたヒューマン･サービスは,無形の知に支えられている．本書は体育授業をめぐる教員間コミュニケーションに関する研究成果だが，体育以外の先生方にも示唆が与えられるものではないかと思うし，多くの組織に適用させられる知見を含んでいるとも思う．

第1章
学校組織のナレッジマネジメントはなぜ必要か？

第1節　授業をめぐる問題

学ぶことはすべての子どもたちの権利である．そのため，すべての地域，すべての学校，すべての学級において良質な授業が提供されるべきだと考えられているし，期待もされている．わが国においては，憲法および教育基本法を上位法とした教育に関わる様々な各種法令，規則等によって，教育の平等性を保障するための制度は整えられている．

しかし，実際の授業における教育実践は教師個人の力量やその場，その瞬間の判断に委ねられているし，学習目標や学習内容の設定にも一定程度の裁量が認められていると考えてよいだろう[1]．そういう意味で，実際の授業実践の細部にまで平等性を確保する教育制度上の統制が行き渡っていると考えることは難しいと言える．良質な授業が平等に展開されなければならないということと，授業実践が教師個人に委ねられているということとの間に葛藤や矛盾があると考えるべきだろう．

この問題は，個別学校において授業をいかに教師間で差異なく良質に展開するか，という教科教育経営上の課題として捉えられる．経営課題としての授業実践とその教育成果の教師間差異（以下，これを授業の教師間差異と総称する）は，次の２つの要因によって生起することが想定される．

・学習指導の力量に教師間差異があり，指導行為やその効果性に違いが生じる．

・教科教育の考え方に教師間差異があり，設定される学習目標や内容，指導法等に違いが生じる．

指導力量の教師間差異は，相対的に力量の低い教師が職能成長することで是正されるはずだ．わが国においては，これまで様々な形式の研修や授業研究の機会が設けられ，教師の職能成長が図られてきたし，教師同士の学び合いは，学校によって活発であったり，そうでなかったりするものの少なからず残っている[2]．研修や学び合いを活性化することによって，教師間差異の縮減が達成されると考

---

[1] 授業が教師個人の自由裁量範囲内の業務であるという共通認識が教師間で相互不可侵の規範を形成してしまう状況が小学校において固定化した場合，学級王国と揶揄されるところである．

[2] わが国における校内研修の歴史については千々布(2005)や松木(2008)を参照している．

えられる．

一方，教科教育の考え方の違いに起因する授業の教師間差異は，問題が複雑である．「良質な授業」に関する考え方は，時代や地域，学校によって微妙に異なるであろうし，今日でも民間研究団体や研究者による教育論議が続いていることを鑑みれば，教科教育の考え方が教師によって異なることはあり得ることである．しかし，個別学校に教育経営の裁量権限を認め，説明責任を要求している学校経営改革（小島，2007）にあっては，少なくとも組織[3]としての個別学校内での意思統一が必要であると言えるだろう．組織内の意思統一には成員間のコミュニケーションが不可欠である．すなわち，授業の教師間差異の縮減は，その要因の如何に関わらず，教師間コミュニケーションによってなされると考えられるのである．

組織における成員の職能開発や意思統一に対してコミュニケーションが有効であるという指摘は数多くある（狩俣，1992；榊原・大和，2000；秋田・ルイス，2008など）．しかし，授業の教師間差異を縮減するコミュニケーションのメカニズムは明らかになっていない．本研究のはじめの問いは，どのような教師間コミュニケーションが授業の教師間差異を縮減するのか，ということである．

一方，今日の教科教育が抱える経営問題は授業実践の教師間差異だけではない．

先述したように，今日の学校には説明責任が求められ，それに応えるための自律的な教育経営の裁量権限が認められている．そして，より良い教育を組織的・自律的に追究し，実現し続けていくことが期待されている．わが国においては，校内研修や授業研究が教育改善の機会として脈々と展開されており，そこで生起する教師間コミュニケーションには，既存の授業を見直したり，新たな教育のあり方を見出したりしうる機能を有することが期待されている（秋田・ルイス，2008；松木，2008）．

以上の議論を踏まえれば，教科教育をめぐる教師間コミュニケーションに関する研究は，教師間差異を縮減させるという側面に加えて，授業を改善・革新するという側面に対しても焦点を当てたものでなくてはならない．学校改善や教育改善に対する教師間コミュニケーションの重要性の指摘は枚挙に暇がない（中留，1989；児島ほか，1996；佐藤，2003など）．しかし，改善を達成するコミュニケーションのメカニズムについては明らかになっていない．

---

[3] 中学校・高等学校においては各教科科がこれに当たるが，学級担任制を採用する小学校では体育に関わる教師集団がこれに当たり，一般に学校組織と同一である．体育に関しては，断りがない限り，これらを体育組織と総称する．

そこで本研究は，どのようなコミュニケーションが授業の教師間差異を縮減したり，授業改善を促進したりするのか，という問いを出発点としたい．そして，その題材として，学習内容が記載された教科書がない体育授業を取り上げたい．

第2節　問題の捉え方

本節では，本研究の目的を設定するために，前述の問いに対するアプローチを検討する．その際，まず体育授業の教師間差異の縮減と自律的改善という今日的な経営課題を経営学上の研究問題として捉え直した上で，そこにおける教師間コミュニケーションの捉え方を検討する．

第1項　どこにフォーカスを当てるか？

1．授業の教師間差異の縮減という課題

前節で述べたように，授業実践の個別性と体育科教育の平等性確保との相克問題が指摘できる．しかも，自律的な教育経営が個別学校に要請されている今日では，この相克問題の解決は，個別学校の体育組織に期待されていると言える．

個別体育組織における問題解決は，各教師が同僚との間で差異なく授業実践するということで成し得ると考えられるが，堀内(1989)や榊原(1996)はそもそも授業実践の個別性は生来的なものであると指摘している．堀内は，学校教育の対象となる子どもがその能力，性格等において多様であり，学校における教育指導は最終的にその個別性を捨象できないと述べている．また榊原は，授業や学級経営は個業的性格の強い活動と考えるのが妥当であるとし，一人の教師と特定の児童・生徒という当事者間での主観的関係から導かれるこれらの活動では，組織的な業務遂行をさほど必要としないとも述べている．

そこで本研究においては，授業の個別性と平等性確保の相克問題を，個人的営為である授業実践を，同僚との間でいかに質的に差異なく展開するか，という経営課題へと捉え直す．その際，教師間コミュニケーションを通して各教師が職能成長したり，教師間で意思統一が図られたりするという研究・論説を基盤にして研究を展開する．

後章において詳述するが，近年の経営学では，組織成員の成長を当該教師が保有する知識体系の変容と捉えたり，組織内の協働を情報的相互作用という視座から捉えたりする研究潮流が隆盛しつつある．教育経営学においても同様の潮流が見出せる．そこでは，職能成長は教師の知識体系やパースペクティブの変容や創造として捉えられ，協働は教師によって異なる知識体系が相互作用され，共有化

されたり変革されたりする過程として捉えられている.

体育授業における指導行為が個人的営為であるという命題は，指導行為が教師の知識に基づいているという命題に支えられている.「教師の知識」をどのようなものと捉えて研究の俎上に乗せるか，ということについては第2項において詳細に検討するが，ここではひとまず，体育授業に教師間差異があるという状況を，教科体育に関わる様々な知識の量や質が教師によって異なっているという状況であると捉えることにする.この視点に立てば,体育授業の教師間差異の縮減とは,教師間の知識の量的・質的な共通性を高めることと捉え直されることになる．すなわち，本研究では教師間の知識の共通性を高める教師間コミュニケーションを研究問題の中核とする.

2. 授業の自律的改善という課題

教育現場では，数年を周期に経営の対象である子どもが入れ替わる．また子ども一人ひとりに最適な学習指導を追求すれば，対応すべき多様性の範囲は増大するであろうし，様々な要因に影響を受け日々刻々と子どもが変容・成長することを考慮に入れれば，教科体育経営の内部環境の不確実性は極めて高いと言えるだろう．このような状況下では，定型的・普遍的な行動パターンに頼って環境適応を図ることは難しく，継続的・自律的な教育改善が展開される必要があると言える（清水，1986，p.31）.

この視点に立てば，教師が授業実践を内省し，次の授業をより良いものにしようと修正を加えたり,新しい教育実践を試みたりする「反省的実践」(佐藤,1992,p.125)は，子どもたちの多様性や環境の不確実性に対応する自律的な教育改善の営みと捉えることができる．そして教育改善の営みを，組織的，意図的に展開するために用意される場（機会）が校内研修や授業研究である.

学校改善に関する諸研究[4]が着目した改善阻害要因が，各教師による教育改善を組織化する際に生じる教師間のコンフリクトであったことを鑑みれば，教師による内省的な授業改善を，組織的な教育改善へといかに整合的に（教師間葛藤を解消しながら）組織化するか，という課題が指摘できるだろう．この課題は，教師間差異の縮減に際して浮上する，教師個人の自由裁量と組織としての協同成立との間の相克問題と底流を共有している.

組織的な教育改善に向けた教師による反省的実践の組織化という課題に対して,

[4] 学校改善に関する諸研究として，中留(1989,1990)や油布(1991,1992,1994)を参照している.

授業に関する教師の知識に着目してアプローチすれば，組織的な教育改善の営みは，各教師の個人的な知識を，コミュニケーションによって交換させたり，組み合わせたり，比較させたりして，すべての教師の知識が更新されたり，協同的に新しい知識を生み出すような営みと捉えられるだろう．そこで，本研究は知識の更新性を高めるコミュニケーションを研究問題のもうひとつの柱として研究を展開する．

第 2 項　教師の知識とコミュニケーションという糸口

前項の議論で，授業の教師間差異の縮減や自律的改善という今日的課題を，教師個人による内省的な授業実践と，体育組織における協同的な授業づくりとの相克をいかに超越するか，という課題に帰結させた．そして，その解決の糸口を教師の知識の共通性や更新性と教師間コミュニケーションに着目しようとしている．以下では，この糸口をより確かなものにするために，教師の知識と，教師間コミュニケーションをいかに捉えるか，ということを検討する．

Shulman(1987)や吉崎(1987,1988)は，授業実践が各教師の教育に関する考え方や指導ノウハウといった，経験や思いといった文脈を含む「知識」に基づいていることを実証的に明らかにした．また今日では，職能成長のプロセスや教師教育のカリキュラムを明らかにする上で教師の「実践的知識」(秋田，1994，p.86）を捉えようとする研究が蓄積されている [5]．しかし，それらの研究は教師個人に内在する知識そのもの（特に知識内容とその変容）を研究対象としており，コミュニケーションを通じて知識が交流されるような現象は分析の枠外に置かれている．

秋田(1992)は，教師の知識と思考に関する研究動向を整理する中で，Little(1985,1990)の研究をはじめとした教師研究において，先輩教師から新任教師への「メンタリング（mentoring)」(秋田，1992，p.228）と呼ばれる助言・援助が教師の学習に寄与することを明らかにしているものの，教師間の相互作用が実際にどのような形でなされているのか，ということに関する研究の必要性を指摘している．

教育経営学はその後，校内研修や授業研究といった場を分析対象にした教師間

[5] 吉崎らは教師が保有する知識の構造を探究しており，その後の知識研究では，Kennedy(1987)や吉田・佐藤(1991)等を皮切りに，教師の反省的成長の視点から，個人的経験に基づいた知識の形成・変容が研究対象とされてきた．また教師の実践的知識が授業実践の経験から獲得されることについては，秋田(1994)や澤本(1998)が明らかにしている．

コミュニケーション研究をひとつの研究潮流として形成していくことになる．それは主に，学校組織における協働体制の確立や同僚性の確保を研究的動機にしている．

岡東によれば，教師はコミュニケーションを通じて，それぞれの教育思想，子ども観，指導観，教材観などの価値，あるいは様々な教育言説の意味などを伝達し理解し合うことによって，組織としての思想体系，価値体系，意味体系を創造している（岡東，2000，p.4）．協働体制の確立や同僚性の確保に対する教師間コミュニケーションの重要性を論じる研究[6]や，良好なコミュニケーションの様相について指摘した研究[7]において，岡東によって要約された教師間コミュニケーションの捉え方が共有されている．

そして今日,教師間コミュニケーションを,知識が交流される営みとして捉え，コミュニケーションの内実に迫ろうとする研究がひとつの潮流を形成しつつある．

例えばHargreaves(1999)や大串(2003)は,学校組織におけるコミュニケーションを知識創造プロセスとして解釈し，構造的・機能的に捉えることを提起している．また木原(1995a,1998)は,「教師間の情報・アイデア・意見の交換，しかも葛藤を伴う」（木原，1998，p.199）ような教師間コミュニケーションが授業研究や教師の職能成長にとって重要であることを指摘している.また西口(1994a)や藤原(1998)は,これまでの学校組織における協働論が,協働の成立やコミュニケーション・システムの存在を所与のものとし，教授組織の目的への共通理解や合意を暗黙の前提にしてきたと批判し，協働の成立に対する文化的阻害要因を乗り越えるコミュニケーションのあり方とその成立条件を検討することが必要であると述べている．

そして今日，教科体育領域においても，校内研修や授業研究における教師間コミュニケーションの重要性が強く認識されつつあり，望ましいコミュニケーションの具体的様相について論じられるようになってきている．そこでは，教師が授業実践における自身の経験や工夫を語り合い批評し合うことで，同僚間の絆やよ

---

[6] 例えば教授組織論や学校改善論においては，児島・天笠(2001)，小野田・金子(2003)，渕上・松本(2003)，浜田(2003)，佐古(2006)等が教師集団の協働成立のためのコミュニケーションの活性化の必要を論じている．

[7] 例えば藤原(1998)は，行動面で同調するという凝集性を超えた「他者に踏み込み，相互に侵し合う」（藤原，1998，p.13）ようなコミュニケーションを基盤とする新たな協働のあり方を提案している．また三盃・岡野(2003)は，そのようなコミュニケーションを「幾重もの膜を一枚一枚剥がして，芯に迫るような」（三盃・岡野，2003，pp.194-195）対話と表現している．

り良い授業づくりへのモチベーション，そして新たな知恵が生み出されるとされる（藤江，2007；木原，2009；中村，2009）．これらの記述は，有効なコミュニケーションがどのようなメカニズムに基づいて，どのようなプロセスで体育教師の職能成長や体育授業研究に関わる成果に導き出すのかを実証的に明らかにしたものではない．本研究はこれらの記述を確かめるところにも研究の必要性を見出している．

体育経営学の祖である宇土(1986)も，体育授業に関する意思統一や授業改善に対する教師間コミュニケーションの必要性を指摘している．その根拠として宇土は,「ひとつの学校では，共通の目標を持つ努力が日常的に可能であり，もしその考え方に共有の部分を増大させることができれば,あとでお互いの『めざす授業』の成否あるいは改善の手がかりなどの判断に，相互の協同を生かすことができるからである」(宇土，1986，p.247)と述べている．すなわち，教師がコミュニケーションを通じて互いの授業実践を手がかりとして活かし合いながら，次なる授業を協同的に構想することが，結果として共通性の高い体育授業を展開したり，授業改善を促進したりすることにつながると想定することができよう．

この想定を研究的な仮説へと引き上げる上で，清水(2005,2007)の一連の論説・研究は重要な示唆を与えてくれる．清水は，スポーツサービスを「スポーツの諸機能を表出させるための諸方法に関わる知の体系的集積体（サービス生産者たちの仮説体系)」(清水，2005）と定義した上で，スポーツサービスが生産されるプロセスとして，資源が調達・選択（廃棄)・活用され，有機的に結合されてサービスプランに結実される事業過程が着目される必要があると述べている（清水，2007, p.10)．清水のスポーツの諸機能と表出方法に関わる知識に着目したスポーツサービスとスポーツ事業の定義に従えば，先述の教師が互いの授業実践を手がかりとして活かし合うという宇土の言説は，より構造的に理解することができよう．つまり，教師は，教科体育に関する「知の体系的集積体」(授業実践を通して検証し，次なる授業構想において再構築する仮説体系）を，同僚教師とのコミュニケーションを通して調達・選択（廃棄)・活用し，有機的に結合して協同的に授業構想へと結実させていると考えられるのである．

そこで，本研究では体育授業をめぐる教師間コミュニケーションにおいて，教師が保有する知識がやり取りされ，その結果として，知識の教師間差異が縮減（すなわち共通性が確保）されたり，改善（すなわち更新）されたりするに至るプロセスとメカニズムに焦点を当てることにする．

第３項　何を明らかにすればいいか？

教科体育は，授業の教師間差異の縮減と自律的改善という２つの経営課題に直面している．そして，これらの課題解決に対して，有効な教師間コミュニケーションの成立が期待されている．しかし，どのようなコミュニケーションが教師間差異を縮減し，授業改善をもたらすのか，ということについてはいまだ実証的に明らかにされていない．前節までの議論を通して，成果として知識の教師間差異を縮減し，知識を更新するようなコミュニケーションとはどのようなものか，という研究問題を提起したところである．

人は何らかの目的のために他者と会話する際，自身の発話が他者との関係性や状況と適合しているかどうかを問うており，会話を協同的に成立させていると言える（串田，2006）．そういう意味で，コミュニケーション行為は，コミュニケーションに参加する者の何らかの目的をもった意図的な行為であり，その意図的行為が成果を上げるに至るプロセスには，参加者によって構成された協同行為のルールとしての仕組みが内包されていると考えられる．

教師間のコミュニケーションも同様である．本研究の問題意識に立脚すれば，体育教師は体育授業の教師間差異を縮減したり，体育授業を改善したりするために，体育科教育についてのコミュニケーションを戦略的[8]な方法で行う．そして，体育授業の教師間差異の縮減や改善に対して有効なコミュニケーションには，それが成果を上げる仕組みが備わっているだろう．この見地に立てば，有効なコミュニケーションは，教師が採用している戦略的なコミュニケーションの方法(以下，コミュニケーション方略とする）と，コミュニケーション方略が成果を上げるに至るプロセスに内在している仕組み（以下，コミュニケーション・メカニズムとする）の両面から明らかにできると考えられる．

コミュニケーション方略は，良質な体育授業を追究するためのコミュニケーション行為であり，その中にはコミュニケーションが一定の成果を上げる仕組みとしてのコミュニケーション・メカニズムが備わっている．すなわち，コミュニケーションの方略とメカニズムの両面から教科体育をめぐる教師間コミュニケーションにアプローチすることは，良質な体育授業が平等に，そして継続的に展開されるための有効な教師間コミュニケーションの構造と成立方策を明らかにすることにつながるのである．

---

[8] 「戦略的」という表現には，知識の共通性・更新性という成果に向けて意図的に行っているという意味を含めている．

そこで本研究では，教師間差異の縮減と自律的改善という教科体育経営上の今日的課題を，体育組織における教師の知識の共通性を高めたり，更新性を高めたりする課題と捉えることとし，これらを達成するコミュニケーションの方略とメカニズムを明らかにすることを目的とする．

第 3 節　方法

教師間コミュニケーションの方略とメカニズムを明らかにしようとする上で，コミュニケーションという社会的相互作用の複雑性をいかに研究の俎上に乗せるか，という方法論上の課題を乗り越える必要がある．そこで，まず，本研究が位置付く実践理論科学をめぐって展開されている研究方法に関する論議を整理した後に，研究枠組みを検討する．

第 1 項　実践理論科学の方法

体育経営研究者はこれまで多くの学術的知識（以下，知とする）を生み出してきた．しかし，研究者がいかなる認識論的立場や方法によって知を生成すればよいか，ということに関する議論は 90 年代以降に開始されたばかりである．その初期においては，清水(1992,1993)による体育経営学の実践科学としての定立や長積ほか(1994)による科学としての一般化妥当性確保の重要性と方法の提起がなされたが，方法論議は本格化しなかった．その後の野崎・植村(1997)，清水(2007,2009)，畑(2009)等の論説は，経営現象が「行為者の主観的な意味が付与された人間固有の行為」(清水，2007, p.6) によって「無根拠性」(野崎・植村，1997, p.18) 的に生起していると捉えることを基調とし，現象に対する高い説明力を有する知，あるいは「実践的有効性」（清水，2007，p.8）の高い知を生成すべきであるとする立場で展開されている．清水(2007)が指摘する通り，現在ではこの脱論理実証主義に基づいた「経営実践の記述をベースに仮説発見を志向する帰納型の研究」（清水，2007，p.5）が展開され始めたところである．

昨今，社会科学諸領域において，論理実証主義に基づく定量的方法が生成してきた知を批判する形で定性的方法が台頭している [9]．批判の論点は，実際の社会

[9] 清水(2007)は論理実証主義への批判から台頭してきた次なる立場を「解釈主義パラダイム」(清水,2007,p.8)と述べている．しかし，清水が述べているように，解釈主義では一般法則把握よりも個性記述が重視され，社会現象をホリスティックに捉えることが求められる．本研究では定性的方法のすべてが個性記述するための方法であるとは考えていないため，定量的方法との対比として定性的方法とした．

現象を構成していると考えられる変数が膨大で，複雑に関連し合っており不確実性が高く，統計学的手法で鳥瞰視することによって生成されたグランド･セオリーとしての因果命題では現象に対する説明力が低いということである．こういった立場から台頭しつつある研究方法としては，グラウンデッド･セオリー･アプローチやエピソード分析，ナラティブ・アプローチ [10]，教育経営学における臨床的アプローチ [11]などが挙げられる．また体育経営学の脱論理実証主義的潮流に関する清水(2007)の論説においても，エスノグラフィーやヒストリーの記述を通じて「経営行為者の意味や文化の『解読』」（清水，2007，p.9）を進める研究の必要性が論じられている．

しかし，ここに 2 点の批判的問いを提出したい．1 点目は，論理実証主義的研究が蓄積してきた知や一般的あるいは経験的な認識枠組みが，脱論理実証主義を標榜する経営学者においても彼／彼女の現象認識の基盤になっているのではないか，ということである．人は完全に無価値の立場で現象を「みる」ことは極めて難しく，研究関心の背後にある価値観や前提，現象観察における焦点化は避けることができないだろう．そして研究者が現象の内実を推論しようとするとき，論理的判断の拠り所を（おそらく無意識に）先行研究の知見や一般通念，経験的に獲得した知に求めているのではないだろうか．

2 点目は，脱論理実証主義の台頭という動向を，グラウンデッド・セオリーの構築を志向する帰納的な定性的方法の仮説検証的な定量的方法に対する優位性の表れと見なすことはできないのではないか，ということである．換言すれば，それぞれの方法は各々の強みがあり，生成する知には当該研究の関心や目的との相関で固有の価値が認められるのではないか，ということである．

定量的方法か定性的方法かという議論は，社会学においては見田(1965)などによって 60 年代から論じられてきた．見田はすでに，定性的方法によって生成された仮説を定量的方法によって検証する方法併用や，定量的方法によって見出された統計的関連を定性的方法によって意味づけし，理解するという併用を提案している．また高坂・与謝野(1998)は，数学と IT が発達した今日，量的データと質的データの区別は，単なる順序と名義という尺度水準の違いを超えて曖昧であり，

---

[10] グラウンデッド・セオリー・アプローチについてはグレイザー・ストラウス(1996)を参考にしており，エピソード分析については鯨岡(2006)を，ナラティブ・アプローチについては野口ほか(2009)を参考にしている．

[11] 教育経営学における臨床的アプローチの展開動向については，日本教育経営学会紀要 44 号，45 号，46 号に掲載された特集・学校経営研究における臨床的アプローチの構築(1),(2),(3)と小野ほか(2004)を参照している．

データと方法のいずれに関しても「定量か，定性か」という二分法的論議は有効でなくなっていると指摘している．そしてキングほか(2004)やブレイディ・コリアー(2008)等に至る現在の方法論議は，定量的方法と定性的方法との併用を企図するものへと展開しつつある．

定量的方法を用いた体育経営研究は，望ましい手順を踏んでいれば，その研究結果に対して一般化可能性の問題を突きつけられることはなかった．それは,「神の視点を仮構する外部観察の形式」（佐藤，2008，p.9）への無批判な信頼とも言えよう．しかし，定量的方法によって蓄積されてきた知は「『空虚な』『当たり前の』『既に分かりきった』知識」（清水，2007，p.7）と批判されるに至っている．フリック(2002)や佐藤(2008)によれば，その原因は，分析枠組みに限定された知しか生み出せないということや，生成された知を現象に当てはめ直したときの説明力が十分でなく，実践応用力も小さいということがある．

一方，定性的方法は「人間の視線にたつ内部観察」(佐藤，2008，p.9)を通じて，現象に直接触れることができる．また研究目的の達成に必要なあらゆるデータが収集可能であり，現象から帰納的に生成される知の現象説明力は定量的方法に比して高い．しかし，データ収集は研究者の「みる」「きく」という行為を媒介して行われるものであり,意識的かどうかを問わず何らかの焦点化が施されてしまう．そういう意味では，現象の内実に関する推論は，究極的には研究テーマの設定に反映された前提や価値判断に基づいていると言える．しかし，ブレイディ･コリアーの論説に依拠すれば，前提や価値判断に基づく推論とは,（フィールドから収集したデータを事前に構築した認識枠組みに当てはめて解釈するということではなく）研究者自身の研究テーマ設定の背景にある前提を意識化し，それすらも推論の枠内に入れ込むものである．このような推論の過程を記述する際には，前提や価値判断に基づく推論の不確実性を説明することで，他の研究者に対する反証可能性を確保しておく必要があろう．

研究者として保持している前提や価値判断は，分析者としての研究関心や価値観に由来するものであり，それらを説得的に論じることは難しいし，データ分析の過程で自身の前提に気付くこともある．また前提や価値判断に由来する限定性を結論の重要な一部として論じることは，研究の不完全さを表明することのように思える．加えて，研究者自身が自らの関心・価値観を対象化したり，現象から意味や秩序を推論したりする方法が（定量的方法における統計学的手法と同程度に）確立されているわけではない．定量的方法においては，現象や行為のコンテクストを多分に含んだデータから一定の意味や秩序を導き出すために，操作化された諸概念によって構成される分析枠組みと統計学的手法が用いられて因果的推論が促進されるわけだが，定性的方法には分析枠組みや統計学に当たる普遍的手法が用意されていないのである．それゆえ，推論過程の詳細は分析者内部から開放されることなく，結果のみが論じられることになってしまう[12]．また，研究のオリジナリティを決定付ける要因のひとつである現象観察の焦点化とその後の推論は，研究者個人の関心と能力に依存してしまう．

以上のように，定量的方法と定性的方法の問題に直面したとき，2 つの方法を併用するという方法論が見出せるだろう．2 つの方法が互いに補完し合うような方法併用を例示すれば，次のようなものが挙げられるだろう．

①定性的方法によって研究仮説および分析枠組みを構築し，定量的研究によってそれを実証する．

②定量的方法によって社会現象要因間の因果命題や関係命題を収集した上で，そこに内在しているプロセスの詳細や構造を定性的方法によって説明し，命題の説得力をさらに高めたり，因果や関係の内実を明らかにしたりする．

③社会現象を複数の視点から認識し，それぞれの視点から複数の研究課題を抽出し，各課題に適した方法によって明らかにした後，それらの結果を関連付けて結論を導く．

ひとつの完結する研究において方法併用する際には，各方法が異なる認識論的立場に依拠している可能性への留意が必要である．先に挙げた併用例の内，①および②における定性的方法は，社会現象に対して，ある一定の構造を見て取ろうとする構造主義の立場に立っており，行為者の意味や文化を解釈しようとする解釈主義・構成主義の立場に立っていない．そういう意味では，認識論的立場の違いは問題にならないだろう．しかし，併用例③における定性的方法は，その危険性をはらんでいる．

研究方法の決定に際して，認識論的立場の違う方法を併用することが可能かどうかという方法論上の問題については,すぐさま回答を用意することはできない．少なくとも本研究では，教師間コミュニケーションには一定の構造があるものとして考えているわけであるから，方法併用①あるいは②を採用することとする．

---

[12] キングほかは，推論過程の非開放性について「多くの場合，知的な建造物すなわち理論を作った後に，足場を取り外してしまう，すなわち建設する際の苦労や不確実性を跡に残さないようにしている」（キングほか，2004，p.14）と述べている．

第2項　研究の枠組み

コミュニケーションは極めて複雑性が高い現象であり，単純な因果モデルだけですべてが説明できるとは考えにくい．ここでいう複雑性とはつまり，話し手側の教師の知識が内包している文脈の多様性と，それを他教師に伝えるという行為が目論見通りにいくかどうかが不確実であるということである．また，聞き手側の教師の思考内部では，発せられた言葉から知識を受容し，それを解釈したり，自身の既存知識と照らし合わせて，それらを組み合わせたり，どちらか一方を廃棄したりするような複雑な思考があると考えられる．研究者が事前に想定した分析枠組みに当てはめて仮説検証を行う方法だけでは，この極めて複雑なコミュニケーション現象の内実を十分に説明することはできないだろう．そこで先述したように，定量的方法と定性的方法を相互補完的に用いて展開することにする．

本研究が着目するコミュニケーション方略とは，教師たちが良質な体育授業を生起させようと戦略的に展開しているコミュニケーションの方法である．これは知識の共通性・更新性という成果と論理的および現象的な因果関係があると事前に想定できるものであり，因果モデルを中心にした分析枠組みに基づく定量的方法を採用することができるだろう．一方，コミュニケーション・メカニズムは，知識の共通性や更新性を高めるコミュニケーションに内在する仕組みであり，それがどのようなものかを事前に想定したり，構造化したりすることはできない．そこで，有効なコミュニケーションに内在しているメカニズムを現象から解釈するために，定性的方法を採用することとする．

コミュニケーション方略の展開にはある構造が内在しているはずであるから，定量的方法で明らかにされる事柄と定性的方法で明らかにされる事柄は，関連付けて考察することによって，どちらか一方だけでは獲得し得ないような，有効なコミュニケーションの成立に関する知見が獲得されるだろう．

すなわち，本研究では前項末に例示した方法併用の内，定量的方法によって要因間の因果命題を明らかにし，その因果的現象のプロセスを定性的方法によって明らかにする方法併用を採用し，次の2つの研究を展開することにする．

1. コミュニケーション方略の展開と知識の共通性・更新性状況との因果関係を明らかにする仮説検証型の定量的研究．
2. コミュニケーションの成果が上がっている体育組織において働いているメカニズムを明らかにする定性的研究．

図1で示すように，これら2つの研究は，因果関係の存在とそこに内在する仕組みを対象とした個別の研究であるが，体育科教育の教師間差異縮減や自律的改

善に対して有効なコミュニケーションとはどのようなものか，という問いに回答すべく，第 5 章において関連付けながら考察する．

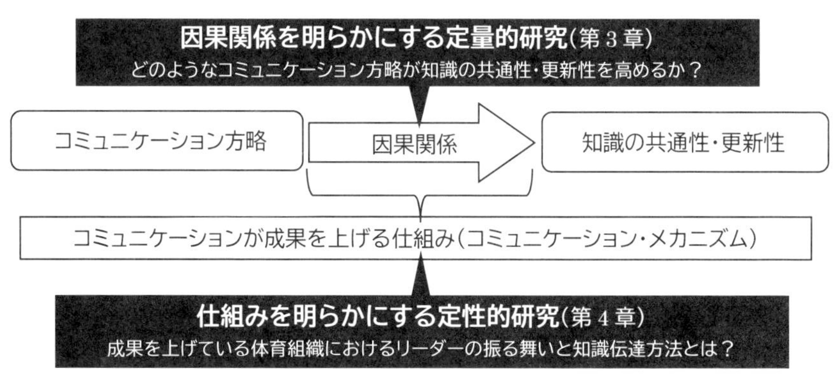

図 1　研究の枠組み

第 4 節　概念定義と用語使用規則

本節では，本研究における主要概念について定義し，論文中での用語使用の規則について解説する．

【教師間コミュニケーション】

教師間コミュニケーションは「教師が同僚教師との間で一定の成果を追求して展開する言語的相互行為」と定義する．コミュニケーションは言語的コミュニケーションと非言語的コミュニケーションに大分される．本研究はコミュニケーションの方法や仕組みを研究対象としており，それを話し合いの仕方や発話から分析しようとしている．そこで本研究では，言語的コミュニケーションのみに焦点を当てることとする．よって本論文中の「コミュニケーション」という語は言語的コミュニケーションを表す．

ところで，組織におけるコミュニケーションは，成員が一定の組織的な成果を追求する社会的相互行為 [13]であり，そこには成果の追求に向けた意図が含まれていると考えられる．一方，コミュニケーションを通して一定の成果が上がる過程

13 バーナード(1968)は組織の成立要件のひとつにコミュニケーションを挙げている．

には，コミュニケーションに含まれる意図だけでなく，人間同士のコミュニケーションに本来的に備わっている，コミュニケーションを成立させるための仕組み（メカニズム）も働いていると考えられる．本研究がコミュニケーションの方略とメカニズムに着目するのはこの認識に基づいている．

【コミュニケーション方略】

コミュニケーション方略は，「コミュニケーション参加者が一定の成果を上げるために採用しているコミュニケーションの戦略的方法」と定義する．

そしてコミュニケーション方略を，野中ほか(1996)が提起した知識創造のスパイラルモデルであるSECIモデルに依拠して，暗黙知の伝達・共有（共同化），暗黙知の形式知化（表出化），形式知の体系化（連結化（＋外部情報連結））と操作化した．SECIモデルにおいては，共同化，表出化，連結化に，形式知を実践に活用して暗黙知を獲得する内面化を加えた4つのフェーズが連続的に生起することが知識共有と知識創造の成立条件であると論じられている．しかし，野中らも知識創造理論の事例研究において指摘している通り，SECI モデルは理論モデルであり，実際に効果を上げている知識経営が4つのフェーズを完遂しているわけではない．そこで本研究では，各コミュニケーション方略を，連続するフェーズとは捉えず，それぞれに知識の共通性や更新性を高める機能が備わっている可能性があるものとして捉えることにする．

【コミュニケーション・メカニズム】

コミュニケーション・メカニズムは，「一定の組織的結果をもたらすコミュニケーションが成立している仕組み」と定義する．上述したコミュニケーション方略が参加者によって採用されている戦略的方法であったのに対して，コミュニケーション・メカニズムは参加者によって社会的に構築された仕組みである．本研究では，コミュニケーションにおけるリーダーの振る舞いと知識伝達の方法を記述する過程で事例集団の教師たちが構築しているコミュニケーションの仕組みの一端が解明できると考えている．

【発話内行為】

発話は，コミュニケーションにおける参加者の発言であり，言語を用いた意図的行為という意味で言語行為（speech act）（オースティン，1978；サール，1986）である．発話は，「言葉が意味すること」と「言葉を用いて行うこと」を含んでおり（グライス，1998；飯野，2007），後者が発話内行為である．本研究では，グライスが提起した発話内の「含み」と，飯野による意図的な行為として発話が機能するための「発話内の力」への着目に依拠して，発話内行為（illocutionary act）

を「他者に何らかの影響を与えようとする，発話に含まれている意図的行為」と定義する．

【体育組織】

体育組織は，教科担任制を採用している学校においては「保健体育科教員によって構成される組織」と定義される．しかしその役割は教科体育だけでなく，運動部活動や体育的行事をめぐって学校全体を主導することにまで及んでいる．また，学級担任制を採用している学校においては，学校体育に関わるすべての教師がその構成員と言える．本研究では教科体育の経営に焦点を当てているため，体育組織を教科体育組織として扱うこととする．よって断りのない限り，体育組織という用語は「教科体育経営に関わる教師によって構成される組織」と定義して用いる．

なお，ここでの教師とは体育授業を実践する学校教員を指している．また，教師個人の意思や行為に焦点化し，体育組織の動的な側面を強調するときにのみ，体育教師集団という用語を体育組織と同義語として併用する．

【体育科教育に関する知識】

本研究では，体育教師が保有する体育科教育に関する知識を，「体育科教育に関する理論的知識と実践的知識」と広義的に定義する．

オックスフォード英語辞典第3版によれば知識（knowledge）は，①経験または教育を通して人が獲得した専門的技能であり，ある主題についての理論的または実用的な理解，②特定分野または一般に知られていること．事実と情報，③事実または状況を経験することで得られた認識または知恵，と説明される．また野中らの知識経営論では，「正当化された真なる信念」というプラトンの知識概念の定義に基づきその形式的･量的な側面と意味的な側面で捉えるとともに，ポラニー(1980)の暗黙知と形式知の区別を基本的な認識枠組みとして採用している（野中ほか，1996，p.85）．これらの定義や分類は多様であるが，いずれにおいても知識は宣言的・論理的に陳述・記述できる知識と，経験的・身体的で陳述・記述することが難しい知識に大分されていると言えよう．体育教師が保有している知識も理論的知識と実践的知識に大分されると考えられる．

【教科体育，体育科教育，体育授業の使用規則】

本研究では教科体育，体育科教育，体育授業という3つの用語がその文脈によって使い分けられる．

「教科体育」は経営領域概念である．そして，経営対象としての学校体育の中で，特に教育課程内の保健体育で，特に保健を除いた経営領域を指す用語として使用する．使用例としては，「教科体育経営」，「教科体育組織」などである．

「体育科教育」は経営対象概念である．そして，学校教育の中で，特に教育課程内の保健体育で，特に保健を除いた教育領域を指す用語として使用する．使用例としては「体育科教育の教師間差異」，「体育科教育の改善」，「良質な体育科教育」などであり，体育組織において展開されている教育活動の総体を表現する際に用いる．

一方，「体育授業」は教育実践に関わる概念であり，教育領域としての体育科教育における教師の教育実践を指す用語として使用する．例えば，「良質な体育授業」と表現する場合，「良質な体育科教育」よりも教師の指導行為に焦点化する際に用いる．

第 2 章
学校組織のナレッジマネジメントに関わる知見

第 1 節　本章の目的と位置づけ

本章は，体育科教育の教師間差異の縮減と自律的改善という今日的な教科体育経営上の課題に対して，有効な教師間コミュニケーションの成立にその解決の糸口を見出すことの諸研究潮流上の必然性を明らかにすることを目的とする．そのために，本研究と関連する様々な研究領域の潮流を整理し，その到達点と課題をレビューして総合し，本研究の目的および課題の今日的な位置取りを検討する．

教科体育経営研究を展開しようとする本研究は，体育経営学の一領域であるとともに，学校組織に関する研究領域にも包摂されている．また，体育組織内部のコミュニケーションを研究対象にしており，組織コミュニケーション研究にも包摂されている．また，自律的経営が要請される今日の学校経営改革期にあって，組織の自己組織化に関する研究や組織開発論は多くの示唆を与えてくれるだろう．加えて，体育組織は教育的機能を内包したスポーツ・サービスとしての体育授業を構想する組織であり，サービス・マネジメント論が蓄積している知見は参考にすべきであろう．そこで次の 6 点を課題として設定する．

課題 1 : 体育経営組織に関する研究潮流と到達点を整理する．

課題 2 : 教育経営学における研究潮流と到達点を整理する．

課題 3 : 自己組織化に関する研究潮流と到達点を整理する．

課題 4 : 組織コミュニケーションに関する研究潮流と到達点を整理する．

課題 5 : 組織開発論の研究潮流と到達点を整理する．

課題 6 : サービス・マネジメントに関する研究潮流と到達点を整理する．

第 2 節　体育経営組織に関する研究潮流と到達点

第 1 項　体育組織の認識

宇土(1987)は，教科体育の組織について，年間計画上の教師の単元担当のパターンと同一学年内の教師の学級担当のパターンの組み合わせによって，求められるマネジメントが異なることを論じており（宇土，1987，pp.264-268），教科体育をめぐる組織構造とそれに対応する体育授業づくりの要点を整理している．しかし，それは管理学的で，構造的である．

その後の学校体育をめぐる経営学的研究は一般組織論の理論的知見を基盤にして展開された．それらは教師集団としての学校体育組織を対象にした組織論と，学習者集団と教師を含める学習空間のマネジメント論に大分することができよう．本研究は前者に分類されるものであるので，以下では学校体育組織論の展開を整理・検討する．

清水(1986)は，それまでの学校体育組織に関する研究が構造アプローチによる静態的な分析に偏っていたことを受けて，学校体育組織が環境適応する際の経営戦略と適合するように形成する組織風土の分析を試み，その構造を明らかにするとともに，組織有効性との関係性から，組織風土の計画的な変革が組織活性化につながると結論付けている [1]．また，清水・八代(1988)は，イノベーターとしての教師の組織内行動に関する基礎研究として，教師の達成感や魅力といった職務内因的側面への評価が職務への動機付けの源泉であることを明らかにした．この研究を受けて清水(1989a)は，体育管理者である体育主任の管理行動とそれ以外の教師の職務特性との交互作用関係の存在を実証した．

上述の研究は，個別学校が多様化する子どもたちの欲求や要求をできる限り吸収して体育事業を営むという外部環境適応的な組織行動イメージに基づく研究展開の端緒である．清水(1989b)は，それまでの研究を精緻化するための基礎研究として，学校体育組織の目標設定や目標達成と関係するタスク環境の測定を試み，タスク環境と技術（タスク）との関係の分析から，不確実性の高い環境においてはルーティンな技術による対応に限界があることを明らかにした．

この研究を受けて野崎(1990)は，学校体育組織におけるタスク環境の理論的検討と事例における解釈的分析を通じて，教師は，組織構造によって教師に割り当てられた環境の部分としてのタスク環境を題材として情報創造を行い，その結果生み出されたビジョンや構想をもとに職務遂行や外部環境への適応をはかると指摘した．

そして野崎ほか(1991)は，運動会の企画をめぐる「組織の活力」（野崎ほか，1991，p.2）を，「組織メンバーがビジョンを持ち，それを実現しようとする働きかけ」（野崎ほか，1991，p.5）に求め，この働きかけによって教師を分類し，個人属

[1] 現在の組織研究においては，組織風土は組織構造の一側面に位置づけられるため，清水(1986)の研究は組織構造研究と言える．しかし，清水(1986)も指摘しているように，当時は組織風土概念について共通の理解が得られておらず，行為規範や組織認知といった組織文化に近い捉え方も含められていたことを鑑みれば，その後の学校体育組織をめぐる組織行動論的な研究の端緒として位置づけることも可能であろう．

性や組織構造（運動会の企画のルーティン性で測定される硬直性）との関係性を明らかにしようとした．教師の分類は，①運動会の改善に関わるビジョンを抱いていたかどうか，②そのビジョンを周囲に表明したかどうか，③そのビジョンを実現しようと議論にまで持ち込んだかどうか，という基準で行われた．この基準は情報創造とビジョン・構想の構築という営みに着目したものである．その結果，組織の硬直度が低くなるほど，教師の働きかけは活性化されることや，運動会の価値が認められていても硬直性の高い組織では活性化されない一方で，あまり価値が認められていなくても硬直性の低い組織では活性化されることが明らかにされた．すなわち，責任の区分が明確で，ノルマをこなす形で仕事が進められる組織ほど情報創造やビジョン・構想の構築は困難になるのである．

これを踏まえ，野崎(1992)は情報創造と組織の秩序との関係性について論理的に検討し，組織構造のトップ，ミドル，ロワーの各階層が直面する問題への対応（経営実践とそこにおける情報創造）を関連付ける「メタ秩序」（野崎，1992，p.120）概念を提起した．野崎(1992)は組織変革を進めるメタ秩序を「既存秩序を変革する秩序：秩序を再構成する秩序」（野崎，1992，p.128）とし，経営実践の蓄積から情報創造が生じ，実践の枠組みが組み替えられ，その結果メタ秩序が再構成されると説明した．

一連の野崎の研究は，それまで動態的アプローチの初期段階にあった学校体育組織研究を，組織成員によるビジョンや構想の創造というまさに動態（プロセス）に着目する方向へと転換させるものであったと言えるだろう．特筆すべきは，教師が教育をめぐって「もっとこうすればずっと良くなるのに！」（野崎，1992，p.126）と与えられた問題の範囲を超える内容を思いつく現象を情報創造として捉え，それが組織の活性や組織変革の原動力と捉えていることである．ここに至り，学校体育組織が適応する環境とそれに対応する技術との関係性といった構造的な捉え方は，実践を通じた情報創造とその蓄積による秩序の再構成に着目する動態的な捉え方へとシフトすることになったといえる．

このシフトは武隈(1991,1992)の学校体育組織の組織行動の研究においても確認できる．武隈(1991)は，学校体育組織の組織行動を説明する理論モデルを，曖昧さの程度（排除－温存）と知識・情報の共有度（共有－占有）の2軸で構成される 4 象限として構築し，「定型的行動」，「自省的行動」，「自律的行動」，「創造的行動」の4つの組織行動の典型を提示した．またこれらの組織行動は，図示された前提が保障されなければ，点線で示された状態に陥るリスクを内包していると述べている．

そして武隈(1992)は上述の理論モデルを用いて，体育授業，運動会，運動部活動の各体育事業における組織行動の実態を明らかにするとともに，曖昧さの程度と知識・情報の共有度を規定する要因を，組織学習のスタイル，職場活性化のタイプ，タスク特性，タスク環境特性，管理者行動の特性から特定しようとした．そこで得られた知見を整理すると，小学校の体育授業に関する組織行動は「自律的行動」の特徴を帯びており，中・高校の体育授業に関する組織行動は「自省的」「定型的」性向がある．また，有効性の高い「定型的行動」と，有効性が低いとはいえない「創造的行動」においては，知識・情報から引き出される意味を共有することと，中・長期的な展望を持つことが必要である．そして，知識・情報が占有されている状況において組織有効性を高くするためには，曖昧さが排除されることが必要になる．また，曖昧さの程度と知識・情報の共有度には，組織学習のスタイル(特に不安回避学習)，職場活性化のタイプ(相互支持性や革新志向性)，管理者行動の特性の貢献度が高かった．

武隈の研究は，知識・情報や曖昧さといった学校体育組織に固有性を説明する要因に直接着目した研究の端緒である．またそれらをめぐる組織状況に組織行動が依存しているという新たな動態的アプローチを切り拓いたものといえ，それは後述する学校経営・教育経営の知識経営論的転回と同期している．

清水(2001)は，体育の研究指定校制度によって外生的変革を受容し，体育授業の改善に取り組みながら，その後授業改善を定着させた学校と消失させた学校を比較し，学校体育経営組織が外生的革新を定着させる要因を明らかにしている．そこでは教師集団が全員参加のコミュニケーションを通じて，革新の意味共有に至ることで，組織的な授業研究に対する新たな意味づけが内生的に創出される可能性が指摘されている．この研究は，変革に関する知識・情報の取り扱いの違いが変革の定着を左右することを明らかにしている．これは知識経営に依拠しているわけではないものの，学校体育組織における知識・情報，あるいは意味の共有や創出というプロセスが組織や教育の改善に寄与する可能性を示唆するものと言えよう．

そして，高岡・清水(2006)は，体育授業の教員間差異の小さい小学校の授業検討会における「対話場リーダー」（高岡・清水，2006，p.32）の発話分析を通じて，頻繁な教員間相互作用（対話や授業参観）によって共体験と実践的知識の共有化が図られることを実証した．この研究で扱われた事例では，当該校独自の体育授業に関する考え方（高岡・清水は体育授業観としている）が長年にわたって継承されているものの，更新されていない．その要因について，高岡・清水は，各教師の暗黙知としての体育授業観が相互検討の俎上に上らないことで，暗黙知の形式知化がなされていないことを挙げている．

体育組織研究におけるこれまでの一連の研究的系譜を概観すれば，組織現象を構造的に捉える研究から動的に捉える研究へと進展し，現在では組織内の意味や知識に着目する研究へと移行しつつあることが読み取れる．そして，組織行動やそれを構成する成員の行為を,組織および成員の知識や意味づけによって説明し,組織現象の内実を明らかにしようとする研究がその到達点を形成していると言えよう．本研究もこの到達点に位置づけられる．特に，知識の共通性を確保するコミュニケーション・メカニズムを明らかにしようとする定性的な研究は，教師間での知識や意味の伝達に着目するものであり，知識や意味がやり取りされる組織現象の中核へ迫る先端的研究として，多くの基礎的知見が収集できると考える．

第2項　体育事業過程としての教師間コミュニケーション

本研究が着目している問題は，体育授業に教師間差異が生じたり，自律的な改善が容易ではなかったりすることである．そして，体育経営研究としての本研究は，体育授業をめぐる教師間コミュニケーションにその問題解決の糸口を見出そうとしている．この視座に立っているのは，体育授業というスポーツ・サービスが教師の知識のやり取りによって構想・計画されると考えているからである．

スポーツ・サービスは運動・スポーツに含まれる文化的価値や身体的・精神的効果によって構成されるサービス財である．そして，学校体育経営は，教職員と児童・生徒によって構成される体育組織にスポーツ・サービス（プログラム・サービス事業，クラブ・サービス事業，エリア・サービス事業）を通じて，スポーツ・サービス（プログラム・サービス，クラブ・サービス，エリア・サービス）を生産し，児童・生徒の学校における運動生活を豊かにするとともに，体育的教育成果を高めることを目的とした組織的営みである．

体育授業はプログラム・サービスであり，教師によって（体育学習成立以前という意味で）事前に運動・スポーツ内容（学習教材としての運動・スポーツ領域，および学習内容）と運動領域の系統的配列や学習の経時的流れ等のタイム・スケジュール [2] が組み合わされることで生産が計画されるサービスである．スポーツ・サービスとしての体育授業は，無形で目に見えないものであり，保存するこ

---

[2] 例えば，年間計画や単元計画，各時間の指導計画といった学習スケジュールとしてのカリキュラム，あるいは授業実施のスケジュールとしての時間割がタイム・スケジュールに当たる．

とはできない．また，教師の異質性や学習者の多様性にさらされており不確実性が高い．そして，運動・スポーツの価値が教師の学習指導によって伝達され，学習者の体育学習を通じて享受される瞬間に生産され消費される．

すなわち，プログラム・サービスとしての体育授業の成否は，運動・スポーツの価値とその効果的な伝達過程を運動・スポーツ内容とタイム・スケジュールに含意させる（無形であり，不確実性が高いという意味で）「複雑な」計画にかかっている．そこで学校体育組織は，授業前に体育授業の構想・計画を立てる必要があるのである．構想化によって，運動・スポーツの価値のカリキュラムへの含意は事前に十分検討され，不確実性は低減されうる．この事前の体育授業の構想化とは，すなわちサービスプラン[3]の構築である．

清水(2005)は，スポーツ・サービスを「スポーツの諸機能を表出させるための諸方法に関わる知の体系的集積体（サービス生産者たちの仮説体系）」と定義し，スポーツ・サービスを生み出す事業過程を，経営資源を調達・選択（廃棄）・活用し，有機的に結合して結実する過程であると述べている．この論述に依拠すれば，体育授業構想は体育学習に関する仮説体系と言える．そして，サービスプランとしての体育授業構想は，教師が保有する体育授業に関する知識という資源を調達・選択・活用し，それらを有機的に結合することによって結実するものと言える．すなわち，体育授業の教師間差異の縮減と自律的改善に向けた教師間コミュニケーションとは，教育実践や研修を通して獲得した知識の有機的結合に他ならないのである．

体育・スポーツ経営の目的は，運動者（スポーツ生活者）の豊かな運動生活（スポーツ生活）を実現することにある．さらに本研究の対象領域とする学校体育経営においては，学校という領域固有の目的（例えば，体力の向上や生涯スポーツ実践力の育成）が一体的に追求される．そしてこうした経営の諸目的は，経営活動のアウトプットであるスポーツ・サービスの提供を通じて達成される．よって，スポーツ・サービスの質と量は，体育・スポーツ経営の目的達成度（組織の外部有効性）を直接的に規定する主要な経営条件である．だからこそ，いかにスポーツの諸機能を内包した良質のサービスを組織的に生み出すかが，体育・スポーツ経営の主要な課題となる．

---

[3] サービスプランという用語は，清水(2007)に依拠している．清水(2007)は，スポーツ事業過程への着目の観点として，「どのような資源が，なぜ・どのようにして調達され，それらの資源がいかに選択・廃棄・活用され，有機的に結合されてサービスプラン（設計情報）に結実するのか」（清水，2007，p.10）という問いを提案している．

しかし，これまでの学校体育経営研究においては，事業過程を経て産出されるスポーツ・サービスや運動者の生活（経営成績）から因果的連鎖の離れた経営組織に研究関心の中心がおかれ，有効な組織特性や組織行動のメカニズムの解明に焦点があてられてきた（野崎，1988,1990；野崎ほか，1991；，清水，1986,1989a,1990,2001；清水・八代，1988；清水ほか，1986；武隈，1991,1992,1993）

その一方で，学校体育経営のみならず体育・スポーツ経営研究全般に共通して，運動生活に直接関連するサービスの生産過程にはほとんど手が付けられていない．

清水(1993,1994)は，山本(1982)の経営構造論に依拠しながら特殊経営としての体育・スポーツ経営概念を検討し，「スポーツ経営学は，スポーツ事業の本質と特殊性を解明し，それに適合した主体（経営と企業）のあり方を説明・形成する学に他ならない」(清水，1994，p.195)と体育事業論を体育経営学の基礎理論に位置づけた．そして，体育・スポーツ事業の構造や過程を解明すること，そしてそこに立脚して組織論や管理論を展開するところにこそ体育・スポーツ経営学の独自性が見いだされるとしている．また山下(2000) は，スポーツ経営を「スポーツ活動の生産と販売を目的に資源の展開を図ること」と定義し，「経営資源の結合」をスポーツ・マネジメント機能の一局面に位置づけている．これらの指摘から明らかなように，事業過程は資源からサービスへの変換過程として特に体育経営上重要な過程であると言える．

本研究は体育授業を協同的に構想するコミュニケーションに着目したものであり，体育事業過程そのものを研究対象にしていると言える．特に，コミュニケーションにおける知識のやり取りに焦点を当てていることは，プログラム・サービスとしての体育授業を設計（計画）・生産（実践）する事業過程において，教師が保有する知識という情報的資源をいかに調達・活用するか，という問題に真正面から取り組もうとしていることに他ならない．

第3節　教育経営学における研究潮流と到達点

学校組織に関する経営学的研究群は，最も近接した研究領域である [4]．そこで以下では，学校組織および教師集団内の協働や関係形成といった相互作用をめぐる研究の展開を整理し，現在の到達点と先端的課題を明らかにする．

---

[4] 教育経営学における研究展開を参考にして体育経営学の学的位置づけや方法論の検討は，清水(1992,2007)によって展開されている．

第1項　学校組織研究の系譜

わが国における学校組織に関する経営学的研究は，吉本(1965)による「協働体系」（吉本，1965，p.91）概念の導入以降，協働や望ましい教師間関係の成立を目指し，組織としての合理化と各教師の自律的意思決定をいかに調整するかという観点で展開している．

吉本は，「協力教授組織」（吉本，1965，p.187）という概念を，「教師を小さな協力集団に組織し，その集団が一体となって，含まれる学級の教科教育等を担当する仕組み」（吉本，1965，p.188）と定義し，それを各教師が自分の学級だけでなく，協力集団を形成する教師の担任学級に関して，自己の専門領域において援助しあう組織であると述べている．また，協力教授組織が組織合理化と人間関係的配慮の両側面で有効性を持つと指摘し，その根拠として，教師は身近な協力集団の中で教育活動における地位と役割が規定され，学校という大組織の中で感じる以上に身近な教師集団における緊張感と，適度の自主性が維持されている実感を味わうことができることを挙げている．ここに学校経営論における協働体制の重要性を指摘する研究・論説の端緒が確認できる．

そして吉本は，協力教授組織の成立要件（すなわち経営効率に関する組織と個人的自主性の間の緊張や矛盾の解消要件）として教師間のコミュニケーションに期待している．しかしその一方で，「単にコミュニケーションが行われているとの楽観主義から組織内の緊張が解消すると過信することはできない」（吉本，1965，p.168）と述べ，各教師が教育の諸問題に関する考え方を自由に発言する権利を持ち，組織の意思決定に参加するようなコミュニケーション参加の必要性を指摘している．吉本のこの指摘は，その後の有効な教師間関係をめぐる研究潮流への基盤となっており，教師間コミュニケーションを研究対象にする本研究もこの潮流と軌を一にしている．

吉本以後，教師集団が協力教授組織として相互援助的関係を築くための教師間の関係のあり方について様々に論じられるようになる．

下村(1980)は，学級担任制を採用する小学校組織が，その学級担任の個業性から学級王国と表現される際，「教師間の情報交換のルートが細く，各々の教師の得意な教科，得手な指導方法が『わたしの学級』の枠を出ず，不得意な教科・不得手な指導方法を『ひとさまの学級』から学ぶ機会も乏しい」（下村，1980，p.143）状況にあり，同一学年の教師集団としてのまとまりは欠け，学校全体としてのモラールも低下すると述べている．個業化した学校組織の教師が意識革命を起こすためには，「フェース・ツー・フェースの付き合いのできる『時』と『所』の確保」

（下村，1980，p.151）が必要としている．また高野(1982)は，学校組織の人間関係において公式組織上の教師間関係と非公式組織上の教師間関係 [5] が分かちがたく複雑な様相を呈して立ち表れており，人間関係は多様であるとし，その複雑性を指摘している．下村や高野らによる人間関係論的学校組織論は，公式・非公式に関わらず望ましい教師間関係の構築が協働体制の成立を可能にする基盤であるということを指摘しているところに特徴づけられ，吉本によって先鞭が取られた研究潮流が，その後の同僚性概念の受容と教師間コミュニケーションに関する研究へと発展していくための基盤を強固にしたと言える．

Little(1982)は学校改善を促進する協働を成立させる教師間関係の概念として，「同僚性（collegiality）」（Little，1982，p.338）を提起した．同僚性概念の登場は，高野が重要視する良好な教師間関係を構造的に明らかにしたものとして，わが国における学校組織研究の進展に大きく寄与することになった．教師間コミュニケーションは，教師間の協働的で動的な関係と言え，同僚性概念とその後のわが国における受容過程をレビューすることは必要であろう．

Little は教師の職能成長と学校改善を促進させた学校とそうでない学校との教師間の相互作用の相違をエスノグラフィックな手法によって明らかにした．そして，教師相互の成長と学校改善を志向する頻繁かつ厳しい相互作用を「同僚的相互作用（collegial interaction）」（Little，1982，p.332）とした上で，それを当然視する規範を同僚性の規範と説明した．

Littleは同僚的相互作用を説明する要因として，範囲(range)，場所(location)，頻度（frequency），相互依存性（reciprocity），焦点と具体性（focus and concreteness），包括性（inclusivity），関連性（relevance），を抽出した．すなわち Little によると，学校改善に成功した学校は，新しいアイデアを積極的に試そうという相互作用の広がりがあり（範囲），相互作用は多様な場所で一日中見られ（場所），週に一度の研究活動や学年レベルのチームにおいて教材や授業計画の共同開発の場面が常に見られた（頻度）．また教師は自身の認知能力の限界に対し

---

[5] 高野は，学校の公式組織・非公式組織に関わる人間関係の領域を次のように挙げている．
・学校運営をめぐる公式組織上の人間関係領域：①学校の運営方針をめぐる領域，②校務分掌組織をめぐる領域，③個人的提案をめぐる領域，④学校運営上の職員会議の役割や雰囲気をめぐる領域，⑤教委や PTA などと学校との関係をめぐる領域，⑥校長の指導助言をめぐる領域
・職場の非公式組織上の人間関係領域：①日常の職場の話題をめぐる領域，②男女の相互認識をめぐる領域，③学閥的対立をめぐる領域，④発言の自由さについての領域，⑤娯楽的・趣味的グループに関する領域，⑥教師個々の自覚に関する領域，⑦教員組合と職員の雰囲気との関係の領域

て自覚的で，それを補うために相互に平等な依存関係が確立されていた（相互依存性）．また，相互作用の目的は何か，いかなる条件でいかなる教材を用いるといかなる結果が得られるのかといったことについて，意識的に焦点化・具体化がなされており（焦点と具体性），あるグループが開発した新しい実践法の施行の際には，他の多数の教師が関わっていた（包括性）．そして教師は校内外への配置転換があったとしても，それまでと同様に同僚教師と研修会に参加していた（関連性）という（Little，1982，pp.329-336）．

これらの事例から，Little は同僚的相互作用を以下の 4 点にまとめている．

・教師は，教授実践に関する話に，頻繁に，継続的に，より具体的に，厳密に関与する．話の内容は教授実践に関するものに限定され，教師の欠点や生活の様子，生徒・家族の欠点及び失敗，教師に厳しいまなざしを向ける社会に対する愚痴は含まれない．
・教師は頻繁に観察しあい，他者の教授実践に関する有用な批評を提供しあう．すなわち同僚間の観察とその厳密かつ具体的なフィードバックにより，教師は教授に関することばやレファレンスを共有する．
・教師は教材を共同で計画し，デザインし，研究し，評価し，準備する．すなわち教材開発に関するジョイント・ワークによって，教師は開発に伴う物理的・心理的負担を共有し，今の指導法の是非を互いに確認する．
・教師は教授実践について互いに教え合う．また話題や課題によって議論のリーダーが変わることによって，教師集団の人的資源を最大限に引き出す．

Little が収集した同僚的相互作用に関する知見は，それまで静的に捉えてきた協働体制を，教師集団の相互作用という動的な側面で捉えようとする研究の基礎となった．そしてその後，Little の同僚性概念は，佐藤(1992,1997)や秋田(1998)，油布(1999)等によって検討され，わが国の学校組織に適用される形で提起し直された．

佐藤は，教育の統制を強める官僚主義，形式主義，政治力学の存在や，わが国の教師の相互孤立状態と伝統的に存在してきた同僚関係の崩壊を問題視した．佐藤が言う同僚性とは，教育実践の創造と相互の研修を目的とし，相互の実践を批評し高め合い，自律的な専門家としての成長を達成する目的で連帯する同志的関係である．「反省的実践家」（佐藤，1992，p.125）としての教師像を基盤にした同僚性の捉え直しによって，佐藤は，「授業の事実の創造と事例の批評を中心として教師たち自身が『学びの共同体』を組織する」（佐藤，1997，p.240）ことを通じて，新しい授業を創造する活力をよみがえらせることができると指摘した．佐藤と同様に，秋田(1998)は，同僚性を「学びへの展望とその探求の過程を共有するコミュニティの仲間」（秋田，1998，p.257）と定義し，教師間の身内意識や親しみを基盤とした家族的協働性や，業務を効率的にこなすための業務分担が，官僚的協働性を超えた専門職としての同僚性文化を構築すると述べた．

ここに，わが国における反省的実践家としての教師の同僚性的関係に基づく自律的な学校経営観が一応の完成をみることになる．これは学校経営の「あるべき姿」を理念として形成するには十分であったものの，学校経営改革の進展や同僚性文化の崩壊といった諸問題に明確な解決策を提出できておらず，現在では，より実践的な学校経営論の展開が志向されるに至っている．この学校経営論の先端の一領域として，コミュニケーションをはじめとした教師間相互作用をめぐる研究が展開している．

第2項　コミュニケーションの重要性の指摘

吉本の協力教授組織論の展開とLittleの同僚性概念のわが国における受容後の，教師集団のコミュニケーションに着目した学校組織研究は，教師間の良好なコミュニケーションの重要性を指摘してきた．そのことについては前述した通りである．その後の教師間コミュニケーションをめぐる研究展開は，協働や同僚性に関わるものというよりむしろ，教師の職能成長と強く関連付けられて展開している．それらは，岸本・久高(1986)を端緒として語られ続けてきているが，初期のそれらは教師の力量の内容の解明に傾斜してきた．

しかし，佐藤(1989)の反省的実践家としての教師像の提起以後，特に教師の職能成長を促進する「省察」に対して教師間のコミュニケーションが重要な機能を発揮するという論理で研究・論説が展開されている．佐藤は，教師の職能成長を「反省的実践」（佐藤，1997，p.59）のプロセスで捉えており，この捉え方は教師の職能成長研究において主流の概念になりつつある．また教師が自身の授業実践を効率的・効果的に省察するためには，効果的な教師集団のコミュニケーションが必要となるとしている（佐藤，2006，pp.279-281）．

木岡・榊原(1990)は学校組織における「協業と個業の内実は両義的な方向をはらんでいる」（木岡・榊原，1990，p.98）とし，協業性が授業における硬直性を招き，個業性が授業における反省なき実践を生み出さないために，「理想の授業」像を学年会で共有しつつ，その理想に向けた授業改善に協働的な活動として取り組む必要を指摘した．

また秋田は，日常の授業実践の中での互いの苦悩や問題について，教師同士が対等な会話を通じて授業のあり方，「教師の『居方』」（秋田，1998，p.254）を学ぶことによって，教師が変わり成長すると述べているし，油布(1999)は，教師集団の熟練教師の教育実践が職人芸と評価されるが，そうした個人的・実践的知識を，コミュニケーションを通じて交換することで相互の力量を磨くことができると述べている．

木原(1995a,1995b,1998)の教師の反省的成長に関する一連の研究では，教師間の対話システムを提示するに至っている．

木原(1995a)は，教師の反省的成長に関する研究動向を，「『誰と』『何を題材にして』対話するのか」（木原，1995a，p.108）という視点で分類した．分類軸は，対話の相手（教師と研究者），話題（包括的話題と限定的話題）の 2 軸が提起され，教師間の限定的な対話をめぐる研究領域には，研究授業や研究協議等の学校を基盤とした授業改善に関する研究が位置付けられた．本研究はこの領域に位置付けられることになる．

木原(1995b)はこの研究動向の整理を踏まえ，教師の反省的成長に関する研究はいずれも「教師の反省を活性化するための鍵概念を『対話』に求めている」（木原，1995b，p.91）と指摘し，教師間の対話を活性化するためのシステムの開発と実験的運用に着手した．

対話システムに基づいて開発された授業改善プログラムは，中学校の転任教師による授業公開に向けた授業検討や研究紀要草稿の検討をフィールドに運用され，特に保健体育科の紀要作成に成果が認められたという．木原はその成果の背景には，転任教師と先輩教師という異質な教師同士の対話が，転任教師の学校の伝統や文化に関する学習を促進したことがあると結論付けている．

また木原(1998)は，教師の反省を教育実践の再構築の過程と捉え，①自己の教育実践を何らかの手段によって対象化し批判的に検討すること，②そうした過去や現在の営みの分析を出発点として新しい教育実践を切り拓くこと（木原，1998，p.198）と説明している．そして，それが順調に進められるかどうかは教師間の仲間関係に依存していると述べ，「教師間の情報・アイデア・意見の交換，しかも葛藤を伴うコミュニケーション」（木原，1998，p.199）が必要であるとしている．

また三盃・岡野(2003)は，教師間の対話を中心とした授業研究の場における実践の整理と意味づけが，各教師の職業アイデンティティ（教師の専門性）を育む土壌となることを，総合的な学習の時間の授業研究を展開する小学校の事例から明らかにしている．そこで展開された教師間の対話は，「実践から理論を浮かび上がらせよう」とするものであり，各教師の発言に対して，根拠となった考え，すなわち「観」（三盃・岡野，2003，p.194）へ意識が向けられ，「まるで幾重もの膜を一枚一枚剥がして，芯に迫るようなもの」（三盃・岡野，2003，p.194）であったという．そういった対話を通じて「投げかけられた思いを明確化する中で『観』が見いだされ，次第に共有されていった」（三盃・岡野，2003，p.191）と対話のプロセスと価値観の共有機能について言及している．また山崎(2007)は，教師集団における相互作用が反省的実践家としての各教師の自己点検・自己評価と重ねられることで，教育課程の開発力やマネジメント力を支える教師の職能は二次関数的に向上するとしている．

三盃・岡野や山崎に至る教師集団のコミュニケーションの重要性の指摘は，個々の教師の職能成長を含む学校組織の有効性に対する効果的コミュニケーションの成立という課題を導いていると言えよう．しかし「幾重もの膜を一枚一枚剥がして，芯に迫るようなコミュニケーション」とは，具体的にどのようなコミュニケーションなのかは明らかではない．

以上の議論を整理すれば，教育実践を構築し，職能成長の基盤でもある教師の反省的実践は，教師集団におけるコミュニケーションによって加速されると言えよう．しかし，協働体制の成立や教育改善に効果的なコミュニケーションの成立は自明のものとされており，どのようなコミュニケーション（すなわち授業実践に関する話し合い）が教師の授業実践に関する省察や協働を促進するかは依然として明らかになっていない．本研究に着手した動機の一端はここにある．

教師の内省や協働と関連付けられた教師集団のコミュニケーション研究の動向は上述の通りである．その一方で，同僚性の確保を難しくしている組織諸要因に着目し，それらを克服するという視座に立って教師間コミュニケーションの重要性を指摘する研究も多い．本研究の問題意識はネガティブな組織要因にあるわけではないが，教師間コミュニケーションの意義や成果に関わる研究として大きな領域を形成しており，協働体制確立や教育改善に資するコミュニケーションを追究している領域との関係性を踏まえる必要があるので，以下で整理する．

中留(1989,1990)をはじめとした多くの研究者は，学校が規範的組織であり，改善されにくい組織であると指摘している．その理由として中留(1990)は，教師と教師の間に葛藤や対立があり，共通理解に至らないという点を挙げている．葛藤・対立が生起する要因として，①一般に教科や学年，学級で分化して仕事をすることに慣れており，組織体としての教育目標を理解し，その具現化に参加しようとする意欲が低いこと，②教師間の考え方の違いを相互に理解した上での信頼に基づく人間的な迫り方に欠けていること，などを挙げている．この見解は実証データに基づくものではないが，中留(1990)はインフォーマルな教師間関係が葛藤や対立を解消する上で重要であると指摘している．

小松(1990)は，職員会議の調査を通じて，職員会議の雰囲気は基本的に和やかなものであり，「白熱した議論がなされる」（小松，1990，p.243），「雰囲気がとげとげしくなる」（小松，1990，p.243）といった対立や緊張をはらんだものになることは少なく，発言が特定の教師に偏る傾向にあることを報告している．この結果について小松は，「意志形成の方法が，ながれるみずのごとく，落ち着くところへ落ち着くように，あるいは，多くを語らぬ教員たちの，声なき声を尊重することによって，何とか全員一致の意志形成を図ろうとする学校の実態が想像され」（小松，1990，p.244）るとし，対立や緊張をさけるための「縄張り意識」（小松，1990，p.245）の存在を指摘している．そして，職員会議という教師間の相互研鑽の場が，意見の交換や討論といった機能を発揮できておらず，本質的な教育上の問題の解決が先送りされてしまっている現状を批判している．

また油布(1991)は，教師集団には協働成立が危急の課題となっているが，協働の意義や内実が十分に捉えかえされることがなく，同調文化や集団への忌避感情の高まりといったネガティブな反応も存在していることを指摘している．しかし，教師の privatization の意識が浸透することは，学校組織に特徴的な抑圧的規範からの解放をもたらすという期待もあるともしている．そして油布は，現代教師の多くに privatization の傾向を有する者が見られるにも関わらず，①新しい教師の役割や教職観に基づいた教師モデルがないこと，②そのために，一枚岩に見える教師集団内部に価値をめぐる亀裂が生じており，教師の統合力が低下している可能性がある，と述べている．

そこで油布(1992)は，現代教師を説明するモデルとして，生徒に指導力を発揮して，ある価値の実現を目指すように思考するか否かの「価値実現の指導への意欲・関心」とどの程度 privatization に影響を受けているかを示す「privatization への親和性」の 2 軸で構成される 4 タイプの教師モデルを提起し，価値実現の指導に意欲的で，privatization に親和的な革新タイプの教師が，学校組織に新たな社会関係を創り上げる可能性を指摘している．そこでは，革新タイプの教師の出現に対する「波風立てない」（油布，1992，p.230）という学校組織の伝統的文化や教育成果を性急に求める社会意識といった阻害要因の存在や，同様のタイプの仲間を創る契機の必要が論じられている．

そして油布(1994)は，privatization の傾向を強く帯びた教師が多い学校とそうでない学校を比較し，その結果，学校を，私的世界に意味を求めようとする

「privatizationの傾向の大小」と，新たな協働原理を模索するかそうでないかの「共同性の模索傾向」の2軸で構成される学校の4タイプを提起している(図2-1)．各タイプの学校を比較し，「仕事は仕事，余暇は余暇と割り切り，学校を離れても同僚とのコミュニケーションを求めようとしない」（油布，1994，p.205）私生活型のprivatizationが支配的になることは問題であり，「割り切るが，学校を離れても同僚とのコミュニケーションは求める」（油布，1994，pp.204-205）割り切り型のprivatizationが望ましいと述べている．

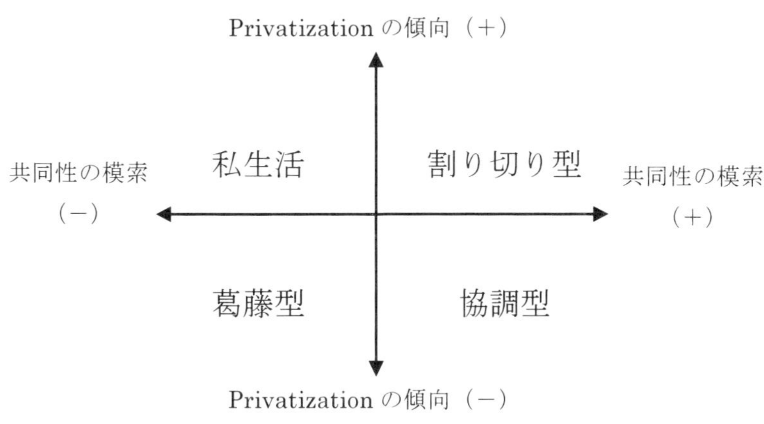

図2-1　privatization別の学校タイプ
（油布，1994，p.204より筆者作成）

油布は，私生活型の学校では原子化した個人が，教師としての役割意識を確立しないまま，意欲も持たず存在していると指摘し，「学校での意思決定は他人任せであり，このような状況をぬって，上からの指示伝達は強化される．当然のことながら，集団としての統合力が低下した教師集団では，これに対応する術も持たないであろう」（油布，1994，p.210）と述べ，この問題状況から教師が解放され，「出る杭は打たれる」，「長いものには巻かれろ」（油布，1994，p.210）といった教師文化を変革するためには，同僚の良好な関係を築くためのコミュニケーションが重要となると指摘する．

また，Hargreaves(1994)は，教師集団における同僚性を基盤にした協働的文化（collaborative culture）を教師同士がアイデアや実践を共有していく過程と関連する概念と説明し，教師が価値や目的，行動したことの結果を共有していくことを含意させている．それは自発性（spontaneous），非強制性（voluntary），改善志向性（development-oriented），時間・空間の非限定性（pervasive across time and space），予測困難性（unpredictable）の 5 つの特徴を持っているという（Hargreaves，1994，pp.192-193）．その一方で，Hargreaves は協働的文化に相対する「企てられた同僚性（contrived collegiality）」（Hargreaves, 1994, p.195）の形態の存在も指摘している．それは，制度的規制（administratively regulated），強制性（compulsory），実践志向性（implementation-oriented），時間・空間の限定性（fixed in time and space），予測容易性（predictable）の 5 つの特徴があると述べている．両文化とも，基本的には教師間の活発でより相互作用的な関係性を内包しているものの，教師間のそのような関係性を導入する際の原動力と関係性の諸相においては決定的に異なっている．

Hargreaves の研究を検討している諏訪(1995)によれば，わが国においては，研究指定校における校内研究会の問題点として指摘されることからうかがえるように，協働的文化よりも企てられた同僚性の文化が優勢を占めているのが現状であるという．諏訪は，協働文化を「教師が一つのコミュニティとしてそれ自体の目標を設定し，発展させるような場所において，教師間における開放的，信頼的，支援的，発展的な関係性によって成立し，教師の発達や研修を促進させるもの」（諏訪，1995，p.217）であり，「企てられた同僚性」の文化を，「他者が開発したカリキュラムや指導ストラテジーを遂行するために，教師は管理上企てられた相互作用を実践し，また，特定のカリキュラムを遂行させられ，あるいは遂行能力を身につけるために意図的教育を施されるもの」（諏訪，1995，p.217）と解説している．

また諏訪(2000)は，「経験年数をより積んだベテラン教員ほど価値観は強固になり，と同時にプライドも強固になる．逆に，経験年数の浅い若手教員は多くの場合，価値観や信念の形成過程にあり，実践に対する自信もベテラン教員ほどには持ちにくい」（諏訪，2000，p.240）と述べ，同僚性成立に際しては，経験年数あるいは年齢の相違が厳然として立ちはだかることが多いことを指摘している．そして諏訪は同僚的相互作用の成立方策を，言語的コミュニケーション技術の開発・修正であるとする．

佐藤(2006)も諏訪と同様に，同僚関係の崩壊の危機を脱するための校内研修の改善策として，次のような討議の方法を提案している．（佐藤，2006，pp.281-282）

①授業参観者が授業の改善点について助言し意見を述べ合う形式を見直す．

②話し合いの対象を「どう教えるべきだったのか」におくのではなく，「子ども

がどこで学んでいたのか，どこでつまずいていたのか」の事実におく．

③授業参観者は授業者への助言ではなく，授業を観察して自らが学んだことを述べ，その多様性を交流する．

④話し合いの参加者は最低一言は発言すべきであり，声の大きい人や指導的な人に支配されない民主的な討議を実現させる．

以上のように，今日の教師間コミュニケーション研究は，教師の内省と関連付けたところから開始されたものと同僚性関係の崩壊を問題視したところから開始されたものに分類されるが，それらの到達点は，「教師間の情報・アイデア・意見の交換」によって「実践から理論を浮かび上がらせる」民主的なコミュニケーションを指摘する一点に収束しつつあることが明らかになった．本研究はこの収束点に立って研究を開始するものである．

第３項 教師間コミュニケーションの機会としての校内研修・授業研究への着目

前項までに整理した教師間コミュニケーション研究は，学校組織における公式・非公式のコミュニケーションのすべてを対象にしたものである．それに対して本研究が対象としているのは，体育授業を構想する場におけるコミュニケーションである．そこで本項では，校内研修および授業研究を対象にした研究・論説における教師間コミュニケーションとその成果との関連に関する知見を整理する．

わが国は伝統的に，校内研修で授業を検討しあう自律的な教師文化を形成してきた．それは時代によって，あるいは学校によって活発であったり，沈滞であったりするものの脈々と続いている[6]．校内研修を通じてよりよい授業を探求する営みは，教師の職能成長を促進するとともに，教師集団の同僚性を形成し，一定の教育観，教育ビジョンを共有して学校づくりに向かうのに最も有効な方法のひとつであるということは，前項までにレビューした研究・論説が指摘していることである．

澤本は，授業改善や教師の力量形成を図る上で，授業観察から得た知見を取り

---

[6] 松木(2008)は，一般的な授業研究について，次のように批判している．「授業者は事後に反省と称して，授業でうまくいかなかった所や失敗した点を列挙し，参加者の攻撃に対して先手を講じるのが慣例である．しかし，その甲斐空しく『あーすべきではない・・・』『こういった準備をしておくべきであるのに・・・』などといった傍目八目の意見が出され，授業者は『できるだけ研究授業はしたくない』と思う気持ちを強くして終了する」（松木，2008，p.187）また授業研究の歴史を整理した千々布(2005)は，校長へのインタビューを通して，今日の学校現場における授業研究の形骸化や意義の希薄化を指摘している．

入れて反省的（リフレクティブ）に再構成することの重要性を以下のように指摘している．(澤本，1998，p.213)

> 他人の授業から切り取った小手先の技術・技法の移植では，模倣の域を抜けられないだろう．身についた技術や実践的知識を形成するためには，授業の実践場面で観察した事象を，子ども，教師，教材，学習環境，授業の文脈などの視点から後づけて構造化し，その意味するところを洞察する力が必要である．

そして，「自己リフレクション（self-reflection)」(澤本，1998，p.213）の重要性を指摘しつつも，自己内対話による授業検討だけでは客観性が問われる危険性があるとして，自己リフレクションの経過と結果を第三者（他の教師）に説明し，共同的に検討していく「対話リフレクションや集団リフレクション」(澤本，1998，p.214）を提案している．

そして，国語教師に授業リフレクション研究を行わせて，リフレクションの過程と成果を明らかにしようとしたアクション・リサーチにおいて，次の3点の知見を収集した．

- ルーティン化して無意識のうちに実施した指導者の教授行動あるいは学習者の学習行動や，暗黙知に基づく指導者の意思決定過程は，指導者が第三者の質問に答える行為を通して意識化できることがある．
- 指導者が，他教師からの問いかけに答えながら，自分の実践課程を再点検し，自問自答して，授業を再構成するところに意味がある．
- 授業実施者の自律性を侵すことなく進められるための研究集団の形成が重要である．

澤本の指摘は，授業をめぐる教師間コミュニケーションが，各教師の実践経験に内包されている暗黙知を意識化させ，再構成可能なものにする機能を有していることを想起させる．

また藤岡(1998)は，教師集団の問題解決能力を向上させるリフレクティブな授業研究システムの理論的構築を進めている．そこでは，リフレクティブな授業研究は，従来の授業者や学習者の言語，非言語活動のデータのみを数量的に処理する授業研究と異なり，授業者の意識といった内面過程に焦点を当てるものとして説明されている．藤岡は「真の実践知を獲得していく」(藤岡，1998，p.238）ような授業リフレクションを期待している．藤岡がいう実践知とは，教師が身につける教育技術であり，それは一回性，経験と意味，非操作性と受容等を基本的性格とする子どもと教師の間の相互解釈的コミュニケーションを通じて獲得される「臨床の知」(中村，1992，p.125）として取り上げられている．

すなわち各教師の授業実践に基づいた反省的な授業研究は，澤本のいう暗黙知としての実践的知識，藤岡のいう実践知を開発して，授業改善を達成するための方法と言える．藤岡は，授業リフレクションを通じて，授業改善が達成されることに加えて，教師集団が「見る人」と「見られる人」の役割交換の繰り返しを通じて,「お互いの立場に寄り添いながらしかも対象化して授業を見ていくという関係」(藤岡, 1998, p.241）へと育っていくという成果が期待できると述べている．

校内研修における教師集団のコミュニケーションを職能成長の場として扱った坂本・秋田(2008)は，授業実践における問題に対して，「『処方箋』を適用して済ますのではなく，問題そのものの捉え方を検討することで，授業実践に対して新しい見方を獲得する」（坂本・秋田，2008，p.98）ような省察を通じた教師の学習が，以下の2つの過程を経て展開すると述べている．

1. 教師が，他者の言葉（授業実践を言葉で表現したもので，脱文脈化されたもの）を再文脈化して，他者が語る授業の状況を理解する過程.
2. 教師が，他者が語る授業の事実を，自身が捉えている事実及び解釈と照らし合わせて，自身の授業の見方と他者の見方を省察し，吟味する過程.

他者によって脱文脈化された授業実践を，自身の思考内で再現（再文脈化）したり，自身の授業実践と照合・比較して，文脈を共有したりする過程は，経験談や物語の語りを通じた共体験による実践知・暗黙知の伝達の過程と考えることができるだろう．このことは松木(2008)がいうところの,「語りと傾聴の関係の中で事実と事実をつなぎ言葉と経験を対応させる」（松木，2008，p.193）ことで生成される「物語知」（松木，2008，p.193）の生成のプロセスの内実を説明したものである．松木は「物語知」を，経験に埋め込まれている暗黙知と明示的な言葉で表現できる形式知によって構成される知と説明している．そして，具体的な授業場面を事例として研究する授業研究こそが,「実践したことについて言葉で裏打ちし，かつ，練り上げた言葉を経験で裏打ちしていく」（松木，2008，p.193）ことが可能になるのであり，それが教師としての育ちを支えていると述べている．これら一連の，知識の獲得と成長に関する論説は,「自分の教科観や授業観のぶつけ合い，自分の個別的な経験の披瀝の場になりがち」（藤岡，1998，p.241）な授業研究や,「同僚への不信と猜疑があり, 嫉妬や敵意さえもが隠されている」(佐藤, 1997, p.404）ような校内研修が,「授業という場を共有したもの同士の対話の場」（藤岡，1998，p.240）になり，実践の事実に軸足を置き，自己リフレクションで獲得したことを交流させる「民主的な討議」（佐藤，2006，p.282）を実現することが必要であるというところに帰結していると言える．そういった対話・討議は,実践経験や主観の相互検討を通じた暗黙知としての実践知の交流なのである.

本節での研究レビューを整理すれば，今日の学校経営・教育経営研究は，協働体制の確立や同僚性の確保を志向する源流と，教師の職能成長を志向する源流をもちながらも，両者は教師集団の実践的知識が交流されるコミュニケーションに着目する大きな流れを形成しつつあると言える．坂本・秋田や松木による授業研究の研究は，教師の学習・成長を捉えようとしたものであるが，望ましい授業研究のプロセスとして，知識が活発に相互交流することを指摘してくれている．

なお，教師の知識についてはShulman(1986,1987)や吉崎(1987)らによって研究されている．Shulmanは，教師がその養成課程と教育実践において獲得する学問的知識と臨床経験に基づく知識を統合する概念として「pedagogical content knowledge」（Shulman，1986，p.9）（以下，Shulman後の研究・論説に従い，PCKとする．）を提起している．わが国におけるPCK概念の受容を概観すれば，それは授業実践から獲得される実践的知識であり，教科の体系的知識と学習者の多様な興味・関心や能力に関する知識が結びつけられた知識と説明される．

教師の知識が，教育に関わる諸学問の体系的知識だけでなく，教育実践の文脈に依存した知識を多分に含んでおり，前述したようにそれらを教師間で交流させることが必要になることを鑑みれば，PCKは本研究を展開する上で慎重に検討する必要があるだろう．このことについては，特に第3章「知識の共有と創造を生む教師間コミュニケーションの方略」の第2節において議論する．

本研究は，教科体育をめぐる教師間コミュニケーション研究を展開しようとしている．そして，コミュニケーションを通して体育科教育に関する知識を相互交流させる協同的な営みの有効性とその内実を研究対象にしている．本節におけるレビューで明らかにした学校経営・教育経営研究の到達点は，本研究が教師の知識に着目する必然性の基盤となっている．

なお，学校経営・教育経営学の潮流は，一般経営学の影響を強く受けているため，次節でその影響源と考えられる自己組織化研究の系譜を整理し，その論理的関連性を検討することで，本研究の研究系譜上の必然性と意義を確認することにする．

第4節　自己組織化に関する研究潮流と到達点

前節で指摘したように，今日の学校経営・教育経営研究は教師の知識に着目して研究を展開しつつあり，特に教師の実践的知識の共有や更新に向けたコミュニケーションの重要性が論じられているところである．しかし，教師集団のコミュニケーションを教育の均質化や改善を達成する上でのマネジメントの対象として扱った研究はない.

そこで以下では，組織論や経営論における成員間相互作用に関する研究を整理し，特に，組織開発論におけるコミュニケーションに着目した研究・論説と，サービス生産過程におけるコミュニケーションに着目した研究・論説を整理しつつ，学校経営・教育経営研究と関連付けることで教科体育経営の知識経営論的地平を明らかにし，本研究の研究課題を具体化していく.

第1項　組織の自己組織化と知識経営に関する研究展開

野中らは，組織が環境に適応するだけでなく，自己で戦略を選択した行動が可能であるとする組織進化パラダイムを基盤に，組織的知識創造理論を構築している[7]. その枠組みは1990年代に集成されているため，ここでは野中(1985)の研究以降に構築されていく組織的知識創造理論の構築過程との理論的枠組みを整理する.

1-1. 自己組織化概念

野中(1985,1986)は，大規模な組織変革を遂げたアメリカ電信電話会社と日本電信電話株式会社の事例分析（野中，1985）を通じて，組織変革のプロセスモデルを提示し，自己組織化パラダイムを実証している. そこでは，組織が新たな秩序の創造に向けて，環境変化を利用し，主体的にあらゆる手段を複合的に使ってゆらぎを増幅し，それを不可逆的に推進するプロセスが記述されており，組織成員の創造的な行為と創発的側面が注視されている.

野中(1985,1986,1987,1988,1989)の自己組織化に関する研究群における「自己組織」のイメージは，Weick(1977)やMarch＆Olsen(1976)等の組織内のカオスやあいまい性の役割を強調する理論モデルを基盤にしており，「偶然のゆらぎのままにたゆとうのではなく，環境からの情報の一部を組織内の構成要素のゆらぎに触媒し，あるゆらぎを特に選択的に増幅して新たな構造的・知識的秩序を形成する」（野中，1986，p.34）というものである. ここに組織における秩序生成の本質としての情報創造概念が提起されることになる. それはすなわち，「単なる情報処理

---

[7] 野中の組織的知識創造理論の理論的背景と研究の展開過程については，加藤(2006)が参考にできる. 加藤によれば，野中の知識創造理論は，「混沌の中から新しい秩序（情報）を創る組織」（加藤，2006，p.91；野中，1985，p.143においても同様.）と定義される「自己組織」概念を基盤にしており，情報の創造から，暗黙知と形式知を相互作用させる知識変換・知識創造へ展開したと指摘している.

者ではなく，情報創造者」（野中，1986，p.41）としての人間観に立った創造的破壊志向の組織革新戦略の追究の開始でもあった．

情報創造概念の提起は情報概念の再検討を要請し，「形式情報」と「意味情報」とを区別することにつながる．野中(1987)は，「対話というような人間的相互作用や手ざわりの体験の“ひらめき”」（野中，1987，p.83）等によって生み出される意味情報は，戦略，製品，マーケティング，製造などのコンセプトや組織文化の基盤となる価値といった「なんらかの視点ないし『見え』を生成」（野中，1987，p.82）し，情報創造の基盤になると述べた．そして，形式情報との相乗効果を生み出すような組織的情報創造が，組織の効率性と創造性を融合させると指摘した．効率性と創造性の融合可能性に関する指摘は，それまでの静態的組織論からの脱却を意味しており，極めて人間的で動態的な組織観を提示したと言える．意味情報に積極的意義を見出した野中は，カオスや無我が積極的意味をもつ東洋思想や，対象と一体化して相手の内的世界まで理解しようとする繊細かつ濃密な人間関係，あるいは芸術は修行（体験）によって熟達・完成される道程であるとする芸術観が，元来，意識的・無意識的に日本人が慣れ親しんできた「知」の方法論と捉え，暗黙知を基盤とした日本的経営を再評価した（野中，1988）．

そして野中(1989)は自己組織化の原理を次の6点に集約した（以下は，野中，1989，pp.4-6 の要約である）．これらの原理は，後の知識創造理論において，知識創造プロセスを促進する5要因として取り上げられることになる．

①目的志向性：

組織が何を目的にし，どのような状況におかれているかによって情報の意味が変動することを踏まえれば，組織の目的志向性が重要である．（この原理は，後に「組織的意図の共有」として知識創造促進要因に取り上げられる．）

②ゆらぎ・カオス：

自己組織は，パターンの予見が困難な周期性のない秩序（あいまい性，遊び，不規則な変化，不安定性）を発生させ，そのゆらぎを利用して新しい秩序あるいは情報を創り出す．（この原理は，後に「創造的カオス」として知識創造促進要因に取り上げられる．）

③自律性：

自己組織では秩序や情報の創造に「個」が積極的に関与する．個人の自律性の高い行動を許容することは，それだけ偶然を取り込む可能性を増大させ，情報獲得と情報の関係づけ・意味づけの自由度を高める．（この原理は，知識創造促進要因としてそのまま取り上げられる．）

④冗長性：

情報間の関係づけが柔軟に行われるためには，組織はできるだけ多くの起こりうる可能性に十分対応できるだけの余分な共通情報を保持する必要がある．また，情報の冗長性は組織成員の相互作用を促進する．（この原理は，「情報冗長性」として知識創造促進要因として取り上げられる．）

⑤自己言及的学習：

ゆらぎ，自律性，冗長性は潜在的にカオスをカオスのままにとどめる可能性を持っている．それを不可逆的な秩序・意味生成へとつなげるためには，主体が自らのあり方を自覚し，問い続けることで自らを変革する必要がある．この自己学習は閉鎖的に収束するのではなく，らせん状の動的上向性を持っていなければならない．（この原理は，知識創造促進要因として取り上げられなくなる．野中がその後，知識創造プロセスが各成員の内省を促進し，自己言及的学習を促進する機能を持っていると考えたためである．）

⑥最小有効多様性：

情報は無限に生成される可能性があり，自己組織は最大な意味空間を最も効率的な方法で最小の意味情報に圧縮する必要がある．そのためには情報・知識の所在に最早のステップでアクセスする方法論を獲得し，共有することが重要となる．

ここに，自己組織概念の再検討は人間的営為としての意味情報の創造というアイデアを取り入れることで一段落を見せ，その後の暗黙知と形式知を相互変換させる知識創造理論の萌芽に至るのである．

1-2. 組織的知識創造理論

野中ほか(1990)は，組織における知の創造は「『個人と集団』の相対する場で行われる」（野中ほか，1990，p.2）という立場から，対話の場における個人の知の共有化と新たな意味（組織の知）の生成プロセスを，対話の内容分析を通じたメタファーの使用頻度と意味内容の分類によって実証した．その結果が示唆することは，個人の暗黙知が対話や観察，模倣を通して共有されるとともに相互に増幅し合って形式知へと転換していくというプロセスが対話を通して展開するということである．そして，野中ほか(1990)は，集団の知識ベースを核として暗黙知と形式知の相互作用が行われ，集団全体の知が増幅されるプロセスのモデルを提示している．

自己組織化に関する研究は，この研究を契機に集団－組織レベルにおける暗黙知と形式知の相互作用・変換過程の研究へとシフトしていくことになる．野中

(1990)は，それまでの小括として『知識創造の経営－日本企業のエピステモロジー』を刊行するに至る．

知識の相互作用・変換過程に関して，野中(1992a,1992b)は暗黙知－形式知間の変換の関係として，「内面化」と「分節化」の 2 次元と，知識創造に関わる組織成員間の知識の相互作用関係として，暗黙知レベルの相互作用の「共同化」と形式知レベルの相互作用の「連結化」を提起することで，知識変換の 4 つのパターンを構築した．この知識変換の 4 パターンは，その後の組織的知識創造モデルである SECI モデルへと精緻化される．

野中ほか(1996,1999)は，「コンフリクトやエネルギーを内在し，連続と非連続を往還する創造的で弁証法的ならせんプロセス」（野中ほか，1999，pp.36-37）である SECI モデルを以下のように説明している．

第 1 のモードは，暗黙知を伝達する「共同化（Socialization）」である．これは，共感・共体験を通じて他者の持つ暗黙知を受容し，共有されたメンタル・モデルや暗黙的な技能といった「共感知」（野中ほか，1996，p.106）を生み出すプロセスである．第 2 のモードは，暗黙知を形式知に変換する「表出化（Externalization)」である．これは組織的知識創造で最も重要とされる，暗黙知を第三者にも理解可能な言語・概念・図像・形態として表現し，形式知に変換し，「概念知」（野中ほか，1996，p.106）を生み出すプロセスである．暗黙知のままの知識は，熟練技能の伝承過程からも想像されるように，直接経験を共有した範囲の人々の間でしか知の創造ができない．「表出化」モードでは，演繹的・帰納的な論理分析やメタファーやアナロジーといった「創造的言語」（野中ほか，1999，p.38）を用いて，イメージをコンセプト化したり，ノウハウやスキルをマニュアル化したりする．第 3 のモードは「表出化」によってグループ・レベルの集団知になった複数の形式知を収集，分類，体系化して新たな形式知（「体系知」（野中ほか，1996，p.106)）を生み出す「連結化（Combination)」である．第 4 のモードは頭で理解した形式知を，行動を通じて自己の中に暗黙知として再び取り込み，「操作知」（野中ほか，1996，p.106）を生み出す「内面化（Internalization)」である．

暗黙知と形式知の相互作用は個人ベースで行われ，組織で行われるのではない．しかし，「一方では他者と共有されなければ，あるいはグループや組織レベルで増幅されなければ，知識は組織的かつスパイラルに高度化することはない」（野中ほか，1996，p.335）．すなわち，組織的知識創造の核心は，グループ・レベルで起こるのである．そして組織は，グループ活動と個人的レベルでの知識の創造・知識を促進する組織的環境や仕組みを提供する必要がある．知識創造プロセスを推進するために組織レベルで必要になる5条件は，①意図の共有，②自律性，③ゆらぎ・創造的カオス，④情報冗長性，⑤最小有効多様性である．これは前述した野中(1989)の自己組織化の6原理から野中自身が着想したものである．

ここに野中の組織的知識創造理論の集成がなされる．理論構築と理論の妥当性の検証は，知識創造的に優良な企業の経営現象と理論とを相互作用させ，解釈することで展開されている[8]．野中・紺野(2003)や野中・遠山(2006)は，優良事例における知識創造の実践方法や哲学や社会科学における知を生み出す方法論を参照して知識創造プロセスの各フェーズにおける知識変換の方法論を次のように論じている．

【共同化の方法】

自分と観察の対象とが一体となった気づきや発見，他者との共体験

【表出化の方法】

演繹的・帰納的な論理分析，メタファーやアナロジーを使用した暗黙知の表現，仮説生成の発想法（アブダクション），経験を物語として語る

【連結化の方法】

科学的方法論としての論理分析思考に基づく個々の情報の収集・分類・体系化

【内面化の方法】

反省的実践

小松ほか(2007)は，SECI モデルを「実組織の知識創造プロセスを説明できるという意味で説明モデルであり，工学的な視点から知識創造をデザインするという意味では説得性にとんだ設計モデルとは言い難い」(小松ほか, 2007, pp.51-52)と指摘している．すなわち，知識創造の方法論の提示は知識変換の各フェーズを理解する上で有用ではあるが，学校組織内の知の活用法として即実践に利用できるほど具体的ではないと言えるだろう．野中も，知識創造企業の例としていくつかの企業の研究開発等の事例を，知識創造理論を用いて説明しているものの，既存の相互作用現象に対して，理論を用いて何らかの改善策を提示するということ

---

[8] 事例分析は，例えば本田技研のシティの開発，キャノンのミニ・コピアの開発，松下電器のホームベーカリーの開発（野中,1989，野中ほか,1996），富士ゼロックスやNTT東日本法人営業本部における知識経営の実践（野中・梅本,2001）などを対象に行われている．その中で，知識変換が成立する成員間の相互作用の方法論については，本田技研の開発プロジェクトの徹底した議論の場である「タマ出し会」（野中ほか，1996，p.93）やマツダの新車開発会議におけるメタファーを利用したコンセプトの創造と新車のイメージへの具体化（野中ほか，1996，p.93）といった現場の実践が記述されている．

はない．

知識創造理論とSECIモデルの構築後，野中の研究は知識創造を促進する組織内部環境へと展開している．

野中(2002)は，市場原理が人間原理を支配しつつあると指摘される今日においても，企業の市場における持続的競争優位の源泉は「高質の暗黙知」(野中，2002，p.5）にあり，その開発には「綜合力」（野中，2001，p.19）が求められると述べている．綜合力は，「正（thesis)，反（antithesis)，合（synthesis）のプロセスを通して多面的に真実に迫るプロセス」（野中，2002，p.5）を駆動させ，「多様で異質な知を革新的に結びつけ，一貫性をもった知識体系をダイナミックに創造する」（野中，2002，p.5）有機的な正の相乗効果を生み出す能力と定義される．すなわち知識創造を活発に駆動させるための力である．綜合力は，①知識資産，②場，③クリエイティブ・ルーティン，④インセンティブ・システム，⑤自律分散型リーダーシップによって構成されるという．

野中(2002)によれば，常に組織には相互作用費用（インタラクション・コスト）がかかっており，特に知識創造にとっては，組織内で当該知識が正当化されるための費用（正当化費用（ジャスティフィケーション・コスト））は不可避であるという．ある知識について共通のスキーマを有していたり（野中(2002)はこれを「知識資産」（野中，2002，p.6）としている)，成員同士が相互理解したり，信頼関係が成立したりしていれば，正当化費用は低くなる[9]．

また，知識は個人の内に能力として蓄えられているが，特定の時間，場所，他者との関係性といった文脈や状況の中で発揮され，その正当性が他者にも確認され，修正される．野中(2002)は，「知は具体的な文脈の中の具体的行動や話法のプロセスの中でしか現れない」（野中，2002，p.6）と知の文脈依存性について指摘し，「共有された動的文脈（shared context-in-motion)」（野中，2002，p.6）を「場」と定義した．そして，「よい場」は，(1)テーマや使命を持ちつつ，自律性を許容しており，(2)境界を持ちつつも個人の参入・退出が許容される相互浸透性も持っており，(3)自己は間違うことがあることを自覚し，他者との対立を媒介にして自己をより高い次元に発展させる弁証法的対話と，(4)参加者が第三者的視点に立って自己を見る自己超越性によって成立していると述べた．

そして，何かを協同的に創造しようとする思考・行動様式としてのクリエイティ

---

[9] 野中(2002)は正当化費用を低減させる信頼関係を「感情的資産」（野中，2002，p.6）としている．

ブ・ルーティンと，創造することによって満足感や同朋意識，組織に対する帰属意識を感じようとする内因的モチベーションを生起させるインセンティブ・システムが必要であり，創造の最前線でともに思索し行動するリーダーシップが上述の全ての要素を綜合させると述べている.

以上のような野中グループによる，自己組織化研究から知識創造理論へと展開する知識経営論は，今日では企業組織論における相互作用研究の中核をなしている. しかし, 前述したように, 知識創造理論によって構築された SECI モデルは, 組織内の相互作用をデザインするための設計モデルにはなり得ていない.

現実に生起する相互作用現象は，必ずしも共同化→表出化→連結化→内面化という順序をたどるとは限らないし，継続的な知識創造を達成する組織が，必ずスパイラル・アップを経ているとは限らない. また，フェーズ間の移行過程については明示されていない. それらが由来して，SECI モデルから相互作用変数を演繹することはこれまで行われてこなかった. そのため, 成果としてのイノベーションと関連付けて知識創造理論を実証した研究は皆無である.

第 2 項　場の理論

知識創造理論は企業経営論の相互作用論的転回を起こした. 伊丹による「場」に関する研究はその転回の一例として取り上げられるべきものであろう.

伊丹(1992,1999)は，組織のマネジメントの新たなフレームワークとして,「場」という概念を提起している. 組織成員は,「さまざまな様式やチャネルを通じて情報を交換しあい，その結果人々の認識（情報集合）が変化する（中略）情報的相互作用」(伊丹，1992，p.79）を行っており，その「容れもの」(伊丹，1992，p.79）としての場をマネジメントすることで，情報的相互作用における共通理解と心理的共振が促進されるという. すなわち, 伊丹は, 組織を経営するということを「『情報的相互作用の束』を経営する」(伊丹，1999，p.28）と捉えているわけである.

伊丹(2005)は，事業成果を上げている企業の相互作用の特徴として（1）自然で自由な情報発信と受信，(2）密度の濃い，本音のコミュニケーション，(3）感情の交流，心理的な刺激，を挙げている [10]（伊丹，2005，pp.26-29). こうした情

[10] 「自然で自由な情報発信と受信」は企業現場において「ついでに」,「すぐに」,「自然と」,「気軽に」という言葉で表現されており,「密度の濃い，本音のコミュニケーション」は,「熱い議論」,「フランクに」,「ダイレクトコミュニケーション」,「オープンに」という言葉で，そして「感情の交流，心理的な刺激」を促進する情報的相互作用は,「騒然とした雰囲気」,「白熱し」,「讃え合う」ようなものと表現されている.

報的相互作用は，「場をそもそも生成させるためのマネジメント」（伊丹，2005，p.152）によって生み出され，「生成した場を生き生きと動かしていくための場のかじ取りのマネジメント」（伊丹，2005，p.152）によって活性化されるという．

伊丹(2005)は場のかじ取りのマネジメントを，「場のマネジャー」（伊丹，2005，p.238）の役割として捉え，そのプロセスを「かき回す」，「切れ端を拾い上げる」，「道をつける」，「流れをつくる」，「留めを打つ」（伊丹，2005，p.243）の5つのステップとして提起しているが，マネジャーのかじ取りによって活性化される情報的相互作用の特徴として前述の3つを提示するに留まっており，どのようなコミュニケーション現象なのかを明確にしているわけではない．

第3項　学校の自己組織化研究

学校組織の自己組織性に関わる研究は，朴(1995,1997)によるシステム論的学校組織論における自己組織化概念の受容を端緒として，水本(2007)によるオートポイエーシス・システム論と複雑性論から学校組織論を展開させる研究へと続いている．

大塚学校経営研究会はその刊行誌である学校経営研究において，1995年に学校組織の自己組織性に関する特集を組んだ．朴(1995)はその特集巻頭論文において，自己組織性概念の理論的背景と，社会学，経営学，組織論等の諸分野における自己組織性概念の導入の試みを整理し，学校組織における秩序の平衡状態が失われ，「ゆらぎ」や「カオス」が支配する場合，自主的な，新しい秩序がどのように生まれてくるかを解明する上で自己組織性概念が有効であると指摘した．

堀内(1995)は，標準化された組織教育としての学校教育においても，その対象となる子どもがその能力，性格等において多様であり，学校における教育指導が最終的にこの個別性を捨象できないことを根拠に，学校が個々に意思決定主体とならざるを得ないとして，学校経営の自己組織化は必然性を持つとしている．

また北神(1995)は，反省的実践家としての教師像に基づき，同僚性や協同性の構築による学校の共同的・探究的文化の構築が求められると指摘し，学校の自己組織性を「学校自らが既存の組織秩序や知識体系を壊し，新しい状況に見合う秩序と知識体系を生み出していく力量」（北神，1995，p.37）と定義している．村田(1995)は，学校が様々な情報を取り込み，それらを組織して社会環境の変化に適応して内発的な学校改革を展開するという「自己組織力」を提起している．自己組織力が発揮されることとは，①教授・学習組織から授業，教材・教具の整備までの工夫がなされ，②教師集団が主体的に専門性を高めるような校内研修体制が整備され，③校長が教師の意欲を引き出し，動機づけるリーダーシップを発揮し，④学校の地域的特性を考慮し，⑤学校管理・運営の弾力化とマネジメント・サイクルの効率化を進め，⑥保護者・学校・教育委員会による地域学校経営の創造を進め，⑦教育観，学校観，学力観の大幅な見直しが行われることであるという私案が提起されている．しかし，これらの作用が学校組織にどのようなプロセスで自己組織化や最適化をもたらすのか，ということについては明らかにされていない．

堀内は新たな公教育システムのあり方への問いを通じて，あるいは朴は教師機能の組織最適化を志向することを通じて，北神は教師の反省的実践の組織化を志向し，そして村田は社会環境から情報を取り込み環境の変化に対応する学校の改善力に着目することと結びつけて自己組織化という鍵概念を学校組織論に受容した．その後の朴(1997)は，当時の教育問題におけるゆらぎやカオスを，組織の協同体制構築や学校改善に対して生産的に捉え，自己組織性概念の学校組織研究への導入有効性についての論証をさらに進めた．

その後，学校組織の自己組織性研究は水本(1998,1999,2007)や紅林(2004)等のルーマンによるオートポイエーシス・システム論を学校組織論に導入した研究に引き継がれた．それらの研究では，学校組織を，教師と教師との間，教師と学習者との間,教師と管理職との間,教師と保護者との間といった多様なコミュニケーションと意思決定によって構成されている複雑系の自己組織的な円環的システムと捉えている．そして水本(2007)は，組織の営みを複雑反応過程として捉える上でコミュニケーションに着目している．それは,「相互行為の中から広範な社会的パターンが創発すると同時に，自己と自己意識も創発する」（水本，2007，p.17）と考えられるからである．水本は複雑系の学校組織現象を相互行為に着目して捉え直すことによって，確実性を高めることを目指すのではなく,「高い不確実性の中で『関係性の質』を維持し，相互行為における創発性を高め，そこから生まれる学習を活かすこと」（水本，2007，p.23）が重要であると指摘した．

自己組織化論の学校組織論への導入と，その後のオートポイエーシス・システム論，複雑性論への進展が，コミュニケーションをはじめとした相互行為の質とその創発性と学習に着目するところに到達していることは，自律的な授業の標準化や改善に対して有効な教師間コミュニケーションを明らかにしようとする本研究の教科体育組織認識の基盤を成している．

教師の学びや成長という視点に立った同僚性の検討に加えて，学校の自己組織化に関する研究における学校組織コミュニケーションに対する着目は，その後の教師間コミュニケーション研究を勢いづけたのではないだろうか.

西口(1994a,1994b)や藤原(1998,2003)による研究は，知識を相互交流させる教師集団のコミュニケーションが同僚性確保に対する制度的・文化的阻害状況を打開し，教師の学びや成長をも確保する同僚性を成立させると指摘する研究の端緒である.西口や藤原はこれまでの学校組織における協働論が,協働の成立やコミュニケーション・システムの存在を所与のものとしており，教授組織の目的への共通理解や合意を暗黙の前提にしてきたと批判し，新たな協働論の展開の軸としてコミュニケーションに着目している.

西口(1994a)は,学校組織が指示命令よりも指導助言の論理が前面に出されることで，教師の主体性（西口(1994a)は主体的意識作用としている）を喚起し，職能（西口(1994a)は専門的行為遂行能力としている）成長を促進し，学校組織の目的を効率的に，かつ円滑に達成しようとしていると論じている．そして，この「指導助言関係」（西口，1994a，p.17）は，学校現場の言語的コミュニケーションの複雑性縮減の機能によって「確定的必然的なコト」（西口，1994a，p.21）として扱われる傾向にあり，固定化するとしている．しかし，西口(1994a)は，指導助言のコミュニケーションに対して悲観的ではない．言語的コミュニケーションが安定や秩序を志向する方向で機能するのではなく，教師同士の視野の相違や組織内部の不確定性・複雑性を隠蔽しない形で成立するという条件が成立するならば，学校は変わることができると指摘している[11].

また西口(1994b)は,佐藤(1997)の反省的実践家としての専門家教師像の提起を受けて，学校組織を「工場モデル」（西口，1994b，p.396）から「生態学モデル」（西口，1994b，p.396）へと転回させる必要があるとする西(1990)の指摘を精緻化している．それは,「個々の教員の主体的な意思や判断の尊重がなされ，相互の意見の相違をおそれるのでなく，合意を得るにしても相違点についての議論を尽くした,深く納得できる合意形成の過程を保障するような」(西口，1994b，p.396)組織を志向するということである．そして，このような組織は，西口が別稿（西口，1994a）で論じたことと同様に,「合意や協働を要請するよりも，状況を疑い

[11] 西口(1994a)は，ルーマンの相互行為論に依拠して，言語的コミュニケーションが，指導助言関係という自己－他者関係の「二重の偶発性」（西口，1994a，p.15）を起点とした不確定性・複雑性を縮減し,「行為者間の予期」（西口，1994a，p.15）を可能にすると述べ，学校組織の「指導助言関係」が固定化する必然性を説明している．また，学校組織を改善するための条件としての複雑性を隠蔽しない言語的コミュニケーションを,「偶発性への感覚と意識を生かし可能性選択の変更の自由をとりこみうるような言語的コミュニケーション」（西口，1994a，p.21）と表現している.

不満や批判を表明するコミュニケーション」（西口，1994b，p.399）こそが重視される必要があると述べている．

藤原(1998)は，政策をその意図通りに実施する受容者としての教師が，現状維持的・保守主義的・個人主義的な教員文化を形成しているという問題状況を克服することを企図して協働論が勢いづいていると述べている．そして，教師の「個人的で実践的な知識」（藤原，1998，p.7）が相互作用を通じて共有され，ますます豊かになる可能性を知識経営論に求め，学校組織における協働概念を「個々の教師が自律性と相互信頼をベースとして『知識』や『意味』を共有し，また，その相互作用を通じて新たな知識を創造していくプロセス」と定義している．そして藤原(1998)は，知識共有・知識創造が成立する相互作用の条件として，教師の平等の努力や，教育の複雑性に対する同程度の謙虚さを含む「相補性」と，教師が相互に領域を侵し合い，問題点を生成させながら学ぶことを含意した「情報冗長性」を提起している．またそこで藤原は，効果的なコミュニケーションとは，他教師の実践を当人の教師としての適性と切り離すという「話し方のマナー」（藤原，1998，p.13）やスキルが確保されたものであり，「他者に踏み込み，相互に侵し合う」ものであると述べている．

藤原による協働概念の再定義は，本研究に知識経営論的体育経営という視座を与えてくれる．藤原は1990年代以降の企業経営学領域における知識経営概念の台頭を背景にし，学校への知識経営の導入が「重要な知識が多数断片的に存在している」（藤原，2003，p.4）学校の教育効果を高め，「知識産業としての教育界の社会的認知を高める」（藤原，2003，p.4）ことにもつながると述べ，その有効性を示唆している．

これまでの議論を小括すれば，学校組織に関する経営学的研究は，協働体制の成立を企図して展開されてきており，同僚性は協働体制成立の鍵概念として扱われてきた．その研究展開においては教師集団のコミュニケーションは同僚的相互作用の中核として捉えることができる．しかし，その一方で学校組織は変わりにくい性質を持っており，西口(1994a,1994b)はその原因を教師間の相違や複雑性を隠蔽する非効果的なコミュニケーションであるとしているのである．ここに，教師集団における良好なコミュニケーションを探求しようとする学校組織研究の今日の到達点が確認できる．特に藤原の研究は，コミュニケーションを知識共有・知識創造過程として捉えるという点で一歩踏み込んだものである．

教育経営学と，その展開に影響を与えた自己組織化研究の研究展開を要約すると，次のように言うことができよう．また諸研究の関連性は図2-2のように図示できる．

・教育経営研究においては，その初期から教師集団のコミュニケーションの重要性について指摘されている．特に佐藤の「反省的実践家」としての教師像の提起を経た Little の同僚性概念の受容以降，「学びの共同体」論においても，授業研究に関する研究においても，知識の相互交流に着眼した教師集団のコミュニケーションの捉えが開始されている．

・学校経営の自律化要請に伴う自己組織化研究は，企業組織研究の自己組織化概念の受容により開始された．そのため，企業組織研究が到達した知識経営論とも同期的である．

・学校組織の組織開発論は，学校組織の要求と教師の欲求との対立の調整・統合という課題を統合的に扱おうとするものである．現在，学校組織開発プログラムの開発が進められており，そこでは教師集団の教育的相互作用を通じた教育課題の共有化と新たな課題の生成の組織的展開が志向されている．

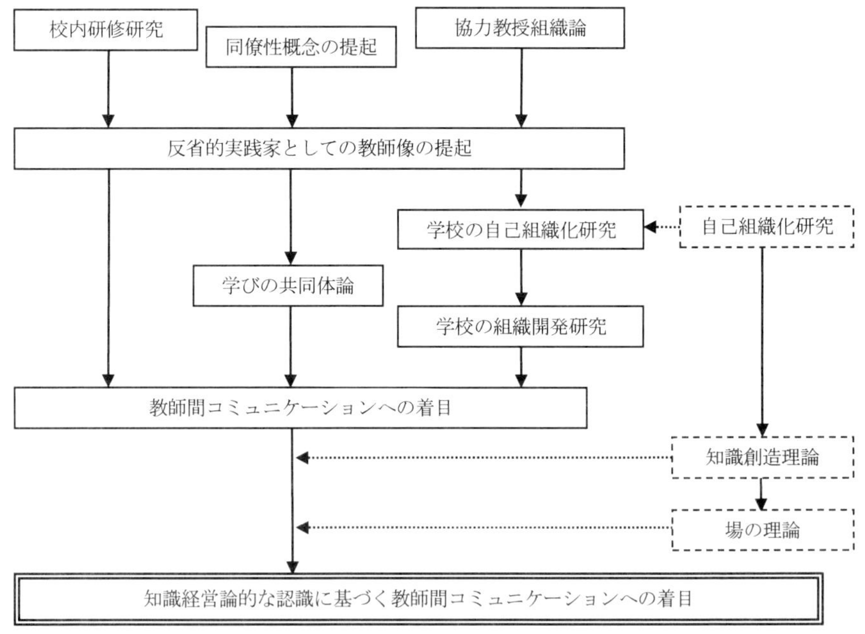

図 2-2　教育経営学および自己組織化研究の研究的系譜の関連性

教育実践は，各教師が経験から獲得した暗黙知に基づく反省的実践によって展開されている．しかし，経営の自律化が要請される今日，それはもはや個人的営為としてではなく，教育的相互作用を通じて組織的に展開されなければならないと言える.教育が教師の個人的暗黙知に傾斜することの教科体育経営上の問題は，「暗黙知を『豊富に』持つと主張すれば，それは組織内部の知識を外部に対して閉鎖し，市場や顧客に対しても勝手に思い込むような自己的同一化に進むことになる」（野中，1990，p.5）という野中の暗黙知に傾斜した日本的経営の問題の指摘と符合的である．すなわち，体育をめぐる各教師の暗黙知が子どもや社会の移ろいに対して閉鎖的なものになれば，体育は教育として硬直的で，改善が困難な状況に追い込まれてしまうと考えられるのである．

しかし，野中の自己組織化に関する「偶然のゆらぎのままにたゆとうのではなく，環境からの情報の一部を組織内の構成要素のゆらぎに触媒し，あるゆらぎを特に選択的に増幅して新たな構造的・知識的秩序を形成する」(野中，1986，p.34)という論述は，教育実践の多様性や不確実性を超え，個別学校の教育経営に新たな秩序をもたらすという方向性を指し示してくれる．そして，その後の野中らによる日本的経営の再評価と止揚の結果，知識創造理論が構築されたことを踏まえれば，今後の協働的な教育経営には，教師の知（暗黙知と形式知）を共有化したり，暗黙知を形式知へと変換したりするような知識経営が求められると言えるだろう．

また，学校組織研究における自己組織化概念の導入は，野中による自己組織化に関する研究の展開を底流に持っている．熱力学から組織論へ，そして組織論から学校経営論という学問分野を超えた自己組織化概念の伝播は，朴(1995)が指摘するように，他学問分野からの教育学に対する「閉塞的な官房学的談論」（朴，1995，p.2）といった批判や，当時の諸学問の多様で急速なパラダイム・シフトの只中で「知」が陳腐化することに教育学が弧塁しつつあるという自己反省に基づくだけでなく，元来，学校が社会環境に対して開放的であり，自律的経営を要請される組織であるからに他ならない．

以上の議論を踏まえれば，教育経営学における知識経営論の導入の必要性が指摘できよう．特に，体育科教育は運動・スポーツの文化的・身体的価値を学習者に伝達することを使命としており,（形式情報の伝達を使命とする座学教科と比べて）教師集団で相互作用される知識の多義性，文脈依存性は高いと考えられ，知識共有と知識創造の同時達成は重要な課題と言えよう．

野中の知識創造理論は知識経営論の先駆的・中心的理論である．それは，組織成員が保有する多様な知識が相互作用され，相互に共有されたり，既存知を修正・更新したり，あるいは創発的に新たな知を生み出したりする過程を説明する理論である．しかし，前述したようにSECIモデルの各フェーズは知識創造理論から演繹されたものとして解説されるにとどまっており，経営やサービス生産の改善に即利用できるほど具体的ではない．そのため，これまで知識創造理論から演繹された相互作用変数を用いて組織有効性との関連性を実証した研究は皆無である．

一方，学校組織・教育経営に関わる先端的研究は，教師の職能成長や同僚性確保を促進するプロセスにおいて，実践的知識を交流させたり，暗黙知を形式知化させたりするための具体的な方法を提案している．佐藤(2006)による校内研修の改善案（第1節第2項）や，具体的な授業場面を事例として各教師が語り合い，事実と事実をつなぎ言葉と経験を対応させて研究する授業リフレクション（澤本(1998)など）がそれである．わが国では，校内研修で授業を検討しあう自律的な教師文化が形成されてきている．そして多くの研究や論説が，教師集団のコミュニケーションを通じて教師の職能成長や同僚性確保が促進されることについて指摘してきた．しかし，教師集団の教育的相互作用におけるコミュニケーションがどのように展開されればよいか，ということは明らかにされていない．ここに体育経営研究における知識経営論的な地平の開発の必要性が確認でき，知識創造理論に依拠した体育授業に関する知識共有・知識更新過程研究の可能性が開かれたと言えよう．

第5節　組織コミュニケーションに関する研究潮流と到達点

コミュニケーションは，社会学，社会心理学，あるいは小集団研究等の多様な研究領域において活発に研究されてきた社会過程概念であり，その全容を把握し，整理することは容易ではない．ロジャーズ・ロジャーズ(1985)，狩俣(1992)，石井・石原(1999)，小松ほか(2007)によると，それらはいずれも，シャノン・ウィーバー(1969)やバーロ(1972)が提起した「一方向的直線モデル」(狩俣，1992，p.74)，「価値・通路モデル」（石井・石原，1999，p.31）を基本としており，送り手から受け手へのメッセージの伝達という一方向的で構造的な捉え方をしている．

狩俣によれば，組織のコミュニケーション研究の中でも，メッセージの正確性，迅速性，雑音等に着目した機械論的アプローチと，受信者のメッセージの意味解釈に着目した心理的アプローチは，この直線モデルに依拠して展開しているという．

その後，このモデルは，主としてマス・コミュニケーション研究の領域に普及する過程で 2 つの大きな修正が施された．1 つは情報の受け手から送り手へのフィードバックが付け加えられることで循環的過程として記述されるようになったこと，もう1つは，受け手が単純にメッセージを受容するのではなく，独自に選択・処理・解釈するものとして位置づけられるようになったことである．

組織論や経営学においても，これらの修正を施されたコミュニケーション・モデルに依拠して組織成員間，企業－顧客間の相互作用を考察してきた．

しかし，コミュニケーションを通じて知識が交換，共有，更新されるような過程は直線モデルですべて説明できるほど単純ではない．また，外部環境の不確実性に対応すべく自己組織化的に変革を遂げる動的な人間集団として組織を捉えれば，組織内のコミュニケーションを情報伝達とそれに対するフィードバックという要素のみで捉えることは構造的であり限界があると言えるだろう．ロジャーズ・ロジャーズや鍋倉は，直線モデルでは「ダイナミックな相互作用の過程」（ロジャーズ・ロジャーズ，1985，pp.20-24；鍋倉，1987，pp.10-13）としてコミュニケーションを捉えることは難しいと指摘した．また石井・石原(1999)は，現実のコミュニケーション現象の複雑性を次のように指摘して，直線モデルの問題を指摘している．（石井・石原，1999，pp.6-7）

> 少し考えて欲しい．われわれのコミュニケーションあるいは関係一般についての現実感覚を尋ねてみると，実のところ，このモデルはそれほどフィットしているわけではないことを．われわれには，消しがたく，『コミュニケーションは一筋縄ではいかないものだ』という現実感覚がある．（中略）自分では正当だと思えるそのメッセージ（価値）が，どうして，相手に伝わらないのか，あるいは，どうして直接，相手に言わないのか（伝えないのか）．メッセージ（価値）はメディア（通路）を通過して相手に伝わるというには，あまりに伝えられて起こる結果は多様にすぎないか．メッセージの中身が，意図と違って反転したり変容したりすることは多くないか．

また小松ほか(2007)は，シャノン・ウィーバーによる直線モデルは，マーケティングの世界で代表的なコミュニケーション活動である広告活動の分析や広告効果測定，広告意思決定の議論のいずれにおいても圧倒的な力を発揮してきており，組織内の活動についても同様であると述べる一方，石井・石原(1999)の研究やオースティンの言語行為論をレビューし，コミュニケーションにおいては意図せざる結果が生じるのは必然であり，コミュニケーションの送り手と受け手の間には「深くて黒い川がある」（小松ほか，2007，p.33）と観念しなくてはならないと指摘している.

大石(2006)は，ロジャーズ(1992)のコミュニケーションを通じた当事者間の意味共有や相互理解に関する知見をもとに，コミュニケーションを「社会的相互作用を行う当事者間における情報の伝達・交換，およびそれによって生じるその情報に関する当事者間における意味の共有」（大石，2006，p.5）と定義している．この定義は直線モデルから脱却し，情報の伝達を双方向的に捉え，コミュニケーションの各当事者には固有の意味理解があり，それらの共通部分が増大することで意味共有が図られることを示している.

今日では，コミュニケーションは当事者が保有する意味の相互作用として捉えられるようになっている．そこでは，情報に含まれる意味が重要視されており，それはメッセージとして話し手から聞き手へと受け渡されるものではなく，コミュニケーションの結果として共通部分が増大すると捉えられている.

本研究は，このコミュニケーション研究の潮流も背景にもっている．教師が保有する体育科教育に関する知識は，第 4 節で述べたように，教育実践経験等に根差した暗黙知を含んでおり，そのすべてを正確に伝達することが難しい．そういう意味で，コミュニケーションを通して意味が重なり合うと考える今日のコミュニケーション研究の視座は，本研究の基盤と言える.

第 6 節　組織開発論の研究潮流と到達点

本研究は，体育授業の教師間差異の縮減と自律的改善を，コミュニケーションを通して自己組織化的に達成する体育組織の成立方策を視野に入れている．そして，それに加えて，教科体育経営研究として，教師間コミュニケーションをマネジメントするという動機も背後に持っている．一方，組織内の諸要因をマネジメントの対象として扱い，組織変革を統合的に展開させることを視野に入れて研究を展開している領域が組織開発研究である．そこで，本節では一般組織および学校組織を対象とした組織開発研究の潮流と到達点を検討する.

第 1 項　組織開発論・組織学習論

関口(1972a,1972b,1973)によると，1950 年代までの人間の協働の合理化に関する考究は，組織構造設計の歴史であったが，その後，組織の要求と人間の欲求との対立問題を解決し，統合するという課題としての「組織と人間の問題」（関口，1972a, p.2）をめぐっては，人間関係論が展開されてきたと述べている．そして，人間関係論から派生し，特にグループ・ダイナミクスや社会心理学的方法を用いて様々に分析され主張されてきた動機付けやコミュニケーション，リーダーシップといったトピックを，組織変革に向けて統合的に展開しようとするのが組織開発（organizational development，OD と略される）研究である．

中村(2007)は，わが国の組織開発の歴史的変遷を整理し，1970 年代までの古典的組織開発，1980 年代までの「OD ブーム」（中村，2007，p.256）と呼ばれる小集団活動（QC サークル）等の経営プロセスに介入する組織開発が，現在において品質管理や人的資源管理，あるいは組織学習，戦略的組織変革といったトピックにまで拡大していると述べている．

組織開発研究の初期におけるコミュニケーションの分析視点は，凝集性等の組織有効性に対するコミュニケーション・ネットワークの型（関口，1972b，p.42）やコミュニケーションの時間・頻度（三隅・佐々木，1969，pp.311-340）の影響に置かれたり，集団圧力によるコミュニケーションの変化といった事柄に置かれたりしてきた．それらは，現在では組織全体の多様なプロセスに視野を広げることで，品質管理や人的資源管理，キャリア開発等の統合的なトピックへと拡大しているのである．

組織開発トピックの中でも，「組織学習」（organizational learning：Argyris &Schön，1978，p.8）は，最も包括的・統合的なものである．それは組織の創造性の鍵概念として登場してきた概念であり，組織の構造的側面から動的側面へと組織研究の観点が移り，組織内の社会的相互作用に焦点化されるきっかけにもなった概念である．

組織学習研究の先駆けである Argyris&Schön(1978)は，組織における成員の学習が，自己と他者の経験の推論と暗黙的行為の明示化等で構成される探究によって展開しており，それは成員間の探究的精神に支えられたコミュニケーションによって成立しているとしている．しかし組織や社会の中で当然視されている基本的前提や慣行が，学習を促進させる効果的なコミュニケーションの成立を阻害しており，探究的精神に依存するだけでは組織学習に限界があるとも指摘している．すなわち，面目を保つために事実を曲解したり，政治的な姿勢をとったりすることは避けるべきであり，仲間同士の相互作用を通じて，学び成長していることを感じ，自分自身が一員である組織や社会の，全体としての思考方法に影響を与えることができるという肯定的な自己価値観を生起させることが重要であると Argyris&Schön は述べているのである．

今日では，研究開発やプロジェクト等の創造性を高めるためのマネジメントの対象は，組織成員間のコミュニケーションに集まりつつある．それは，事業過程の成否がそれらに関わる成員間の社会的相互作用を通じた組織的知識創造に支えられる協働（C.I.バーナードのいう cooperation）によると考えられているからである．コミュニケーションのマネジメント論に関わるバートレット・ゴシャール(2007), 八幡(1999), 大橋(2005), ハタズリー・マックジャネット(2005), 堀(2005), 山崎(2006)などの論説やビジネス系雑誌等の刊行はその展開の一端である．

第２項　学校組織開発論

学校の組織開発については，林(1978)や河野(1979)によって開始されており，その後，三浦(1985)，阿久津(1986)の理論的研究が展開された．そして，Dalin(1993)による事例研究と Institutional Development Program（組織開発プログラム）の開発以降，学校組織の変革を企図した組織マネジメント研究やプログラム開発が開始されることになる．

Dalin は学校の変革を教師の学習のプロセスと捉え，教師集団の共同学習を通した教育実践に対する意味づけや解釈の変革が学校組織の変革につながることをスリランカの学校を事例に実証した．そこでは，学校組織における総意機能と業務執行機能の統合が図られるとともに，組織内のコンフリクトや不安定性を変革のエネルギーとして積極的に活用する必要が指摘された．そして，①変革の理解と調達可能な資源を確認する，②変革推進委員会（steering committee）における問題の明確化とデータ収集，③変革の方向性と価値の明確化とプロジェクト計画（project planning）の策定，④計画の実行・評価，⑤実行後に得られたデータの再討議と一般化・定式化，資源の再配分，という５つのフェーズが並行的・相互関連的に進行する Institutional Development Program（組織開発プログラム，IDP と略される）を構築した．

その後，八並・木村(2000)，木岡(2003)，佐古・中川(2005)，佐古(2006)等による知見の蓄積が見られている．木岡は学校が組織として機能するためには，教職員の孤立化を克服しなければならず，そのためには教師集団のコミュニケーション関係の再構築が必要と述べている．佐古・中川は木岡の指摘を踏まえ，教師集団の相互作用や組織構造等を含めた「包括的な組織変革に関する方法論」（佐古・中川，2005，p.110）を組織開発と捉えている．このことは，組織開発論の拡大に対する中村の認識と同調的である．

佐古・中川は学校組織開発プログラムの基本原理として，以下の２点を挙げている．

①教師間における教育的相互作用の組織的遂行

各教師が認識している子どもの実態と課題の相互的交換と共有化を主目的とする相互作用（佐古・中川はこれを教育的相互作用と呼んでいる）を学校の組織的活動の中心に位置づけている．そして，子どもの実態と課題に関する交換と共有を行う場（機会）に適合するように校内研修や職員会を再編し，教師の経験や知識を交換・共有することを支援するツールの導入を行う．

②教育意志形成支援機能の内在化

教師集団の教育的相互作用を活性化させ，その成果に基づいて学校の教育意志形成を進展させていくことを支援する機能（佐古・中川はこれを教育意志形成プロセスの支援機能＝プロセス・ファシリテート機能（PF 機能）と呼んでいる）を学校に組み込む．教師集団の教育的相互作用における実態認識の活性化と課題生成，そしてそれらの共有と実践の変革を担うとともに，情報の整理・集約とフィードバックを行うPF チームを学校内に設置する．

すなわち，佐古・中川は個別学校の教育の実態認識を共有化し，そこから教育課題を生成し，教育実践を変革するための教師集団の相互作用が学校組織の「コア・システム」（佐古・中川，2005，p.100）と捉えているのである．そして佐古・中川は，各教師の反省的実践を交流させる教育的相互作用が教師間で生起し，PF 機能が実態認識，課題生成，実践変革の各段階において相互作用され，段階間で移行すると述べている．

また，PF チームを学校組織（小規模小学校）へ導入してその成果を明らかにするアクション・リサーチを展開し，教育課題が共有された要因として，学校の課題生成の過程を教師集団で共体験したことと，共有された教育課題が各教師の経験と照合されて実感されたことを明らかにするとともに，教育課題の生成に関する成果は，PF チームからのフィードバックによって新しい課題が提案されたことに拒否するという形で，教師の主体的・能動的態度に課題生成の萌芽が現れたとしている．

佐古(2006)はこれまでの学校組織開発研究を整理し，それらが「自らの学校の子どもの実体に適合した教育活動を展開していく学校（＝内発的な改善力を持つ学校＝「元気のでる学校」）づくりを促進すること」（佐古，2006，p.197）をねらいとしており，各学校での教育課題の明確化と課題生成，そして課題に基づく実践変革過程を支援し，学校の自律性構築を促進することを視野に入れていたと述べている．学校の内発的改善力を阻害する要因のひとつは，学校組織の個業化がある．佐古に従えば，「個業化が，学校の組織的な教育意思形成並びに教育活動の改善を困難にし，同時に教員における教職遂行の困難さを一層増大させている」（佐古，2006，p.197）のである．

本研究は，体育授業の品質管理や教科体育経営をめぐる組織学習に着目しているということができる．そして，それを駆動させるコア・システムは，各教師の実態認識や課題意識に基づく実践変革（これはすなわち反省的実践である）を相互作用させるような体育授業をめぐる教師間のコミュニケーションと言える．佐古(2006)に従って換言すれば，教師間相互作用を通じた実態認識・課題生成が生起し，実践変革が展開することによって，体育授業をめぐる教育意思形成と授業改善が進展すると考えることができよう．

第7節　サービス・マネジメントに関する研究潮流と到達点

本章第2節第2項において述べたように，本研究はスポーツ・サービス生産過程の資源調達・活用過程を対象にしている．そこで，本節ではサービス・マネジメント研究の動向をレビューし，本研究の位置付けとその意義を検討する．

企業経営論の変遷は顧客の捉え方の変遷で説明される[12]．すなわち，1970年代には，顧客を集合化された大衆としての消費者として捉え，企業は定型化された均質な商品・サービスを大量生産・大量販売した．そこでは価格が企業競争の焦点とされた．経済活動に占めるサービス産業のウェイトが増した1980年代には，消費者が細分化され，多様化する消費者のウォンツに対応するべく，商品・サービスは区別化・差別化された．そこでは価格競争からサービス競争が中心となり，消費者の詳細な欲求を満たす商品・サービスの価値を創造するマーケティング・マネジメント，トータル・クオリティ・マネジメント（TQM）が重要視された．そして，1990年代の企業経営は，消費者を個人にまで細分化し，ニーズとウォンツの多様性に対応するべく，企業は顧客との双方向コミュニケーションを成立させる必要に迫られ，企業側から一方向的に顧客を満足させるというよりむしろ，顧客価値（カスタマー・バリュー）を生み出すことが重要になった．

ここに，企業側と顧客側の両方の「人間の感情や意識をマネージする」（服部，2006，p.58）企業経営論としてのサービス・マネジメント論の構築が企図されるわけであるが，現在までゼンケ(1990)やノーマン(1993)による理論化が進められてきているが，特にサービス組織論に関する理論的蓄積はわずかであり，発展途

12 企業経営論の変遷については，服部(2006)を参照している．

上と言わざるを得ない.

ノーマンは，サービス・マネジメント・システムの理論的枠組みを提出し，その構成要素である①コア・サービスと周辺的サービスによって構成されるサービス・コンセプトのパッケージング原理，②サービス・デリバリー・システムに含まれる人的資源（従業員）の開発と共同生産者としての顧客との分業，技術的・物理的ツール,③サービス提供者と顧客との共同によるイメージの成立法,④サービス生産の共同性の違いを考慮したマーケット・セグメンテーション，について論じている.

しかし，彼の論説は，オン・ステージ，真実の瞬間と呼ばれるサービス提供者と顧客との相互作用過程に偏っており，サービス提供側がサービスプランを構築する「バック・オフィス」（ノーマン，1993，p.471）としてのサービス組織の組織マネジメントについては十分に論じていない[13].

ローイほか(2004)は，ノーマンのサービス・マネジメント論において触れられた人的資源開発について，人的資源管理（ローイほかにならって，以下「HRM（human resource management)」（ローイほか，2004，p.270）とする.）概念[14]を用いて，サービス組織における人的資源の重要性を論じている. そこでローイは，サービス組織においては，①従業員のコンピテンシー（高業績者の行動特性）を重視し継続的な開発に努めること，②従業員と協調関係を築くこと，③従業員に権限を委譲すること（エンパワーメント）が重要であり，サービス組織のHRMは，これら3つの要素が網羅されることが必要だと述べている[15].

サービス組織の従業員のコンピテンシーは，行動レパートリー，技術的能力，個人特性の3種類があるとローイほかは指摘している. そして，Mills & Margulies(1980)が提起した組織－顧客間の相互作用によるサービスの3類型(管理重視のサービス，タスク重視のサービス，人材重視のサービス）におけるコン

---

13 ノーマンは，バック・ステージにおいて可能な品質管理の例として，日本のQCサークルやバック・オフィス職員を対象にしたフィードバック・システムを挙げている（ノーマン，1993，p.259).

14 HRMは，1970年代に登場した経営学上の概念であり，ミシガンにおける組織研究では企業戦略とHRMシステム（採用，評価，報奨，能力開発）との適合性について明らかにしている. またハーバードにおける組織研究では，HRMの4つの機能（人材フロー管理，報奨制度，従業員による影響力の管理，業務システム）を通じて4つの成果（仕事と組織への献身，関係者の利害の一致，能力開発，費用対効果の向上）が得られることが明らかにされている.

15 ローイは3要素を挙げる論拠として，従業員満足がコンピテンシーとエンパワーメントによってもたらされるというシュレシンジャーとゾーニツキーの調査結果と，サービスの不確実性がチームワークを必要とさせるということを挙げている.

ピテンシーの相対的重要性を示した．そこでは，管理重視のサービスにおいて行動レパートリーが相対的に重要であり，技術的な知識とスキルはさほど重要ではなく，個人特性はほとんど役に立たないと説明され，人材重視のサービスにおいては，個人特性や技術的知識・スキルが重要であり，行動レパートリーは重要ではないとされる．

学校は，教育サービスとしての授業を，教師の知識・スキルに基づいて生み出している．そういう意味では，人材重視のサービスを生産する組織であると言えよう．ローイほかに依拠すれば，教師の個人特性や技術的知識・スキルは，授業をめぐる行動レパートリーに比して重要であると言える．

またローイほかは，サービス組織において知識の構築と共有，さらには従業員の学習にとって組織内の協調は欠かせないと指摘している．それは，サービスの不確実性と曖昧性が強いからであり，とりわけ，顧客との相互作用において過去に例のない出来事や予測不可能な出来事が発生した場合は，従業員間の信頼を基盤にした協調関係が重要になるという．教育も不確実性や曖昧性の強いサービスであり，教育経営学領域において協働体制の確立や同僚性の確保が追究されてきたことは，サービス組織における協調関係の重要性の指摘と同義的である．

そして，サービス組織において重要となる要素の 3 点目として挙げたエンパワーメントについて，ローイほかは，単なる権限委譲という意味に加えて従業員のモチベーションを高めるという意味を含意させた．これはすなわち，従業員がサービスの意義を自身の信念や価値観に照らして理解し，その意義を全うするのに必要なコンピテンシーと「自己決定能力」（ローイほか，2004，p.341）（行動の開始時期，行動規定，作業方法等に関する高い自己決定性），「戦略的自主性」（ローイほか，2004，p.341）（仕事の内容と方向性に関する高い決定自由性）を有していると確信することの重要性の指摘である．

教師は担当する教科の教育的意義について，当人の信念や価値観に基づいて認識しているだろうし，教育実践に必要なコンピテンシーを，反省的実践を通して高めていると考えられる．そして，教師の反省的実践は教育実践に対する高い自己決定性に基づいている．このことから，教師は各々の授業実践について，高いエンパワーメントを与えられることによって職能成長すると言えるだろう．

ローイほかは，サービス組織において，「戦略的中核能力（コア・コンピタンス）」（ローイほか，2004，p.282）と従業員のコンピテンシーを結びつける能力管理システムを構築することが重要であると述べている[16]．そして，このシステムには，組織の目標および構造と，個人のコンピテンシーおよび成果の両方が組み込まれることが必要であるとしている．

教育というサービスの標準化（教師間差異の縮減）と高品質化（よりよい教育実践に向けた自律的改善）が学校の戦略的中核能力であるとするならば，これらのことと教師の反省的実践を通じた能力開発の両者が組み込まれるシステムが学校組織に構築されることが必要だと言えよう．

その際，経営目標として企図される教育の教師間差異の縮減と自律的改善の達成は，個人的な反省的実践の成果の合算としての差異縮減と改善ではなく，反省的実践の有機的結合の成果としてのそれである．すなわち，問題となるのは，授業実践から各教師が得た多様な知識・情報を，いかに調達し，結合し，組織的な知識・情報へと変換させ，それをいかに各教師の授業実践に反映させるかということである．ここでもサービス組織としての学校組織の知識に着目した研究の重要性が指摘される．

第8節　小結

本章では，体育経営学，教育経営学，自己組織化研究，組織コミュニケーション研究，組織開発論，サービス・マネジメント論の潮流と現在の到達点を整理した．そして，本研究が各領域における先端的課題をその背景にもっていることを確認した．議論の結果を整理すれば次のようになる．

体育経営研究としての本研究は，プログラム・サービスとしての体育授業を設計（計画）・生産（実践）する事業過程において，授業実践から各教師が得た多様な知識を，いかに調達し，結合し，組織的な知識へと変換するかということを問題にする．

この視点は，サービス・マネジメント論としての本研究の位置付けに関する検討においても確認された．すなわち，教育の教師間差異の縮減と自律的改善の達成を，個人的な反省的実践の成果の合算として捉えるのではなく，反省的実践の有機的結合の成果として捉えるということである．

そして，野中らの知識創造理論へとつながる自己組織化研究の影響を受けた教

---

[16] ローイほかによれば，サービス組織の戦略的中核能力は「組織にとって競争優位となりうる社内資源を組み合わせたもの」（ローイほか，2004，p.282）と定義され，コンピテンシーは「効果的に成果を上げうる個人特性」（ローイほか，2004，p.282）と定義される．

育経営研究としての本研究は，教師がコミュニケーションを通して知識を相互交流させる同僚性的・協同的な営みの有効性とその内実に迫るものである．また，教師間コミュニケーションをマネジメントするという視角をもつ本研究は，教師間コミュニケーションを通じて実態認識・課題生成が生起し，実践変革が展開することによって，体育授業をめぐる意思形成や授業改善が進展すると捉える．

そこでの教師間コミュニケーションへのアプローチは，教師の実践的知識の暗黙知性を踏まえ，知識がメッセージとして話し手から聞き手へと受け渡されると捉えようとするものではなく，コミュニケーションを通して，各教師が保有する知識の意味の共通部分が増大すると捉えるアプローチを採用する．

第３章
知識の共有と創造を生む教師間コミュニケーションの方略

第１節　目的と課題

教師間の協同的な営みによって，体育組織における知識の共通性を高めたり，知識の更新・創造を促したりすることは，体育科教育の教師間差異縮減と自律的改善という今日的課題を克服する上で必要な経営課題である．第１章において述べたように，本研究では，教師間コミュニケーションという社会的相互作用現象の内に知識の共通性が高まり，知識の更新性が高まる機序を見出すことができると考え，教師が意図的に採用しているコミュニケーション方略と，教師によって構成されているコミュニケーション・メカニズムを明らかにしようとしている．

本章が展開する研究では，コミュニケーション方略を明らかにする．

ここでいうコミュニケーション方略とは，コミュニケーション集団の規模やコミュニケーション

頻度等のコミュニケーションの基本的な属性（以下，コミュニケーション属性とする）に影響を受けながら採用されている知識伝達の戦略的な方法である．

体育科教育に関する知識の共通性や更新性の状況は体育組織によって異なるだろう．知識の状況はコミュニケーション属性に影響を受けたコミュニケーション方略の展開と密接な関係があるだろう．そこで本章では，体育組織において知識の共通性と更新性を高める教師間コミュニケーション方略を明らかにすることを目的とし，次の２点を研究課題とした．

課題 1：知識の共通性・更新性とコミュニケーション方略との因果関係を明らかにする．

課題 2：コミュニケーション属性の違いによるコミュニケーション方略の展開の違いを明らかにする．

第2節　方 法

本節では，分析枠組みを構築するために，概念の定義と操作化を行った上で，研究仮説を構築する．

第１項　概念の定義と操作化

1. 体育授業に関する知識の構造化および結果変数の操作化

はじめに，共通性と更新性の確保の対象となる体育科教育に関する知識内容に

ついて検討する．

本章での研究は，コミュニケーション方略とその成果に関する因果関係を俯瞰的に明らかにすることがねらいである．そのため，共通性および更新性の確保という成果を測るために，知識内容を構造的に把握しておく必要がある．

教師が保有する知識については，Shulman(1986,1987)や吉崎(1987)がその領域を構造化している．Shulmanは，教師の授業についての知識を7領域（content knowledge， general pedagogical knowledge， curriculum knowledge， pedagogical content knowledge， knowledge of learners and their characteristics，knowledge of educational contexts，knowledge of educational ends）に分類している．また，吉崎は「教材内容についての知識」，「教授方法についての知識」，「生徒についての知識」の3領域と，各領域が重複する複合領域を含めた7領域を提起している．

これらの知識領域の中でも，Shulmanが提起した「pedagogical content knowledge」（以下，PCKとする）概念は，教師が保有している教育内容の知識（content knowledge）を，生徒の能力や背景の多様性に応じて教育学的（pedagogical）に適切なかたちへと変容させるための知識として，教師の知識や省察に関わる研究において重要視されている．Shulmanによれば，この知識は，教育実践を通して獲得した「the wisdom of practice（実践の知恵：訳は八田(2008)による）」(Shulman，1987，p.11）に基づいて構成される実践的な知識である[1]．そして，学習者の特性や発達などの観点から教育内容をさらに構造化し，教材を吟味したり，教育内容を学習者に理解させるためのアナロジーやメタファー，例示方法，説明方法を考案したりする「transforming（翻案：訳は八田(2008)による）」(Shulman，1987，p.16）において活用される．

transformingは事前に獲得した教育内容の理論的知識を，教育実践経験に基づいて実践的知識に変換する省察的な知識変換の知的作業である．教師の省察については，木原(1995b,1998)やGrossman et al. (2001)，Shulman・Shulman(2004)等が，教師の共同体における学習（すなわち教師間コミュニケーションを通した教師の学習）において各教師の省察が促進されると指摘しているところである．

ところで本研究は，教科体育経営の事業過程において，スポーツ・サービスとしての体育授業が構想される過程を教師間コミュニケーション現象に捉えようと

---

[1] 藤原ほか(2007)も，PCKを「教師が自らの個性的な実践的知識に即して，ある文化的内容に関する独特の把握を行いつつ，その内容を教科内容として見定めていくという事態に光を当てた概念」と評し，実践的知識の一側面に位置付けている．

している．つまり，本研究において着目している教科体育に関わる教師の知識とは，スポーツ・サービスのサービスプランを結実させるべく投入される教科体育経営の資源としての知識であり，体育授業を計画するにあたり取り沙汰される「何のために（目的・目標）」，「何を（内容）」「どのように（方法）」教え，学ばせるのかという考え方に関する仮説の体系である．Shulman の PCK 概念と関連付けて考えれば，これらの考え方は教師間コミュニケーション（木原のいうところの対話システム）を通して，理論的知識としての content knowledge から実践的知識へ翻案（transforming）されることが重要であると言える．

しかし，質問紙調査において暗黙知としての実践的知識の共通性・更新性状況を問うことは困難であり，理論的知識と実践的知識とを区別してそれらの共通性や更新性状況を問うことも同様に困難である．また，Shulman や吉崎による知識の 7 領域は精確な類型化の結果として理論的に有意義であるが，教師が自身の保有している知識を 7 領域に細分化して認識し，組織における各知識の共通性や更新性の状況を把握することは不可能であると考えられる．そこで，本章で展開する定量的研究においては，体育授業に関する知識を理論的知識と実践的知識に区別せず，常に一体となった PCK として扱い，分析対象にしていくことにする．体育科教育に関わる「何のために（目的・目標）」，「何を（内容）」「どのように（方法）」といった知識は，いずれも理論的知識と実践的知識の 2 つの側面を持ちうる．体育科教育の教育としての意義や究極的な目標については学習指導要領や関連書籍，各種研修等において論じられる理論的知識であるとともに，体育教師としての教職経験に基づく思いや願いを含んだ実践的知識とも言える．各運動領域や単元における到達目標や学習内容についても同様である．また，体育学習の指導方法に関する知識については，書籍等に書かれている様々な指導上の工夫やテクニックは理論的知識と言えるが，自身の授業実践で活用することによって，それらは実践的知識に変換されるため，指導方法に関する知識が理論的知識か実践的知識かということについて区別することは難しい．そういう意味では，教師が保有する知識の多くは PCK と同様の，理論的知識と実践的知識が結びついたものと言えるだろう．

体育科教育に関する知識領域については，宇土ほか(1994)による教科体育の計画化の進め方に関する論述 [2] や，永島(2000a,2000b,2000c)による体育科教育の

[2] 宇土ほか(1994)は，体育授業の計画を年間計画と単元計画，学習指導の展開計画に分けて論じている．

目標・内容・学習指導に関する論述に基づき,「体育科教育の究極的目標や意義に関する知識」,「単元の目標・内容に関する知識」,「指導方法に関する知識」と分類する．この分類の仕方は，コミュニケーション方略の展開とその成果との関係性を考究する上で，知識間の論理的なつながりを説明しやすく，知識の共通性・更新性の状況を考察しやすいという点で意義があると考える．後に提示する知識の共通性・更新性状況モデルを先取りすれば，共通性・更新性を知識の平面的な広がりと捉えた上で，知識を体育科教育の目標－内容－方法という抽象度で分類することによって，組織における知識の状況を立体的に把握することが可能になる．

なお,「学習者に関する知識」は体育科教育の考え方にとって重要な知識領域と考えられるが，体育科教育に関する知識の目標－内容－方法という論理的系統性を想定して知識の共通性・更新性状況を構造的に捉えようとする際には，対象外に置いておかなくてはならないだろう．この捨象については，重要な今後の研究上の課題であるので，第6章において検討する．

次に，知識の共通性と更新性を定義・操作化する．

教師の知識は個人に固有の経験や文脈に依存している．また，多義性が高い情報は，教師によって理解が異なることがある．そういう意味では，コミュニケーションの結果，ある一定の知識が教師間で共有されると考えるのではなく，各教師が保有する知識の共通性が高まると考える方が妥当であろう．知識の共通性とは,各教師の体育科教育の考え方やノウハウなどが,完全に一致するところから,全く異なるところまでの間で把握される一致度と捉えることができるのではないだろうか．その中間域には，近似的であったり，部分的に差異があったりする様相が想定されるだろう．

知識の更新性を定義する際には，体育科教育の変革や創造の様相を想定する必要があろう．野中ほか(1996)による知識創造理論において，知識の創造は，既存の知識を相互作用させることによって引き起こされる変革として扱われている．変革を既存状態からの離脱と捉えれば，生み出された新しい知識は既存知識と連続性を持たないものとして扱われてしまうことになろう．しかし，児島(1978)が指摘するように，学校組織における変革は「漸進的な改善」(児島，1978，p.54)であり，教育に関する新しい考え方が，既存の考え方との連続性を常に持たずに生み出されることは考えにくい．むしろ，学校組織においては，既存の知識が再検討され，ある条件下においては変更されずに据え置かれたり，あるいは一部修正されるにとどまったりすることがあると考えられる．すなわち，知識創造は既存知の更新の度合いとして把握することが適していよう．

そこで本研究では，知識の共通性を前述の知識内容に関する理解や解釈の一致度として捉え，知識の更新性を，知識内容の見直しの度合いとして捉えて測定することにした．つまり，知識の共通性と更新性の2軸で構成される空間構造が知識の抽象度に応じて設定されることによって，個別の体育組織の知識の共通性・更新性状況が明らかになるのである．

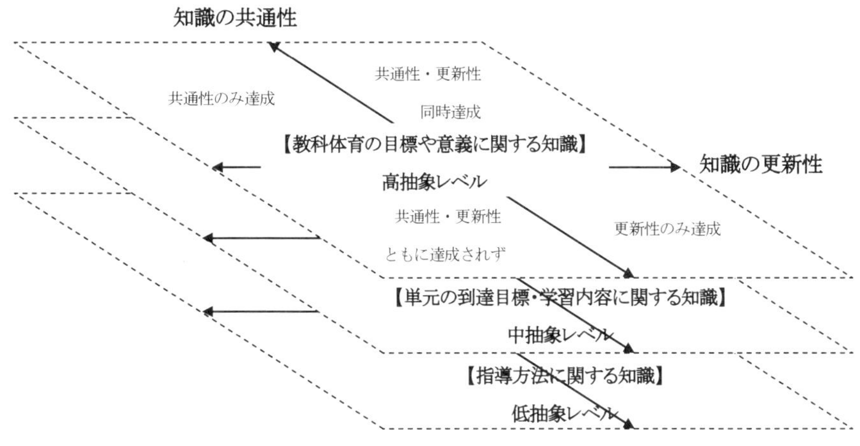

図3-1　知識の共通性・更新性状況モデル

図3-1の縦軸は，体育組織教育に関する知識の共通性次元であり，知識の共通性を完全一致・近似・差異あり・完全不一致の4段階連続尺度で測定した．横軸は知識の更新性次元であり，4段階連続尺度（完全更新・一部修正・据置・放置）で操作化した．

共通性については，体育組織教育に関する知識が完全一致している，あるいは近似していると回答した体育組織を共通性高位群とし，知識に差異のある状態，あるいは完全不一致の状態にあると回答した体育組織を共通性低位群とした．更新性については，知識を完全更新あるいは一部修正していると回答した体育組織を更新性高位群とし，据置あるいは放置の状態にあると回答した体育組織を更新性低位群とした．

体育授業に関する知識領域は次のように提示した．

【高抽象の知識】

貴校の体育授業の意義や究極的な目標に関する共通理解について

【中抽象の知識】

単元の到達目標や学習内容に関する共通理解について

【低抽象の知識】

単元の学習指導の方法・テクニックに関する共通理解について

そして，これらの知識に関して，下記の項目で共通性および更新性を測定した．

【共通性の測定】

ほぼ一致した理解や解釈ができていると思う．（完全一致）

教員同士の考え方はそう違わないと思う．（近似）

教員間でいつも一致した理解や解釈ができるわけではない．（差異あり）

教員間で一致した理解や解釈をする必要はない．（完全不一致）

【更新性の測定】

見直され，その結果，新しい考え方が生まれることがよくある．（完全更新）

見直され，部分的に修正されることがよくある．（一部修正）

見直されるが修正されることはあまりない．（据置）

見直されることはほとんどない．（放置）

2. コミュニケーション方略の操作化

本研究が明らかにしようとしている効果的なコミュニケーションの方略とは，教師が各自の知識を伝達したり，知識の共通性や更新性を高めたりするために戦略的に採用しているコミュニケーションの方法である．

先述したように，コミュニケーションをメッセージの送信と受信という直線モデルによって捉えることでは知識の共通性が高められたり，修正・創造が図られたりする有効なコミュニケーションを説明することは難しい．また，コミュニケーションを知識がやり取りされる社会的相互作用として捉え，その動的な現象を説明しようとする場合，コミュニケーション集団の規模やネットワークの型，水平・垂直等のコミュニケーション方向といったコミュニケーションの構造的側面だけでは説明力不足であり，コミュニケーションの方法とともに分析の枠内に入れなくてはならないだろう．また，コミュニケーション手段（発話，メール，文書等）やコミュニケーションの場における処世術や会議運営上の留意点・マナーといったトピックは，昨今注目が集まっているものであるが，学術研究に耐えられるほど定義されたものではなく，分析の対象にすることは難しい．

近年，ビジネス界において，会議における話し方（正確さ，明瞭さ，簡潔さ，力強さといった言葉の使い方や他者説得のための論法等)，話し合いのテクニック等に関心が寄せられ始めていること[3]は，効果的なコミュニケーションの方略を探究しようとする動向を示すものである．企業組織において，コミュニケーションは組織に一定の成果をもたらすようにマネジメントされる対象として扱われるようになりつつあるのである．その動向の源流が，知識に着眼して組織内の相互作用を考究する知識経営論である．野中ほか(1996)は，組織における情報的相互作用を通じた知識創造プロセスを理論化し，組織的知識創造モデル（以下，野中ほかの命名に準じ，SECIモデル[4]とする）を提示している．このモデルでは，個人の暗黙知を集団内で伝達・共有する「共同化」，暗黙知を形式知に変換する「表出化」，個別に存在する形式知を関連付け，体系立てる「連結化」，形式知を実践に活用し，新たな暗黙知を獲得する「内面化」の4つのモードがスパイラル的に生起することによって暗黙知・形式知が伝達され，共有されるとともに新たな知識が創造されると考えられている．知識創造理論は，文字通り知識が創造される過程を説明するモデルであるが，知識創造のみを説明する理論ではなく，知識の共有と創造の同時的な展開を説明しうる理論である．

そこで本研究では，知識共有と知識創造の過程を理論化した野中ほか(1996)や野中・紺野(2003)の知識創造理論によって構築されたSECIモデルに依拠して，コミュニケーションの方略の操作化を試みる．

SECI モデルを演繹して教師集団のコミュニケーションを操作化するにあたって，内面化は個人による実践を通じた暗黙知の蓄積過程であるので，本研究が分析対象とするところではない．また，連結化は，内部知の体系化に加えて，外部情報を組織内に受容し，従来参照していた知識や情報と関連付けたり，入れ替えたりして，知識の体系化をさらに進展させると考えられる．よって共同化，表出化，連結化，外部情報連結がコミュニケーション方略を構成する要素となる（図3-2)．

[3] ビジネス界において注目されているコミュニケーションに関するトピックについては，ハタズリー・マックジャネット(2005)，大橋(2005)や堀(2005)等を参考にしている．

[4] 組織的知識創造モデルは，共同化（Socialized)，表出化（Externalization)，連結化（Combination)，内面化（Internalization）の頭文字をとり，SECIモデルと呼ばれる．

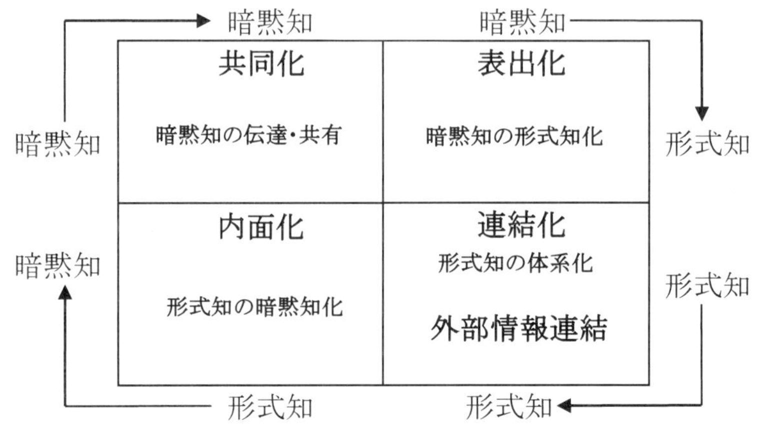

図 3-2　体育組織における知識変換過程

（野中ほか，1996，p.93 に各フェーズの解説を筆者加筆）

以上のように，コミュニケーション方略を知識創造理論に依拠して捉えることで，仮説構成次元を SECI モデルの共同化，表出化，連結化，外部情報連結とし，それらの特徴から演繹して測定項目を設定した．

【共同化】

共同化は，当事者が経験を通じて獲得した感覚，勘，思いや願いといった暗黙知を，経験談や感覚論の語り合いを通じて共有するコミュニケーション方略である．そこで，共同化機能を有するコミュニケーション方略を以下のように項目化した．

・各先生がこれまで経験してきた指導経験や授業研究が，経験談として語られる．

・各先生が経験した授業場面での出来事が語られる．

・体育授業で指導する上での感覚や「勘」について語られる．

・授業をする上での教師としての「思い」や「願い」について語られる．

【表出化】

表出化は，経験談や感覚論の語り合いにおいて提示される暗黙知を，共通理解や蓄積が可能な形式知へと変換するコミュニケーション方略である．個人的な感覚，勘，思いや願いは各教師固有の文脈に依存した暗黙知であり，それらには教育目標に関する信念や，教育内容に関する考え方，あるいは指導方法の選択に関する姿勢といった多様な知識が包含されている．そういった暗黙知は，さらなるコミュニケーションを通じて，教育目標や学習内容，指導法といった授業実践の認識枠組みに含まれる構成要素別に語られることで，文脈を共有していなくても理解可能な明示的な知識（形式知）へと変換されると考えられる．そこで，表出化機能を有するコミュニケーション方略を以下のように項目化した．

・指導経験や指導場面での出来事を話す中で，教科体育の意義や究極的な目標に話がおよぶ．

・指導経験や指導場面での出来事を話す中から，単元の到達目標や学習内容に話がおよぶ．

・指導経験や指導場面での出来事を話す中から，その単元の指導の仕方に話がおよぶ．

・指導経験や指導場面での出来事を話す中から，授業の具体的な改善点が話されるようになる．

・各先生の指導上の感覚や「勘」は，他の先生が使える技術として一般化されて語られる．

【連結化】

連結化は，形式知を関連付け，体系立った知識を生み出すコミュニケーション方略である．教師集団においては，教育の目標や学習内容，指導方法に関する考え方が相互に関連付けられながら検討されることによって，授業に関する考え方が体系立てられていくと考えられる．また，各教師が考える授業改善に関するアイデアを組み合わせて，新しい授業計画に生かすような話し合いがもたれることで，各教師が保有する多様な知識は論理的に関連付けられ，体系立った知識が創出されると考えられる．そこで，連結化機能を有するコミュニケーション方略を以下のように項目化した．

・教科体育の意義や究極的な目標に関する考え方は，単元目標や内容と関連付けられ検討される．

・単元目標や学習内容に関する考え方は，究極的な目標や指導法と関連付けられ検討される．

・単元の指導の仕方に関するアイデアや考え方は，単元目標や内容と関連付けられ検討される．

・教員間で共有された具体的な授業の改善点が組み合わされて，新しい授業計画に生かされる．

【外部情報連結】

外部情報連結は，各教師が獲得した体育科教育に関する情報がコミュニケーションの場に持ち込まれ，既存の知識と関連付けられるコミュニケーション方略である．前述したように，教師が外部から情報を獲得するにあたっては，民間研究団体や他校の授業研究会等から研究成果を見聞きしたり，教育行政による教員研修や行政が作成した資料等から情報を収集したりする．そこで，外部情報連結機能を有するコミュニケーション方略を以下のように項目化した．

・行政（教育委員会，教育センター）主催の研修会で聞いてきた教科体育の意義や究極的な目標に関する考え方が話題になり，授業計画づくりに生かされる．
・行政（教育委員会，教育センター）主催の研修会で聞いてきた各単元の到達目標や学習内容に関する考え方が話題になり，授業計画づくりに生かされる．
・行政（教育委員会，教育センター）主催の研修会で聞いてきた各単元の指導法に関する情報が話題になり，授業計画づくりに生かされる．
・他校の教科体育の実践，中体連・高体連や民間研究団体の研究会で見聞きした教科体育の意義や究極的な目標に関する考え方が話題になり，授業計画づくりに生かされる．
・他校の教科体育の実践，中体連・高体連や民間研究団体の研究会で見聞きした各単元の到達目標や学習内容に関する考え方が話題になり，授業計画づくりに生かされる．
・他校の教科体育の実践，中体連・高体連や民間研究団体の研究会で見聞きした各単元の指導法に関する情報が話題になり，授業計画づくりに生かされる．
・学習指導要領や文科省作成の解説，教委作成の手引き等に書かれている情報が話題になる．

各項目は，上記のようなコミュニケーションが生起することが「頻繁にある」，「時々ある」，「どちらかといえばある」，「あまりない」，「全くない」の 5 段階リッカート尺度によって評価してもらった．

3. コミュニケーション属性の操作化

佐古(1990)によれば，これまでの学校組織の内部特性についての機能主義的研究は，近代組織論（主に官僚制組織論）において蓄積されてきた一般理論を学校に当てはめて展開される緊密結合構造論と，学校組織の特殊理論として提起された疎結合構造論の 2 つの展開があるという．緊密結合構造論は，組織の構成要素は因果的関係にあるという基本的前提を含んでおり，疎結合構造論は，構成要素は独立的で相互影響関係にあるという前提を含んでいる．そして，佐古ほか(2003)は，学校組織の特性を追究する上で，教師の個別裁量性と組織統合性とをいかに充足させるかという緊密結合構造論に基づく組織デザイン的考察に対する，疎結合構造論に基づく教師間の相互作用デザイン的考察の優位性を指摘している．

相互作用デザイン的アプローチは，水本(1998,1999,2007)によって学校組織成員（水本は生徒も含めている）の相互行為を通じた秩序と意味の創発が指摘されたオートポイエーシス・システム論的考察[5]や複雑反応過程論[6]へと展開した．すなわち，今日においては，学校組織の内部特性は動的な相互行為の様態として把握されるようになりつつあるのである．すなわち，学校組織の内部特性は，教師の相互行為によって生み出された教師間関係や秩序であり，生み出された関係や秩序は相互行為を規定するのである．

かかる組織の捉え方をすれば，学校の組織内部特性は動的・相互行為的に把握する必要が生じる．すなわち，コミュニケーション現象に着目している本研究においては，コミュニケーションの場における内部特性の発現を測定する必要があり，コミュニケーションの属性として把握することにする．この視座は，本研究がサービス生産計画過程（事業過程における資源調達過程と言い換えることもできる）を成員集団における相互作用過程として動的に捉え直そうとしていることと関連し合っている．

3-1. 教師間関係

体育科教育をめぐる教師集団のコミュニケーションと相互規定関係にあると思われる教師間関係は，集団内のパワーとコンフリクト解消が挙げられよう．

3-1-1. パワー概念の操作化

野中ほか(1978)は，組織論におけるパワー概念は多様に定義されるあいまいな概念であり，その構成次元もまだ十分に開発されていないとしながらも，パワーに関する研究の整理を通じて，「2人以上あるいはそれ以上の人々の相互作用という複数の状況のみに生起する」（野中ほか，1978，p.183）社会的行為者間の相互作用関係であり，コンフリクトの発生を内包しながら相互作用を依存関係へと転化させる重要な決定要素であると指摘している．

---

[5] 水本(1998,1999)は，ルーマンのオートポイエーシス・システム論に依拠して，学校組織においては授業という相互作用システムの偶有性問題の解決が，教師個人と生徒との関係に依存しているために，教師の自律性や意思決定間のルースな結合関係が組織システムとして成立していると指摘している．

[6] 水本(2007)は，ルーマンの組織論とアクセルロッドの組織論とを対比させ，複雑反応過程論の特質を明らかにし，それに基づいて学校組織の特質を検討している．そこでは，学校経営という営みは「教師同士の相互行為への参加を通じて，生徒の学習に影響を与えようとする行為」と再規定され，それは生徒の学習を豊かにするために教師の学習を豊かにする行為でもあると述べる．水本のこの議論は，生徒をも含める広義の学校組織に関するものであり，本研究において依拠している部分は，教師－教師間の相互行為に限っている．

パワーの源泉（パワー・ベース）による類型にはエチオーニ(1966)による強制的，報酬的，規範的という3類型や，French & Raven(1959)による報賞的，強制的，正当的，同一的，専門的という5類型がある．この類型に依拠して学校組織におけるパワーを源泉別に検討すれば，管理職等が保有する教育制度を根拠にした強制的パワーや報酬的パワーや，共有される教職観や教育観を基盤にした規範的パワー，正当的パワー，あるいは同一的パワー，保有する知識・情報の量や質，あるいは力量の差から認知される専門的パワーが考えられる．

体育組織という小集団においては，体育主任と一般教員という制度上の地位差はあるものの，体育主任が一般教員に対して報酬を与えることはないし，強い強制力を行使することもないと考えられる．しかし，教職歴や在校暦の長さや体育組織教育に関する知識や情報の量的・質的格差等が教師間の力量の差として認識されることは，いくつかの実践報告においても認められるところである．力量を豊富に有していると認められる教師は，制度上の地位差を越えて，当該体育組織の行為規範や正当性をリードすることがある．若い教師に教科体育の主任職を任せ，教職歴の長い教師がそれを補佐・指導するという関係がつくられることや，優秀な競技歴をもつ教師の発言力が大きいという現象は，その一例である．そういう意味では，体育組織においては専門的パワーが優位に認知されていると考えることができよう．すなわち，体育組織教師間の専門性認知の源泉は，教職歴・在校暦の長さや研究校の在籍経験の有無，行政研修や民間研究団体における研修経験の豊富さ，あるいは運動実践者としての能力（運動能力や競技力）等が考えられる[7].

そこで，コミュニケーションの場におけるパワーの強さを，上記の専門性認知の源泉を由来とする発言力と捉え，教職歴・在校暦の長さ，競技力，研究校在籍経験，研修経験の豊富さの4つの観点で，それぞれのパワーの源泉別に発言力の強さでパワーの強さを測定することとする．

パワーの源泉は，下記項目に対して，「頻繁にある」，「時々ある」，「どちらかと言えばある」，「あまりない」，「全くない」という5段階で回答を求めた．

【教職歴】

教職年数や在校歴の長い教員の意見が強い力を持っている．

【競技力】

[7] これらについては，研究的知見が十分に蓄積されているわけではないため，筆者の行った学校現場におけるフィールドワーク経験や体育教師との交流経験をもとに検討した．

各単元の運動領域に高い競技力を有している（有していた）教員の意見が強い力を持つ.

【研究校在籍経験】

体育研究校に在籍していた経験をもつ教員の意見が強い力を持つ.

【研修経験】

研修（学校外）の経験豊かな教員の意見が強い力を持つ.

3-1-2. コンフリクト解消概念の操作化

一方，均等な相互作用関係におけるパワーの発生はコンフリクトを生む．野中ほか(1978)は，組織におけるコンフリクトは組織のあらゆるレベル（個人内，個人間，集団間，組織間）に生起するため，コンフリクトの場あるいはレベルを問題にしなければならないと述べている．本研究が研究対象にしているレベルは，学校組織の中の部分集団としての体育組織であり，体育科教育をめぐる知識の交換，共有，相互更新が生起する教師間相互作用の場を分析対象にしている．すなわち，個人間コンフリクトを問題にしていると言える．野中ほか(1978)は，これまでのコンフリクト・マネジメントの実証研究の結果を概観し，Thomas(1976)が提示した自己主張性と協力性の2次元モデルが有意味であるとしている.

Thomas(1976)は，コンフリクト行動（「conflict behavior」（Thomas, 1976, p.900)）を自己主張性（「Party's desire to satisfy own concern」（Thomas, 1976, p.900)）と協力性（「Party's desire to satisfy other's concern」（Thomas, 1976, p.900)）の2次元で捉えており，5つのコンフリクト解消モード（競争（competitive)，協力（collaborative)，妥協（sharing)，順応（accommodative)，回避（avoidant)）を識別している.

この2次元モデルの特色は，コンフリクト状況における望ましい行動として自己主張的・協力的モードとしての協力を識別している点である．協力は，ローレンス・ローシュ(1980)や，ブレーク・ムートン(1986)による問題直視と同様の概念であり，win-win方法と呼ばれることもある.

教師集団におけるパワーが専門性の不均衡状態を生み，それが体育科教育をめぐる教師間コンフリクトを生むという過程は，相互作用によって進展するが，相互作用によってパワー関係は定着し，コンフリクトが解消されるとも言える（そういう意味で複雑反応過程である)．すなわち，パワーの発現とコンフリクト解消モードは相互作用行為（本研究においては言語的・対面的コミュニケーション）として操作化されよう.

コンフリクト対応は下記項目に対して，「頻繁にある」，「時々ある」，「どちらかと言えばある」，「あまりない」，「全くない」という5段階で回答を求めた．

【競争】
先生同士の意見の違いをできるだけ無くそうと，とことんまで話し合う．
【協力】
授業実践や意見が違った時，違う点をはっきりさせたり，違いが生まれる原因を探る．意見が異なると，先生全員が納得するまで話し合いを続ける．
【妥協】
先生同士の意見が異なると，互いに自分の考え方に妥協し合って，意見を一つにしようとする．
【順応】
先生同士の意見が異なると，どちらかが折れて一方の意見に落ち着く．
【回避】
先生同士の意見が異なっても，無理にひとつの結論にまとめようとはしない．

3-2. 相互作用特性

コミュニケーションと相互規定関係にある体育組織成員の相互作用特性は，体育授業構想をめぐる体育組織に共有されたルールや行為規範と関連した特性と考えられる．体育組織では，コミュニケーションをはじめとした教師間相互作用を日常的に展開している．それらは当該体育組織の制度として用意された公式的な会議や非公式な会話や，他教師の授業場面や日常的な仕事ぶりや振る舞いを見るといった相互作用である．これらの相互作用の機会がどの程度の頻度で生起するか，ということは相互作用に影響を与えると考えられる[8]．公式的な会議の開催日程は制度的なルールとして決められているが，非公式な会話や授業参観の頻度は，体育組織のメンバーとして他教師と体育授業についてどの程度話し合っておくべきか，あるいは自身の職能成長にとって他教師との相互作用がどの程度必要か，という各教師の規範意識に基づいていよう．

また，相互作用の頻度に関する規範意識は教師同士の物理的距離の取り方にも

[8] 相互作用（コミュニケーション）頻度が相互作用そのものに影響することについては，頻繁に話す人との会話とそうでない人との会話には違いがあるという経験則からも明らかであるし，シャクター(1969)によるコミュニケーションに関する萌芽的研究が，高頻度なコミュニケーションによって集団の斉一性が高まるという結果を導いていることや，コミュニケーションを通じて知が共有化されたり，知が増幅したりすることに関する野中ほか(1990)による理論化を俯瞰するだけでも，理解しうることである．

影響していると考えられる．高尾(2005)によると，対面的コミュニケーションにおいては，コミュニケーションの関与者が，同じ時間に関与者の身体が近接した距離にあること（「共在」（高尾，2005，p.77））が必要であり，その共在性ゆえに，情報伝達における意識的・無意識的な多くの選択が同時的，多重的に行われるという．また，組織内のコミュニケーションの可視性は，「組織の要素としての組織コミュニケーションであるという予期」（高尾，2005，p.79）を成立させ，組織コンテクストを編成することを助けるが，選択の同時性・多重性は，対面的コミュニケーションを通してコミュニケーション参加者の意図しない選択が採択される危険性もある．すなわち，日常的な教師間の物理的距離（教師集団の共在性やコミュニケーションの可視性）の高低はコミュニケーション属性と影響し合っているのである．

そこで，本研究では，公式会議，非公式対話，授業参観といった相互作用の頻度や教師間の物理的距離を，コミュニケーションと相互規定関係にある組織内部特性として捉え，相互作用特性変数として分析枠組みに投入する．

相互作用特性は，各質問項目について次のような５段階で回答を求めた．

【公式会議頻度】

体育授業に関する公式的な会議・ミーティングはどれくらいの頻度で行われますか？

1. 週に一度以上，開催される．
2. 月に一度程度，開催される．
3. 学期に一度ないし二度，開催される．（学期始め，学期終わりなど）
4. 年に一度ないし二度，開催される．（年度初め，年度終わりなど）
5. 開催されることはほとんどない．

【非公式対話頻度】

体育授業についての雑談やざっくばらんな話し合いはどれくらいの頻度で行われますか？

1. ほぼ毎日話す．
2. 2，3 日に一度程度話している．
3. 週に一度程度話している．
4. 月に一度程度話している．
5. 体育授業が話題に上ることはほとんどない．

【授業参観頻度】

体育組織の先生方は，他の先生の体育授業をどのくらいの頻度で参観しますか？

1. ほぼ毎時間見合う機会がある.（多くの単元にT.T.を導入しているなどの理由を含む）
2. 月に何回か，見ている.
3. 学期に一度ないし二度，見ている.
4. 年に一度ないし二度，見ている.
5. 他の先生の授業はほとんど見ていない.

【教師間距離】

体育組織の先生方は，主にどこで仕事をしていますか？

1. 体育組織教員は全員，体育教官室（準備室）で仕事をしている.
2. 体育教官室(準備室)が中心であるが，担任をもつ教員等は職員室に行くことが多い.
3. 他教科の教員もいる大きな職員室で仕事をしている先生が多い.
4. 先生によって，職員室や体育教官室（準備室）等でバラバラである.
5. 先生方がどこで仕事をしているか，私にはよく分からない.

第2項　基本仮説の定式化と分析枠組み

本節では，ここまでの議論をふまえて，仮説の前提となる一般命題および仮定を提示した後，基本仮説を定式化する. 以下に述べる「共通性・更新性促進仮説」，「相互規定仮説」という2つの基本仮説は，それぞれ図3-3の分析枠組みの中に示されている. なお，この段階では各概念はデータによる次元構成が確定していないことから，ここでは仮設された下位次元に依拠して仮説を提出する.

また本研究は，体育科教育をめぐる教師集団のコミュニケーション方略をSECI モデルに依拠して捉えるものであり，管見の限り，知識創造理論を用いた実証研究として端緒である. また前述したように，組織内部特性を，コミュニケーションに対する説明因子と捉えず，コミュニケーションと相互影響関係にあり，自己組織的・複雑系的に変容する可能性のある概念として扱おうとしている.

1. 仮定

本章本節第2項3以降で述べられる本研究の仮説および下位仮説は，以下に述べる一般命題および仮定から演繹される. すなわち，本研究の目的は，具体的な下位仮説の検証を通して達成されるわけだが，本項で述べる一般命題はそれらの仮説が設定される理論的根拠を与えるものであり，仮説の演繹を可能にするものである. また，同時にそうした演繹可能性は，ここで示す仮定が認められることが前提となる.

なお，知識創造理論に依拠した実証研究や，コミュニケーションの方略とその成果としての知識状況を関連させた研究が他に例を見ないことから，仮説は他の諸領域における命題から構築されることになる．

1-1．知識創造理論に基づく仮定（課題1に関わる仮定）

本章第2節第1項2で述べたように，知識の共通性・更新性を向上させるコミュニケーション方略は，野中によるSECIモデルに依拠して明らかにされる．それは，知識創造理論が知識共有と知識創造の同時的促進を説明しうる理論と考えられるからである．知識創造理論に基づいて，次の仮定を立案した．

仮定1：すべてのコミュニケーション方略が展開されれば，知識の共通性・更新性が同時に向上する．

知識創造理論に基づけば，教師集団の共同化，表出化，連結化，外部情報連結のすべてのコミュニケーション方略が生起することによって，知識共有と知識創造は同時に達成されると考えられる．SECIモデルは，連続性のあるプロセスである．しかし，経験談の語り合いに終始するコミュニケーションや，感覚や勘，コツ等が形式知化されるものの関連付けられることなく，体系立った知識が生み出されないコミュニケーションも生起してしまう可能性がある．そうした良好でないコミュニケーションが生起した場合，どのような結果が生じるのかということについて野中らは論じていない．

そこで，次の2つの仮定を提起することで，各コミュニケーション方略に固有の機能を検証する足がかりとする．

仮定2：共同化・外部情報連結は，知識の共通性を高める．

この仮定は，共同化と外部情報連結というコミュニケーション方略の知識伝達機能を根拠にした仮定である．共同化は各教師の暗黙知を，共体験を通じて伝達するコミュニケーション方略として操作化した．また，外部情報連結は外部情報をコミュニケーションの場に提示し，組織内部の知識にするコミュニケーション方略として操作化した．これらのコミュニケーション方略は知識の共通性を高める機能を有していると考えられる．

仮定3：表出化・連結化は，更新性を高める．

この仮定は，知識創造理論における鍵概念である知識変換が生起する表出化と，知識を関連付け体系化された知識を生み出す連結化が知識創造機能を有するということを根拠にした仮定である．表出化は組織成員が豊富に保有する暗黙知を蓄積可能な情報へと変換するコミュニケーション方略であり，「知識創造プロセスの真髄」（野中ほか，1996，p.95）である．また連結化は，形式知を組み合わせて新たな知識体系を創り出すコミュニケーション方略である．これらのコミュニケーション方略は知識が更新される上で重要である．

1-2．コミュニケーション属性と知識の共通性・更新性との関係性に関する仮定

これまでの一般組織論，グループ・ダイナミクスおよび学校組織・教育経営学領域において認められてきた組織内部特性と組織有効性に関する一般命題に基づけば，教師間コミュニケーションと組織内部のコミュニケーションの基本的属性とは因果関係にあるのではなく，相互依存関係にあると考えられる．そして，以下の仮定が提示できる．これらの仮定は，コミュニケーション属性－コミュニケーション方略－知識の共通性・更新性という因果関係構造を想定する上での支えとなるものである．

仮定 4：コミュニケーション頻度が高ければ，知識の共通性が高まる．

命題 1 は，シャクターによるコミュニケーション頻度が高ければ集団内の再一性が高い，という命題や，Jablin(1987)が明らかにした，同僚間の口頭的・双方向的コミュニケーションが集団の規範や態度へ適応させるという命題に依拠している．組織の再一性やメンバーの適応を，組織に関する認識枠組みの共有の結果と考えれば，コミュニケーションの頻度が高ければ知識共有が促進されると仮説立てられよう．

仮定 5：パワーが強ければ，知識の共通性が高まる．

命題 2 は，Patchen(1974)が，製品購入に関する意思決定過程において，購入者が相談相手からどのような影響を与えられたかという調査を通じて，専門的・報償的・強制的・同一的・正当的の各パワー・ベース別に影響行使者から対象者（購入者）への影響を明らかにした研究において，いずれも影響の与え方は異なるものの，正の影響が確認されたことに依拠している．すなわち，パワーが強ければ，パワー・ベース固有の影響が与えられるものの，影響行使者が意図する方向で同調・服従・同一化すると考えられる．

仮定 6：コンフリクト解消がポジティブであれば，知識の共通性・更新性が高まる．

命題 3 は，業績の良い企業におけるコンフリクト解消を明らかにした Burke(1970)やローレンス・ローシュが，順応よりも協力（ローレンス・ローシュによれば問題直視）が業績に対して有効であり，少なくとも問題点を回避しないで決定することが必要であると指摘していることに依拠している．

すべてのコミュニケーション方略が知識の共通性・更新性を向上させるという仮定 1 を認めた上で，上述の仮定 4～6 を，組織内部特性とコミュニケーション方略との間の命題として捉え直すと次のようになる.

(1) コミュニケーション頻度が高ければ，すべてのコミュニケーション方略が展開する.
(2) 体育組織におけるパワーが強ければ，すべてのコミュニケーション方略が展開する.
(3) コンフリクト解消がポジティブであれば，すべてのコミュニケーション方略が展開する.

2. 基本仮説の定式化と分析枠組み

上述の諸仮定に基づいて，次のような基本仮説を定式化する.

2-1. 共通性・更新性促進仮説（課題1に関わる仮説）

共通性・更新性促進仮説とは，コミュニケーション方略が知識の共通性や更新性に及ぼす影響に関する仮説である. 知識創造理論に基づけば，共同化，表出化，連結化，外部情報連結という一連のコミュニケーション方略が展開することで，知識の共通性と更新性が同時に向上すると仮説立てられる.

また，知識創造理論においては，相互作用される知識の抽象度によって知識共有・変換プロセスが違うといったことは明示されていないことから，抽象度による上記の関係に差異はないと考える.

【基本仮説1】コミュニケーションは知識の共通性・更新性を向上させる.

下位仮説 1-1：

知識の抽象レベルに関わらず，共同化，表出化，連結化，外部情報連結のすべてのコミュニケーション方略が展開されたとき，知識の共通性と更新性は同時に向上する.

下位仮説 1-2：

共同化・外部情報連結は，知識の共通性を向上させる.

下位仮説 1-3：

表出化・連結化は，知識の更新性を向上させる.

2-2. 相互規定仮説（課題2に関わる仮説）

相互規定仮説とは，コミュニケーション方略の展開と組織内部特性が相互規定関係にあることに関する仮説である.

【基本仮説 2】コミュニケーション方略の展開とコミュニケーション属性は相互規定関係にある.

下位仮説 2-1：

相互作用頻度が高い体育組織は，すべてのコミュニケーション方略が活発に展開されている.

下位仮説 2-2：

教師間距離が小さい体育組織は，相互作用頻度が高い.

下位仮説 2-3：

コンフリクト対応がポジティブな体育組織は，すべてのコミュニケーション方略が活発に展開されている.

下位仮説 2-4：

パワーが強い体育組織は，すべてのコミュニケーション方略が活発に展開されている.

2-3. 分析枠組み

上述した仮説を図示すれば，以下のような分析枠組みが提示できる.（図 3-3）

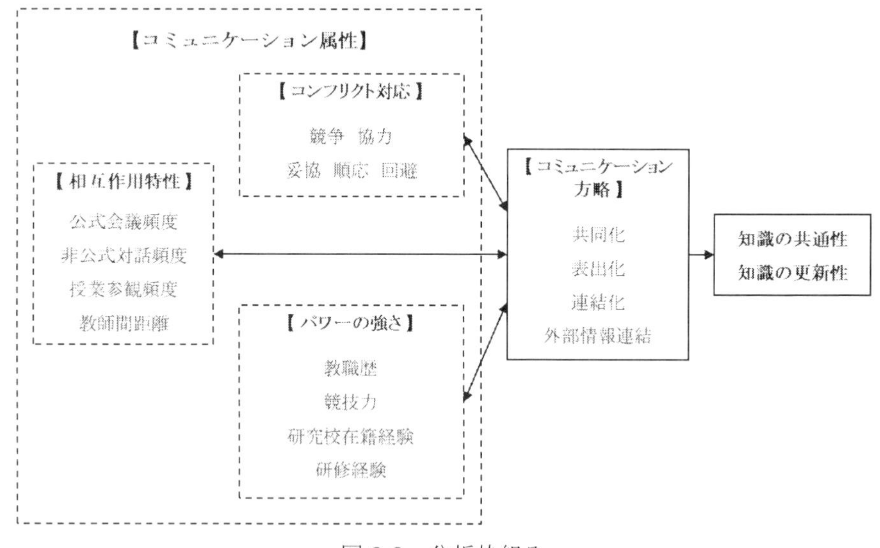

図 3-3　分析枠組み

＊各変数内の下位変数は仮説構成次元である.

3. 質問項目の妥当性の検証

本研究で分析される各変数の操作化は，必ずしも定式化されたものではない．特に知識創造理論のSECIモデルに依拠した実証研究はなく，本研究における各コミュニケーション方略の操作化は慎重に行われる必要がある．

そこで，事前に千葉県教諭3名（いずれも中学校），山口県教諭3名（中学校教諭1名，高校教諭2名），宮崎県教諭2名（いずれも中学校）に質問項目が体育組織の実態に即した内容であるかどうかについて検討をしてもらった．その際，面接および電話によって，各コミュニケーション方略の概念や意味と，調査者が各質問項目に含意した意図を詳細に伝え，実際に展開されるコミュニケーションの様相に沿うように修正してもらった．

そして，宮崎県教諭15名（中学校教諭12名，高校教諭3名）を対象にして，質問項目に回答してもらいながら，修正が必要な箇所についてコメントを書き込んでもらうという方法の事前調査を行い，項目の妥当性を高めた．

第3節　結 果

第1項　調査方法および標本の属性

本研究で扱う概念はすべて質問紙法によって測定された．質問項目については前節において述べた．なお，調査に使用した質問票は，本論文の巻末資料に示している．

本研究では，教科担任制を採用している公立・国立大学附属中学校・高等学校に勤務する体育主任を調査対象とした．ただし，集団が形成されない1名のみの体育組織を調査対象から除外するため，体育組織が3名以上と推定される生徒数480名以上の公立中学校と520名以上の公立高等学校を2006年度版全国学校総覧から無作為に半数抽出した（中学校982校，高等学校932校，計1914校）．なお国立大学附属中学校（78校）・高等学校（15校）は，授業研究を日常的に展開しており，体育授業に関するコミュニケーションが比較的活発であろうと予想し，生徒数に関わらず全てを対象とした（なお，抽出された附属中学校・高等学校は全てが2名以上の体育組織であった）．調査票への回答は，体育組織内での知識の共通性や更新性の状況やコミュニケーションの様相を判断しうる体育主任に求めた．調査実施期間は2007年12月20日～2008年1月31日であった．この時期を選んだのは，主任初年の体育主任でも自身の所属する体育組織における知識の状況について判断可能な時期であり，また年度末の多忙期を外し，回収率を高めるためである．

有効回収標本数および回収率は，それぞれ 703，35.03％であった．調査対象となった学校および体育組織，体育主任の概要は表 3-1 に示す通りである．

表 3-1　調査対象の概要

調査対象校・体育科・体育主任のプロフィール項目			度数	％
Ⅰ．学校種別	1．公立中学校		333	47.37
	2．国立大学附属中学校		30	4.27
	3．公立高等学校		334	47.51
	4．国立大学附属高等学校		6	0.85
	(有効回答数 703)			
Ⅱ．体育科	1．集団規模	小規模(～4人)	297	42.25
	(有効回答数 700)	中規模(5～7人)	340	48.36
	体育科人数平均(SD)	大規模(8人～)	63	8.96
	5.21名(1.94)	無効回答	3	0.43
Ⅲ．体育主任	1．性別	男性	584	83.07
	(有効回答数 696)	女性	112	15.93
		無効回答	7	1.00
	2．年齢	20代	38	5.41
	(有効回答数 688)	30代	202	28.73
		40代	315	44.81
		50代	129	18.35
	平均年齢(SD)	60代	4	0.57
	42.45歳(8.09)	無効回答	15	2.13
	3．教職年数	～10年	121	17.21
	(有効回答数 699)	10年～15年	113	16.07
		15年～20年	147	20.91
		20年～25年	154	21.91
		25年～	164	23.33
		無効回答	4	0.57
	4．現任校における主任歴	1年目	230	32.72
	(有効回答数 613)	2年目	139	19.77
		3年目	91	12.94
		4年目	43	6.12
		5年以上	110	15.65
		無効回答	90	12.80

分析対象を学校種別で見ると中学校が 51.64％，高等学校が 48.36％であった．体育組織の規模別で見ると，2 人～4 人の小規模集団が 42.25％，5～7 人の中規模集団が 48.36％，8 人以上の大規模集団が 8.96％である．

体育主任は，性別で見ると男性が 83.07％，女性が 15.93％と男性が大半を占める．年代別で見ると，40 代が 44.81％と最も多く，若い年代に若干の偏りのある分布をしている．教職年数別で見ると，どの年数層も 20％前後であり，均等にサンプルが収集できている．現任校における主任歴別で見ると，2 年目以下の主任が 52.49%と半数以上を占めており，5 年以上の主任も 15.65%いて，二極化している現況が見て取れる．

第2項　体育授業に関する知識の共通性・更新性状況の実態

1．知識の共通性・更新性状況の実態

知識の共通性・更新性状況については，知識の抽象レベル別に次のようなことが明らかとなった（図 3-4）．共通性・更新性ともに高位な体育組織は，高抽象，中抽象の知識について全体の 70%を超えていた．低抽象の知識においても，約 64%の体育組織が共通性・更新性ともに高位であった．

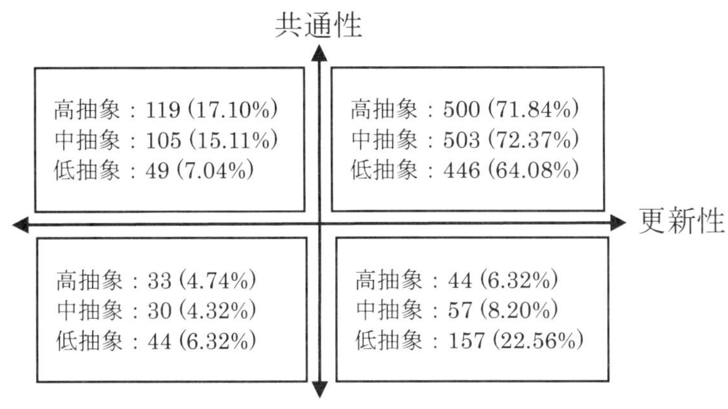

図 3-4　知識の共通性・更新性状況の実態

＊図中の数値は体育科数であり，百分率は各抽象レベルにおける体育科総数内割合である．

（学校種別および体育組織規模別の実態については，巻末表 1，表 2 を参照）

知識の共通性・更新性の実態を明らかにするために，知識の共通性および更新性の各得点を学校種別，体育組織規模別（4 人以下を小規模，5 人以上 7 人以下を中規模，8 人以上を大規模とした），公式会議頻度別（体育授業に関する会議を年に一度ないし二度以下しか開催しない体育組織を低頻度，学期に一度ないし二度開催する体育組織を中頻度，月に一度以上開催する体育組織を高頻度の体育組織とした），非公式対話頻度別（体育授業に関して会議以外の場で話す頻度が，月に一度以下の体育組織を低頻度，週に一度程度の体育組織を中頻度，2，3 日に一度以上の体育組織を高頻度とした）に平均値を算出し，一元配置の分散分析および多重比較（Tukey）検定を行った（表 3-2，表 3-3，表 3-4）．

学校種別の分析では，高抽象知識の共通性に関してのみ中学校より高校の方が有意に高いという差（F(1,690)=6.039，p<.05）が確認されたが，公立－国立間に差はなかった．知識の共通性・更新性状況に学校種別による違いはないと考えてよいであろう．（表 3-2）

体育組織規模別の分析では，小規模の学校よりも中規模の学校の方が低抽象知識の更新性が高かった（F(2,690)=4.513，p<.05）．（表 3-3）

コミュニケーション頻度（公式会議頻度および非公式対話頻度）間には差異が確認された．（表 3-4）

知識の共通性に関しては，公式会議頻度が中頻度の学校よりも高頻度の学校の方が高抽象知識および中抽象知識に関する共通性が高かった（高抽象知識はF(2,692)=8.794，p<.001，中抽象知識は F(2,691)=8.134，p<.001）．また非公式対話頻度が高頻度の学校が中頻度・低頻度の学校よりもすべての抽象レベルの知識について共通性が高かった（高抽象知識 F(2,693)=11.634，p<.01，中抽象知識 F(2,692)=11.559，p<.01，低抽象知識 F(2,693)=6.969，p<.05）．

また知識の更新性については，公式会議頻度が中頻度の学校よりも高頻度の学校の方が，中抽象知識の更新性が高かった（F(2,692)=4.232，p<.05）．また非公式対話頻度が中頻度の学校よりも高頻度の学校の方が，中抽象・低抽象知識の更新性が高かった（高抽象知識は F(2,693)=9.478，p<.001，中抽象知識は F(2,693)=6.251，p<.01）．

これらの結果から，公式的なコミュニケーションを頻繁に行う体育組織では教師の知識の共通性が高くなり，体育授業に関する非公式の対話（雑談やざっくばらんなコミュニケーション）が頻繁に起こる組織は知識の共通性，更新性ともに高くなると言えるだろう．

表 3-2　学校種別による知識の共通性・更新性の違い

				学校種別					
				中学校 n=359	高校 n=333	F値	公立校 n=660	国立校 n=36	F値
共通性	高抽象	M=3.272	SD=.652	3.209	3.330	6.039 *	3.264	3.417	1.882
	中抽象	M=3.278	SD=.681	3.240	3.312	1.937	3.269	3.444	2.284
	低抽象	M=2.866	SD=.736	2.838	2.892	0.909	2.862	2.944	0.427
更新性	高抽象	M=2.828	SD=.625	2.805	2.850	0.885	2.821	2.944	1.329
	中抽象	M=2.894	SD=.619	2.877	2.913	0.566	2.886	3.028	1.785
	低抽象	M=3.063	SD=.647	3.106	3.015	3.404	3.053	3.250	3.171

注）F値をのぞく表中の数値は平均値である．　***：p<.001 **：p<.01 *：p<.05

表 3-3 体育組織規模による知識の共通性・更新性の違い

				体育科規模			
				小規模 n=296	中規模 n=336	大規模 n=61	F値
共通性	高抽象	M=3.272	SD=.652	3.260	3.259	3.377	0.903
	中抽象	M=3.278	SD=.681	3.322	3.223	3.344	1.997
	低抽象	M=2.866	SD=.736	2.889	2.848	2.836	0.284
更新性	高抽象	M=2.828	SD=.625	2.824	2.807	2.934	1.083
	中抽象	M=2.894	SD=.619	2.919	2.848	3.000	2.057
	低抽象	M=3.063	SD=.647	3.142	2.988	3.082	4.513 *

注)F値をのぞく表中の数値は平均値である. ***:p<.001 **:p<.01 *:p<.05

表 3-4 公式会議頻度・非公式対話頻度による知識の共通性・更新性の違い

				公式会議頻度				非公式対話頻度			
				低頻度 n=53	中頻度 n=242	高頻度 n=400	F値	低頻度 n=31	中頻度 n=82	高頻度 n=583	F値
共通性	高抽象	M=3.272	SD=.652	3.260	3.259	3.377	8.794 ***	2.839	3.098	3.319	11.634 ***
	中抽象	M=3.278	SD=.681	3.322	3.223	3.344	8.134 ***	2.839	3.086	3.328	11.559 ***
	低抽象	M=2.866	SD=.736	2.889	2.848	2.836	1.089	2.548	2.671	2.911	6.969 **
更新性	高抽象	M=2.828	SD=.625	2.824	2.807	2.934	2.950	2.613	2.817	2.840	1.971
	中抽象	M=2.894	SD=.619	2.919	2.848	3.000	4.232 *	2.484	2.780	2.931	9.478 ***
	低抽象	M=3.063	SD=.647	3.142	2.988	3.082	2.231	2.742	2.939	3.098	6.251 **

注)F値をのぞく表中の数値は平均値である. ***:p<.001 **:p<.01 *:p<.05

2. コミュニケーション方略の展開の実態

表 3-5 はコミュニケーション方略を測定した 20 項目に対する回答結果に因子分析法（主因子法）を適用し，直行回転を施した結果である．因子は.400 以上の因子負荷量を示す項目を基準として解釈を行った．

体育授業に関するコミュニケーション方略は，ほぼ仮説構成次元通り 5 因子が抽出され，全分散中の 61.2%の説明率を占めていた．また，各因子の寄与率に大きな差がないことから，各因子はいずれもコミュニケーション方略として同程度の説明力を有している．なお，各因子の信頼性の検討を行った結果，いずれの α 係数も.800 を超える値が得られたことから，各因子の内的整合性は高いと言える．各因子は，SECI モデルの各フェーズ名に沿う形で命名した．すなわち，第 1 因子は「連結化」，第 2 因子は「共同化」，第 3 因子は「行政情報連結」，第 4 因子は「他校情報連結」，第 5 因子は「表出化」である．連結化因子と共同化因子に表出化に関する 1 項目が含まれていることは，暗黙知を形式知化する機能を有するコミュニケーションが，その過程で暗黙知を収斂させたり知を体系立てたりするような機能をも発揮するのではないかと考える．

表 3-5　コミュニケーション方略変数の因子分析結果
(バリマックス回転後の因子負荷量)

仮説構成次元	項目	F1	F2	F3	F4	F5
連結化①	教科体育の意義や究極的な目標に関する考え方は，単元目標や内容と関連付けられ検討される.	.843				
連結化②	単元目標や学習内容に関する考え方は，究極的な目標や指導法と関連付けられ検討される.	.813				
連結化③	単元の指導の仕方に関するアイデアや考え方は，単元目標や内容と関連付けられ検討される.	.571				
表出化①	指導経験や指導場面での出来事を話す中で，教科体育の意義や究極的な目標に話がおよぶ.	.483				
共同化②	各先生が経験した授業場面での出来事が語られる.		.692			
共同化③	体育授業で指導する上での感覚や「勘」について語られる.		.686			
共同化①	各先生がこれまで経験してきた指導経験や授業研究の経験が，経験談として語られる.		.659			
共同化④	授業をする上での教師としての「思い」や「願い」について語られる.		.531			
表出化⑤	各先生の指導上の感覚や「勘」は，他の先生が使える技術として一般化されて語られる.		.511			
行政情報連結②	行政(教育委員会，教育センター)主催の研修会で聞いてきた各単元の到達目標や学習内容に関する考え方が話題になり，授業計画づくりに生かされる.			.881		
行政情報連結①	行政(教育委員会，教育センター)主催の研修会で聞いてきた教科体育の意義や究極的な目標に関する考え方が話題になり，授業計画づくりに生かされる.			.817		
行政情報連結③	行政(教育委員会，教育センター)主催の研修会で聞いてきた各単元の指導法に関する情報が話題になり，授業計画づくりに生かされる.			.680		
行政情報連結④	学習指導要領や文科省作成の解説，教委作成の手引き等に書かれている情報が話題になる.			.438		
他校情報連結②	他校の実践，中・高体連や民間団体の研究会で見聞きした各単元の到達目標や学習内容に関する考え方が話題になり，授業計画づくりに生かされる.				.812	
他校情報連結③	他校の実践，中・高体連や民間団体の研究会で見聞きした各単元の指導法に関する情報が話題になり，授業計画づくりに生かされる.				.783	
他校情報連結①	他校の実践，中・高体連や民間団体の研究会で見聞きした教科体育の意義や究極的な目標に関する考え方が話題になり，授業計画づくりに生かされる.				.602	
表出化③	指導経験や指導場面での出来事を話す中から，その単元の指導の仕方に話がおよぶ.					.739
表出化②	指導経験や指導場面での出来事を話す中から，その単元の到達目標や学習内容に話がおよぶ.					.623
表出化④	指導経験や指導場面での出来事を話す中から，授業の具体的な改善点が話されるようになる.					.554
固有値		2.788	2.718	2.653	2.059	2.015
寄与率(%)		13.9	13.6	13.3	10.3	10.1
累積寄与率(%)		13.9	27.5	40.8	51.1	61.2
α係数		.868	.802	.848	.861	.842

次に，コミュニケーション方略の展開の実態について明らかにするために，各因子に含まれる項目の平均値を算出したものをコミュニケーション方略得点として算出し，コミュニケーション方略間の平均値の差を対応のあるサンプルの t 検定によって分析した．その結果，表出化>共同化>連結化>他校情報連結>行政情報連結という有意な差が確認された．(表 3-6)

表 3-6　コミュニケーション方略間の平均値の差

	M	SD	共同化	表出化	連結化	行政情報連結	他校情報連結
共同化	3.311	.674		t(701)=2.869, p<.01	t(700)=12.701, p<.001	t(700)=17.589, p<.001	t(700)=12.930, p<.001
表出化	3.381	.763			t(700)=16.672, p<.001	t(700)=20.471, p<.001	t(700)=15.052, p<.001
連結化	2.980	.775				t(700)=7.812, p<.001	t(700)=2.471, p<.05
行政情報連結	2.744	.734					t(700)=6.259, p<.001
他校情報連結	2.902	.757					

また，学校種別によるコミュニケーション方略の展開の実態を明らかにするために，学校種別の平均および標準偏差を算出し，一元配置分散分析・多重比較（Tukey）によって学校種別によるコミュニケーション方略の展開の違いを表したものが表 3-7 である．学校種別でみると，附属中・高校が公立中・高校に比べて，表出化と連結化が活発に展開されていることが確認された．なお，体育組織規模別では差が確認されなかった．

表 3-7　学校種別によるコミュニケーション方略の展開の違い

知の組織化法	分散分析	多重比較(Tukey)
共同化	F(3,698)=2.17, n.s.	
表出化	F(3,698)=4.57, p<.01	附属中学 > 公立中学 = 公立高校
連結化	F(3,697)=7.01, p<.001	附属中学 > 公立中学 附属高校 > 公立中学 = 公立高校
行政情報連結	F(3,698)=1.29, n.s.	
他校情報連結	F(3,698)=1.72, n.s.	

（学校種別のコミュニケーション方略の平均値・標準偏差は巻末表 3 を参照のこと）

第 3 項　コミュニケーション属性によるコミュニケーション方略の展開の違いに関する結果

1．コミュニケーション属性の実態

ここではコミュニケーション属性の実態を明らかにするために，相互作用特性，コンフリクト対応，パワーの強さ，授業づくりの特性について，学校種別および体育組織規模別に分析した．

1-1．相互作用特性

体育科教育をめぐる教師集団の相互作用に関する特性は，公式会議頻度，非公式対話頻度，授業参観頻度，教師間距離によって測定した．なお，教師間距離に

ついては体育科の部屋（全員体育教官室（準備室）で仕事をしている），担任教師のみ職員室（体育教官室（準備室）が中心であるが，担任をもつ教員等は職員室に行くことが多い），全員職員室（他教科の教員もいる大きな職員室で仕事をしている先生が多い），各自自由（先生によって，職員室や体育教官室（準備室）等でバラバラである）の順で共在性が高いと想定した．

学校種別分析では，公式会議頻度について，公立高校 > 公立中学校 = 附属中学校という学校種別間の差が確認された．また，非公式対話頻度についても公立高校 > 公立中学校という学校種別間差が明らかとなった．このことから，概ね，中学校よりも高校の方が，体育授業について活発にコミュニケーションを図っていると言うことができよう．また，授業参観頻度については，公立中・高校ともに学校によって状況が異なっており，活発に参観する学校とそうでない学校に分かれていることが明らかとなった．教師間距離については，比較的，公立高校，附属中学校の共在性が高いことが明らかとなった．（表 3-8）

表 3-8　学校種別による相互作用特性の実態

			公立中学校	附属中学校	公立高校	附属高校	全体
公式会議頻度	低頻度群（年に1，2度以下）	n	34	7	12	0	53
		%	10.21	23.33	3.60	0.00	7.55
	中頻度群（学期に1，2度）	n	168	5	68	2	243
		%	50.45	16.67	20.42	33.33	34.62
	高頻度群（月に1度以上）	n	131	18	253	4	406
		%	39.34	60.00	75.98	66.67	57.83
	学校種別間比較		F(3,698)=29.70, p<.001		公立高校 > 公立中学校 = 附属中学校		
非公式対話頻度	低頻度群（月に1度以下）	n	23	1	7	0	31
		%	6.91	3.33	2.10	0.00	4.41
	中頻度群（週に1度程度）	n	52	6	25	0	83
		%	15.62	20.00	7.49	0.00	11.81
	高頻度群（2，3日に1度以上）	n	258	23	302	6	589
		%	77.48	76.67	90.42	100.00	83.78
	学校種別間比較		F(3,699)=7.64, p<.001		公立高校 > 公立中学校		
授業参観頻度	低頻度（参観なし）	n	51	2	66	1	120
		%	15.32	6.67	20.00	16.67	17.17
	中頻度（月数回～学期数回）	n	153	21	148	5	327
		%	45.95	70.00	44.85	83.33	46.78
	高頻度（ほぼ毎時間）	n	128	7	115	0	250
		%	38.44	23.33	34.85	0.00	35.77
	学校種別間比較		F(3,695)=0.08, n.s.				
教師間距離	各自自由	n	29	4	45	1	79
		%	8.71	13.33	13.51	20.00	11.27
	全員，職員室	n	276	13	16	0	305
		%	82.88	43.33	4.80	0.00	43.51
	担任教師のみ職員室	n	24	5	148	2	179
		%	7.21	16.67	44.44	40.00	25.53
	体育科の部屋	n	4	8	124	2	138
		%	1.20	26.67	37.24	40.00	19.69
	学校種別間比較		F(3,697)=99.93, p<.001		公立高校 > 附属中学校 > 公立中学校 附属高校 > 公立中学校		

体育組織規模別の分析では，公式会議頻度についてのみ，大規模 > 中規模 > 小規模という規模間差が確認された．このことから，体育組織規模が大きいほど，公式的な会議を開催する頻度が高いことが分かる．また，体育授業に関する教師間の非公式対話は，規模に関わらず高頻度に行われている（小規模においては 82.15%，中規模においては 83.53%，大規模においては 92.06%）ことから，概ね活発に展開されていると言える．また，授業参観頻度については，規模に関わらずばらつきが確認され，授業参観の活発さは規模による違いがないことが確認された．教師間距離については，組織規模が大きいほど共在性が高いことが明らかになった．（表 3-9）

表 3-9　体育組織規模による相互作用特性の実態

			小規模（～4人）	中規模（5～7人）	大規模（8人～）	全体
公式会議頻度	低頻度群（年に1，2度以下）	n	33	19	1	53
		%	11.11	5.60	1.59	7.58
	中頻度群（学期に1，2度）	n	125	110	8	243
		%	42.09	32.45	12.70	34.76
	高頻度群（月に1度以上）	n	139	210	54	403
		%	46.80	61.95	85.71	57.65
	体育科規模間比較		F(2,696)=19.34, p<.001		大規模 > 中規模 > 小規模	
非公式対話頻度	低頻度群（月に1度以下）	n	14	17	0	31
		%	4.71	5.00	0.00	4.43
	中頻度群（週に1度程度）	n	39	39	5	83
		%	13.13	11.47	7.94	11.86
	高頻度群（2，3日に1度以上）	n	244	284	58	586
		%	82.15	83.53	92.06	83.71
	体育科規模間比較		F(2,697)=2.28, n.s.			
授業参観頻度	低頻度（参観なし）	n	43	61	15	119
		%	14.48	18.10	24.19	17.10
	中頻度（月数回～学期数回）	n	141	160	26	327
		%	47.47	47.48	41.94	46.98
	高頻度（ほぼ毎時間）	n	112	115	21	248
		%	37.71	34.12	33.87	35.63
	体育科規模間比較		F(2,693)=0.20, n.s.			
教師間距離	各自自由	n	22	51	6	79
		%	7.43	15.04	9.52	11.32
	全員，職員室	n	206	95	3	304
		%	69.59	28.02	4.76	43.55
	担任教師のみ職員室	n	43	107	29	179
		%	14.53	31.56	46.03	25.64
	体育科の部屋	n	25	86	25	136
		%	8.45	25.37	39.68	19.48
	体育科規模間比較		F(2,695)=36.02, p<.001		大規模 > 中規模 > 小規模	

1-2. コンフリクト対応

教師集団のコミュニケーション場面において生起する体育授業の考え方をめぐるコンフリクトに対する対応は，第3章で述べたように，競争，協力，順応，妥協，回避の5つのモードに操作化された．

表3-10はコンフリクトへの対応を測定した6項目に対する回答結果に因子分析（主因子法）を適用し，直行回転を施した結果である．因子は.400以上の因子負荷量を示す項目を基準として解釈を行った．その結果，3因子が抽出され，全分散中の40.8%の説明力を占めていた．

第1因子は，競争と協力2項目を含んでおり，Thomas(1976)のコンフリクト解消モード2次元モデルにおける自己主張性と協力性について，比較的強いモードがこの因子を構成していた．Thomasがこれらのモードは組織有効性と正の関係があると指摘していることから，第1因子をコンフリクトに対する「ポジティブ対応因子」と命名した．それに対して第2因子は，順応と妥協という項目を含んでおり，自己主張性・協力性ともに比較的弱いモードによって構成されており，コンフリクトに対する「ネガティブ対応因子」と命名した．また第3因子は，コンフリクトに対して回避するという1項目のみを含んでおり，「回避因子」と命名した．

表3-10　コンフリクト対応変数の因子構造

	F1	F2	F3
コンフリクト対応・競争	.863		
コンフリクト対応・協力②	.801		
コンフリクト対応・協力①	.476		
コンフリクト対応・順応		.522	
コンフリクト対応・妥協		.464	
コンフリクト対応・回避			.467
寄与率	27.219	8.948	4.610
累積寄与率	27.219	36.166	40.776
Cronbachのα係数	0.756	0.395	

体育組織は，体育科教育をめぐる教師間コンフリクトに対して，ポジティブに対応する場合もあれば，ネガティブに対応することもあると推測される．よって，ポジティブ対応因子に含まれる項目に対する回答とネガティブ対応因子に含まれる項目に対する回答が同程度になることもありうる．そこで，ポジティブ対応とネガティブ対応の組み合わせによって，当該体育組織のコンフリクト対応タイプを識別することにした．

そのために，コンフリクトに対するポジティブ対応因子に含まれる変数（競争，協力②，協力①）の平均をポジティブ対応性得点として算出し，ネガティブ対応因子に含まれる変数（順応，妥協）の平均をネガティブ対応性得点として算出した[9].

コンフリクトに対するポジティブ対応性およびネガティブ対応性の，学校種別（中学校・高校），体育組織規模，公式会議頻度，非公式対話頻度，授業参観頻度による差を分析した.

ポジティブ対応性は，学校種別（高校 > 中学校），体育組織規模（大規模 > 中規模 = 小規模）において有意な差が認められた．一方，ネガティブ対応性は学校種別および体育組織規模において差が確認されなかった．（表 3-11）

表 3-11　学校種別・体育組織規模によるコンフリクト対応性の違い

			ポジティブ対応性	ネガティブ対応性	平均の差
学校種別	中学校	M	2.408	2.732	【ポジティブ対応】(t検定)
	n=339	SD	.812	.765	t(665.37)=4.60, p<.001　高校 > 中学校
	高校	M	2.712	2.717	
	n=337	SD	.905	.812	【ネガティブ対応】(t検定)
	全体	M	2.560	2.724	
	n=676	SD	.872	.788	n.s.
体育科規模	小規模(～4人)	M	2.541	2.692	【ポジティブ対応】(一元配置分散分析・多重比較)
	n=297	SD	.889	.801	
	中規模(5～7人)	M	2.586	2.710	F(3,693)=3.75, p<.05　大規模 > 中規模 = 小規模
	n=338	SD	.847	.762	
	大規模(8人～)	M	2.880	2.639	【ネガティブ対応】(一元配置分散分析・多重比較)
	n=61	SD	1.031	.817	
	全体	M	2.592	2.696	F(3,693)=0.22, n.s.
	n=696	SD	.886	.783	

また，相互作用特性によるコンフリクト対応性の違いを検討した[10]ところ，公式会議頻度においては，ポジティブ対応性に有意な差が確認され，高頻度 > 中頻度 = 低頻度であった．また非公式対話頻度においては，ポジティブ対応性には高頻度 > 中頻度 = 低頻度という差が認められ，ネガティブ対応性には高頻度 > 中頻度という差が認められた．（表 3-12）

これらの結果から，基本的にはコミュニケーション頻度が高いほど，コンフリクトに対してポジティブに対応すると言えるものの，非公式対話頻度の高さはネ

[9] コンフリクト対応に関する各項目が５段階尺度によって測定されているため，それぞれの平均値であるポジティブ対応性およびネガティブ対応性ともに，1≦Mean≦5 の範囲内で算出されることになる.

[10] 教師間距離はコンフリクト対応性との間に直接的な関連性を想定できないため，ここでの分析から除外した.

ガティブ対応性を高める可能性が示唆された．なお，授業参観頻度によるコンフリクト対応性の違いは確認されなかった．

表 3-12　相互作用特性（教師間距離除く）による

コンフリクト対応性の違い

			ポジティブ対応性	ネガティブ対応性	分散分析	多重比較(Tukey)
公式会議頻度	低頻度群（～年に1, 2度）	M	2.226	2.623	【ポジティブ対応】	
	n=53	SD	.808	.909		
	中頻度群（学期に1, 2度）	M	2.429	2.650	F(2,695)=14.40, p<.001	高頻度 ＞ 中頻度 = 低頻度
	n=240	SD	.837	.732		
	高頻度群（月に1度～）	M	2.735	2.741	【ネガティブ対応】	
	n=405	SD	.894	.803		
	全体	M	2.591	2.701	F(2,695)=1.28, n.s.	
	n=698	SD	.885	.789		
非公式対話頻度	低頻度群（月に1度以下）	M	2.108	2.419	【ポジティブ対応】	
	n=31	SD	.871	1.065		
	中頻度群（週に1度）	M	2.309	2.458	F(2,696)=10.84, p<.001	高頻度 ＞ 中頻度 = 低頻度
	n=83	SD	.842	.842		
	高頻度群（2, 3日に1度以上）	M	2.659	2.750	【ネガティブ対応】	
	n=585	SD	.878	.755		
	全体	M	2.593	2.700	F(2,696)=7.17, p<.01	高頻度 ＞ 中頻度
	n=699	SD	.886	.788		
授業参観頻度	低頻度（参観なし）	M	2.420	2.685	【ポジティブ対応】	
	n=119	SD	.880	.843		
	中頻度（月数回～学期数回）	M	2.603	2.692	F(3,691)=2.23, n.s.	
	n=326	SD	.893	.767		
	高頻度（ほぼ毎時間）	M	2.664	2.720	【ネガティブ対応】	
	n=248	SD	.870	.790		
	全体	M	2.594	2.701	F(3,691)=0.40, n.s.	
	n=693	SD	.885	.788		

1-3. パワーの源泉と強さ

教職歴，競技力，研究校在籍経験，研修経験を源泉にしたパワーの強さには，学校種別，体育組織規模による差は確認されなかった．（巻末表 4 参照）

なお，パワーの源泉間には，すべて正の相関が確認されている．また，源泉間のパワーの差を t 検定によって検討した結果，教職歴－競技力間に差は認められなかったが，教職歴－研究校在籍（t(696)=17.40, p<.001），教職歴－研修経験（t(698)=11.15, p<.001），競技力－研究校在籍（t(696)=16.76, p<.001），競技力－研修経験（t(698)=11.04, p<.001），研究校在籍－研修経験（t(696)=8.47, p<.001）には有意な差が確認された．この結果を整理すれば，体育組織における源泉別によるパワーの強さに関して，以下の不等号式が成立する．なお括弧内の数値は平均値である．

教職歴(2.365) = 競技力(2.359) > 研修経験(1.898) > 研究校在籍(1.676)

すなわち体育組織においては，学校種別および規模に関わらず，教職歴と競技力がパワーの源泉として有意味であり，研修経験の長さや研究校在籍経験は相対的にパワーの源泉にならないと言えよう．

2. 相互作用特性によるコミュニケーション方略の展開の違い

相互作用の特性によるコミュニケーション方略の展開の違いを明らかにするために，公式会議頻度別，非公式対話頻度別，授業参観頻度別（授業をほとんど見合うことのない体育組織を低頻度，年に一度ないし二度から月に数度見合う体育組織を中頻度，ほぼ毎時間見合う体育組織を高頻度とした）に平均値を算出し，一元配置の分散分析および多重比較検定を行った．

公式会議頻度については，共同化（高頻度 > 中頻度），連結化（高頻度 > 中頻度 = 低頻度），行政情報連結（高頻度 > 中頻度 = 低頻度），他校情報連結（高頻度 > 低頻度）において頻度による有意な差が認められた．（表 3-13）

表 3-13　公式会議頻度によるコミュニケーション方略の展開の違い

	分散分析	多重比較(Tukey)
共同化	$F(2,698)=4.18, p<.05$	高頻度 > 中頻度
表出化	$F(2,698)=2.57$, n.s.	
連結化	$F(2,697)=11.00, p<.001$	高頻度 > 中頻度 = 低頻度
行政情報連結	$F(2,698)=19.39, p<.001$	高頻度 > 中頻度 = 低頻度
他校情報連結	$F(2,698)=6.87, p<.01$	高頻度 > 低頻度

非公式対話頻度については，すべてのコミュニケーション方略において頻度による有意な差（共同化：高頻度>中頻度=低頻度，表出化：高頻度>中頻度>低頻度，連結化：高頻度>中頻度=低頻度，行政情報連結：高頻度>中頻度=低頻度，他校情報連結：高頻度=中頻度>低頻度）が確認された．（表 3-14）

表 3-14　非公式対話頻度によるコミュニケーション方略の展開の違い

	分散分析	多重比較(Tukey)
共同化	$F(2,699)=24.19, p<.001$	高頻度 > 中頻度 = 低頻度
表出化	$F(2,699)=24.94, p<.001$	高頻度 > 中頻度 > 低頻度
連結化	$F(2,698)=21.26, p<.001$	高頻度 > 中頻度 = 低頻度
行政情報連結	$F(2,699)=11.08, p<.001$	高頻度 > 中頻度 = 低頻度
他校情報連結	$F(2,699)=9.52, p<.001$	高頻度 = 中頻度 > 低頻度

公式会議頻度と非公式対話頻度の結果は，概ね，公式会議頻度が高い体育組織はコミュニケーション方略も活発に展開していることを示していよう．

また，授業参観頻度についても，すべてのコミュニケーション方略において，頻度間に有意な差（いずれも高頻度=中頻度>低頻度）が認められた（表 3-15）．この結果は，少なくとも授業を見合うことのある体育組織はコミュニケーション方略が活発に展開していることを示している．授業参観が高頻度な体育組織と中頻度の体育組織との間にコミュニケーション方略の展開に差がないことは，授業参観にコミュニケーションと同様の機能が含まれている可能性を示唆しているのではないだろうか．

表 3-15　授業参観頻度によるコミュニケーション方略の展開の違い

	分散分析	多重比較(Tukey)
共同化	F(3,694)=7.40,p<.001	高頻度 = 中頻度 > 低頻度
表出化	F(3,694)=9.87,p<.001	高頻度 = 中頻度 > 低頻度
連結化	F(3,693)=6.60,p<.001	高頻度 = 中頻度 > 低頻度
行政情報連結	F(3,694)=4.23,p<.01	高頻度 = 中頻度 > 低頻度
他校情報連結	F(3,694)=4.56,p<.01	高頻度 = 中頻度 > 低頻度

教師間距離については，連結化と行政情報連結において有意な差（連結化：担任は職員室 > 全員職員室，行政情報連結：担任は職員室 > 各自自由）が部分的に確認された（表 3-16）．

表 3-16　教師間距離によるコミュニケーション方略の展開の違い

	分散分析	多重比較(Tukey)
共同化	F(3,696)=2.28, n.s.	
表出化	F(3,696)=0.54, n.s.	
連結化	F(3,695)=2.88,p<.05	担任は職員室 > 全員職員室
行政情報連結	F(3,696)=3.22,p<.05	担任は職員室 > 各自自由
他校情報連結	F(3,696)=0.76, n.s.	

そこで，教師間距離による相互作用頻度の差を明らかにする一元配置分散分析および多重比較分析を行ったところ，公式会議頻度と非公式対話頻度について，体育組織の部屋 > 各自自由 > 全員職員室という有意な差が確認された.（表 3-17）

このことは，体育教官室等の体育組織専用の部屋に集まっていればコミュニケーション頻度が高いという一般常識に加えて，他教科の教師もいる職員室にいるよりも，日常の仕事場が決まっていない方がコミュニケーション頻度が高いことを示している．このことは，教師がコミュニケーションの場を自由に生み出せる方がコミュニケーション頻度を高める可能性が高いことを表していると考えられる. あるいは, 多くの教師が集まる職員室では, 体育組織としてのコミュニケーションが生起しにくいことを表していよう．また，授業参観頻度は教師間距離と関係していない.

表 3-17　教師間距離による相互作用頻度の違い

相互作用頻度	分散分析	多重比較(Tukey)
公式会議頻度	F(3,696)=40.00,p<.001	体育科の部屋 > 各自自由 > 全員職員室
非公式対話頻度	F(3,697)=23.85,p<.001	体育科の部屋 > 各自自由 > 全員職員室
授業参観頻度	F(3,695)=1.24, n.s.	

（教師間距離別の相互作用頻度の平均値・標準偏差は巻末表 5 を参照）

公式会議と非公式対話の頻度が高い体育組織が，活発にコミュニケーション方略が展開するという前述の結果を踏まえれば，教師間距離とコミュニケーション方略の展開との関係は，コミュニケーション頻度を媒介としており,「教師間距離→コミュニケーション頻度→各コミュニケーション方略の展開」という関係にあると考えられる. このことは, コミュニケーションの場の創出はコミュニケーション頻度を高めるための環境整備に過ぎないことを明らかにしていよう.

3. コンフリクト対応タイプによるコミュニケーション方略の展開の違い

コンフリクト対応タイプによるコミュニケーション方略の展開の違いを明らかにするために，コンフリクト対応タイプ別に平均値を算出し，一元配置分散分析および多重比較を行った.

コンフリクト対応タイプは，ポジティブ対応性およびネガティブ対応性の各平均値（ポジティブ対応性平均値：2.593，ネガティブ対応性平均値：2.700）において交わる 2 軸で構成される 4 象限を，コンフリクト対応タイプの 4 つのタイプとして捉えた．すなわち，コンフリクトに対してポジティブにもネガティブにも対応している体育組織を「多様型」，ポジティブに対応し，ネガティブに対応しない体育組織を「ポジティブ型」，ポジティブに対応せず，ネガティブに対応する体育組織を「ネガティブ型」，ポジティブにもネガティブにも対応していない体育組織は「非対応型」である．(図 3-5)

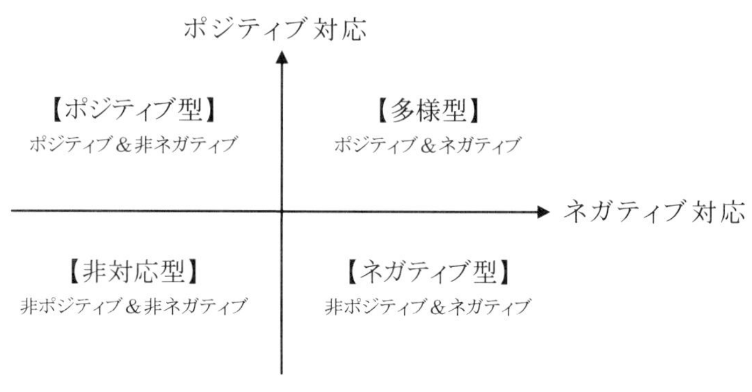

図 3-5　コンフリクト対応タイプ

その結果，共同化を除くすべてのコミュニケーション方略が，ポジティブ型=多様型 > 非対応型= ネガティブ型という差で活発に展開していることが認められた．共同化についても，ポジティブ型と多様型との間に差が認められなかったものの，近似の関係性が確認できた（表 3-18）．この結果は，体育組織内のコンフリクトに対して，各教師が自身の考え方を強く主張しながら，最適解を導こうとするようなポジティブな対応をする体育組織において，すべてのコミュニケーション方略が活発に展開されているということを示唆していよう．

表 3-18　コンフリクト対応タイプによるコミュニケーション方略の展開の違い（一元配置分散分析・多重比較）

	分散分析	多重比較(Tukey)
共同化	F(3,695)=20.23,p<.001	ポジティブ型 = 多様型 > 非対応型 > ネガティブ型
表出化	F(3,695)=30.68,p<.001	ポジティブ型 = 多様型 > 非対応型 = ネガティブ型
連結化	F(3,694)=31.57,p<.001	ポジティブ型 = 多様型 > 非対応型 = ネガティブ型
行政情報連結	F(3,694)=21.16,p<.001	ポジティブ型 = 多様型 > 非対応型 = ネガティブ型
他校情報連結	F(3,694)=25.45,p<.001	ポジティブ型 = 多様型 > 非対応型 = ネガティブ型

（コンフリクト対応タイプ別のコミュニケーション方略の平均値・標準偏差は巻末表 6 参照）

4. パワーの源泉の所在および強さによるコミュニケーション方略の違い

パワーの源泉の所在別（教職歴，競技力，研究校在籍経験，研修経験）に，各パワーの強い群（当該源泉に由来する意見が強い力を持つことが「頻繁にある」，「時々ある」，「どちらかと言えばある」と回答した群）と弱い群（「あまりない」，「全くない」と回答した群）のコミュニケーション方略の平均値を算出し，t 検定を行った．（表 3-19）

その結果，競技力，研究校在籍経験，研修経験に由来するパワーが強い体育組織は，弱い体育組織に比べて，すべてのコミュニケーション方略が活発に展開していた．また，体育組織において強く発揮される教職歴を源泉にしたパワーは，コミュニケーション方略の展開に影響を与えていない．

表 3-19　パワーの強さによるコミュニケーション方略の展開の違い（t 検定）

	教職歴に由来するパワー			競技力に由来するパワー			研究校在籍経験に由来するパワー			研修経験に由来するパワー		
	強い(M)	弱い(M)	t検定	強い(M)	弱い(M)	t検定	強い(M)	弱い(M)	t検定	強い(M)	弱い(M)	t検定
共同化	3.332	3.296	n.s.	3.408	3.251	$t(605)=3.09,p<.01$	3.595	3.271	$t(695)=4.25,p<.001$	3.457	3.272	$t(697)=2.95,p<.01$
表出化	3.378	3.383	n.s.	3.460	3.334	$t(699)=2.12,p<.05$	3.598	3.352	$t(695)=2.82,p<.01$	3.498	3.352	$t(697)=2.04,p<.05$
連結化	2.980	2.980	n.s.	3.076	2.922	$t(698)=2.55,p<.05$	3.287	2.943	$t(694)=3.93,p<.001$	3.175	2.934	$t(696)=3.36,p<.01$
行政情報連結	2.766	2.731	n.s.	2.814	2.700	$t(698)=1.98,p<.05$	2.951	2.712	$t(694)=2.86,p<.01$	2.905	2.698	$t(696)=3.03,p<.01$
他校情報連結	2.912	2.895	n.s.	2.992	2.846	$t(698)=2.49,p<.05$	3.084	2.872	$t(694)=2.45,p<.05$	3.093	2.850	$t(696)=3.46,p<.01$

第 4 項　知識の共通性・更新性を向上させるコミュニケーション方略

1. 知識の共通性・更新性を向上させるコミュニケーション方略に関する結果

表 3-20 は，知識の共通性および更新性（知識の共通性と更新性の平均値）を従属変数，コミュニケーション方略 5 因子（コミュニケーション方略の各因子に含まれる項目の平均値）を独立変数とし，知識の共通性および更新性に対して影響力の強い公式会議頻度と非公式対話頻度の影響を排除した重回帰分析の結果を示したものである．

表 3-20　各コミュニケーション方略が知識の共通性・更新性に及ぼす影響

（公式会議頻度と非公式対話頻度の影響を排除した重回帰分析）

		共通性 標準偏回帰係数（β）	更新性 標準偏回帰係数（β）
高抽象	共同化（平均）		.121 *
	表出化（平均）		
	連結化（平均）		.234 ***
	行政情報連結（平均）		
	他校情報連結（平均）		.108 *
	重決定係数（R^2）	.125	.139
	F値	13.938	15.825
中抽象	共同化（平均）		.125 **
	表出化（平均）	.153 **	
	連結化（平均）		.161 **
	行政情報連結（平均）		
	他校情報連結（平均）	.110 *	.120 **
	重決定係数（R^2）	.142	.135
	F値	16.185	15.264
低抽象	共同化（平均）		
	表出化（平均）		.192 ***
	連結化（平均）		
	行政情報連結（平均）		
	他校情報連結（平均）	.103 *	.102 *
	重決定係数（R^2）	.071	.146
	F値	7.495	16.683

***：p<.001　**：p<.01　*：p<.05

＊表中の空欄は有意な因果関係が見出されなかった部分である．

共通性に対するコミュニケーション方略の影響は，高抽象知識については確認されなかったものの，中抽象知識については表出化と他校情報連結が，低抽象知識については他校情報連結の影響が確認された．

更新性に対するコミュニケーション方略の影響は，高抽象知識および中抽象知識に関しては共同化，連結化，他校情報連結の影響が確認され，低抽象知識に関しては表出化と他校情報連結が影響を及ぼしていた．

これらの結果は，共通性と更新性とを別々に分析したものであり，成果としての知識の共通性・更新性状況の全体像を捉えたわけではない．また，次に分析する下位課題 2-2 の結果を先取りすることになるが，この因果関係を分析した結果と知識の共通性・更新性状況類型間の平均値の差を分析した結果とは様相が異なる．このことについては，コミュニケーション方略の展開が知識の共通性・更新性にもたらす影響を考える上で重要であると考えるため，後節において考察を進める．

2．知識の共通性・更新性状況別にみたコミュニケーション方略の展開

表 3-21 は，体育組織による知識の共通性・更新性類型とコミュニケーション方略との関連を検討するため，知識の共通－更新性類型間のコミュニケーション方略の展開の違いを一元配置分散分析によって分析した結果を示したものである．

表 3-21　知識の共通性・更新性状況によるコミュニケーション方略の展開の違い

		分散分析	多重比較(Tukey)
高抽象	共同化	F(3,691)=20.45,p<.001	共通・更新 > 非共通・更新 > 非共通・非更新 共通・更新 > 共通・非更新
	表出化	F(3,691)=17.41,p<.001	共通・更新 > 共通・非更新 > 非共通・非更新 非共通・更新 > 非共通・非更新
	連結化	F(3,691)=25.92,p<.001	共通・更新 > 共通・非更新 = 非共通・非更新 非共通・更新 > 非共通・非更新
	行政情報連結	F(3,691)=12.53,p<.001	共通・更新 > 共通・非更新 > 非共通・非更新 非共通・更新 > 非共通・非更新
	他校情報連結	F(3,691)=17.66,p<.001	共通・更新 > 共通・非更新 > 非共通・非更新 非共通・更新 > 非共通・非更新
中抽象	共同化	F(3,690)=25.47,p<.001	共通・更新 > 非共通・更新=共通・非更新 > 非共通・非更新
	表出化	F(3,690)=25.58,p<.001	共通・更新 > 共通・非更新 > 非共通・非更新 共通・更新 > 非共通・更新
	連結化	F(3,690)=26.02,p<.001	共通・更新 > 非共通・更新=共通・非更新 > 非共通・非更新
	行政情報連結	F(3,690)=17.44,p<.001	共通・更新 > 非共通・更新=共通・非更新 > 非共通・非更新
	他校情報連結	F(3,690)=15.62,p<.001	共通・更新 > 共通・非更新 > 非共通・非更新 共通・更新 > 非共通・更新
低抽象	共同化	F(3,691)=16.39,p<.001	共通・更新 > 非共通・更新 > 非共通・非更新 共通・更新 > 共通・非更新
	表出化	F(3,691)=24.64,p<.001	共通・更新 > 非共通・更新 > 非共通・非更新 共通・更新 > 共通・非更新
	連結化	F(3,691)=18.13,p<.001	共通・更新 > 非共通・更新=共通・非更新 = 非共通・非更新
	行政情報連結	F(3,691)=13.93,p<.001	共通・更新 > 非共通・更新 > 非共通・非更新 共通・更新 > 共通・非更新
	他校情報連結	F(3,691)=15.57,p<.001	共通・更新 > 非共通・更新 > 非共通・非更新 共通・更新 > 共通・非更新

高抽象知識をめぐるコミュニケーション方略の展開については，多重比較検定の結果，次のような結果が確認された．

- 共通性・更新性ともに低位な体育組織は，共通性のみ高位な体育組織と比べて，表出化と，行政情報連結や他校情報連結の得点が有意に低い．また，更新性のみ高位な体育組織と比べて，すべてのコミュニケーション方略因子（共同化，表出化，連結化，行政情報連結，他校情報連結）の得点が有意に低い．
- 共通性・更新性ともに高位な体育組織は，共通性のみ高位な体育組織と比べて，すべてのコミュニケーション方略因子の得点が有意に高い．また，更新性のみ高位な体育組織と比べて，共同化の得点が有意に高い．

中抽象知識をめぐるコミュニケーション方略の展開については，次のような知識の共通性・更新性状況の各群間の差が確認された．

- 共通性・更新性ともに低位な体育組織は，共通性のみ高位な体育組織と比べて，共同化，表出化，連結化，行政情報連結，他校情報連結の得点が有意に低い．また，更新性のみ高位な体育組織と比べて，共同化，連結化，行政情報連結の得点が有意に低い．
- 共通性・更新性ともに高位な体育組織は，共通性のみ高位な体育組織や更新性のみ高位な体育組織と比べて，すべてのコミュニケーション方略因子の得点が有意に高い．

低抽象知識をめぐるコミュニケーション方略の展開については，知識の共通性・更新性状況の各群間に差が確認された．

- 共通性・更新性ともに低位な体育組織は，共通性のみ高位な体育組織と比べて，コミュニケーション方略の展開に有意な差異は確認されなかった．また，更新性のみ高位な体育組織と比べて，共同化，表出化，行政情報連結，他校情報連結の得点が有意に高い．
- 共通性・更新性ともに高位な体育組織は，共通性のみ高位な体育組織や更新性のみ高位な体育組織と比べて，すべてのコミュニケーション方略因子の得点が有意に高い．

第 4 節　考 察

第 1 項　体育科教育に関する知識の共通性・更新性の実態

本節では，わが国における体育科教育に関する知識の共通性・更新性状況の実態と，体育組織における教師集団のコミュニケーション方略の展開実態に関する結果について考察する．

なお，わが国における国公立中学校数は 10,314 校であり，国公立高校（全日制）は 3,318 校である．この母集団 13,632 校から実態調査として必要な標本数を算出するために，有限母集団に対する区間推定に基づく抽出数算出の演算式に当てはめて計算をした．

【区間推定に基づく抽出数算出式】

$$n \geqq \frac{N}{(e/k)^2 (N-1)/P(1-P)+1}$$

なお，信頼区間は 95%（すなわち最大誤差 e は 0.05（5%），自動的に標準正規分布%点 k は，1.96 となる）とし，予想される母集団の比率 P は 0.4（40%）とした．

$N=13{,}632$，$e=0.05$，$P=0.4$ のとき，$n \geqq 368.821$ となる．

よって，実態調査として必要な抽出数は，369 校以上であることがわかる．

本調査の回収数は, 全体で 703 校と必要な抽出数を満たしていることに加えて，全体の回収率が 35.03%と，学校を対象にした郵送留置法による質問紙調査としてはまずまずの回収率であったことを鑑みれば，調査結果が母集団の実態を反映していると考えて良かろう．

1. 知識の共通性・更新性状況の実態

知識の抽象レベルに関わらず, 約 70%の体育組織が知識の共通性と更新性の程度がともに高い．

しかし指導方法に関する知識については，体育科教育の意義・目標および単元の到達目標・学習内容といった知識に比べて共通性の確保された体育組織は少ない（共通性高位の体育組織は 71.12%）一方で, 更新性のみ高い体育組織が 22.66%と他の知識領域と比べて多く，指導方法に関する知識は，相対的に共通性を高く維持することが難しく，更新しやすい知識領域であると推測される．

なお本調査では，体育組織の知識の共通性・更新性状況について体育主任による主観的評価に依存しており，各教師の知識内容を抽出し，その共通性や更新性を検証したわけではない．そういう意味で，この結果が実態を正確に捉えているとは言い難い．むしろ，この結果から引き出しうる意味は，次のようなことであろう．なお，これらの事柄は推測に留まる．

・教科体育現場において，知識の共通性や更新性を確保することは望ましいことと考えられている．
・体育科教育の意義・目標については教師間差異が縮減されるべきであると考えられており，指導方法については更新することが望ましいと考えられている．
・体育科教育の意義や目標，単元の目標・内容については，学習指導要領や年間計画，研究紀要上に記載されたものを形式情報として共有している．
・指導方法については，各教師の反省的実践による改善の合算が体育組織の知識更新と捉えられている．

2. 体育科教育をめぐるコミュニケーション方略の展開の実態

わが国における体育科教育をめぐるコミュニケーション方略の展開は，暗黙知を形式知化するコミュニケーション方略(表出化)が最も活発に展開されている．ついで，暗黙知の共有を促進するコミュニケーション方略（共同化)，形式知を体系立てるコミュニケーション方略（連結化)，他校の研究・実践に関する情報を受容するコミュニケーション方略（他校情報連結)，行政からの情報を受容するコミュニケーション方略（行政情報連結）が展開されている．

知識創造理論に依拠すれば，表出化は教師が授業実践を通じて獲得した感覚や勘，コツ等の暗黙知を，他教師が理解できるように明示的な言葉で表現し，形式知へと変換する過程である．その際，直喩や隠喩（メタファー）を用いてイメージを伝えたり，異なる感覚の中から共通点を見出し，教師間相互の未知の部分を減少させるようなアナロジーが用いられるという(野中ほか, 1996, pp.95-100)．

授業実践から獲得した暗黙知は，各教師に固有の経験や文脈に依存した知識であり，言葉によって明示化され，一般的な知識へと変換しなければ，体育組織で共有化したり，蓄積したりできない．表出化が最も活発に展開されているという結果は，教師がコミュニケーションを通して暗黙知を組織内に蓄積可能な知識にしようとしていることを示唆しているのではないだろうか．この傾向は，附属校の方が公立校よりも強い．附属校にとって授業研究がその職業的・社会的使命であることに起因して，組織的な知識の蓄積を志向していると考えられる．

知識創造理論上，表出化は共同化の後に展開するフェーズであるが，コミュニケーション上では，順番通りに生起しているわけではないようである．経験談の語り合いによる「共体験」(野中ほか，1996，p.92) 的な暗黙知の伝達は，経験や文脈に依存した知識を保有する教師にとっても重要なフェーズであるはずだが，それ以上に，体育組織においては組織的な知識の集積が重要なのかもしれない.

第2項 有効なコミュニケーション方略に関する考察(課題1)

有効なコミュニケーション方略について考察する上で，知識の共通性および更新性に対するコミュニケーション方略の影響に関する重回帰分析の結果(表3-20)と，知識の共通性・更新性状況の類型間のコミュニケーション方略の違い(一元配置分散分析および多重比較)の結果(表3-21)が異なることは考慮しなくてはならない.

そこで，まずは知識の共通性および更新性に対するコミュニケーション方略の影響に関する結果(表3-20)について，知識の共通性および更新性に対して影響を及ぼすコミュニケーション方略に着目して考察する．そして，その考察結果を受け，共通性・更新性状況の類型間のコミュニケーション方略の違いに関する結果と関連付けながら考察を進めていく.

1. 知識の共通性および更新性に対するコミュニケーション方略の影響

知識の共通性および更新性という成果に対するコミュニケーション方略の影響は，知識の抽象度によって異なる様相を見せたため，そこに意味を見出すべく考察を進める.

体育科教育の意義・目標に関する知識をめぐっては，当該知識の共通性に対するコミュニケーション方略の影響は確認されなかった．一方，知識の更新性に対しては，各教師の暗黙知の伝達(共同化)や知識を体系立て(連結化)，他校の授業実践に関する情報を活用すること(他校情報連結)が影響を及ぼすことが確認された．これらの結果を俯瞰して考察すれば，体育科教育の意義や目標をめぐるコミュニケーションは，共通性を確保することよりも更新性を確保することの方に有効であることを示していると考えられるだろう.

単元の目標・内容をめぐっては，共通性を確保する上では暗黙知を形式知化したり(表出化)，他校の授業実践に関する情報を活用したりすること(他校情報連結)が影響を及ぼしており，更新性を確保する上では，(体育科教育の意義・目標をめぐる結果と同様に) 各教師の暗黙知の伝達(共同化)や知識を体系立て(連結化)，他校の授業実践に関する情報を活用すること(他校情報連結)が影響を及ぼすことが確認された.

授業実践上の暗黙知を共有可能な形式知に変換して語り合う表出化のコミュニ

ケーション方略は，野中ほか(1996)の知識創造理論に依拠すれば，組織成員が経験から獲得した知識を組織として共有する上で重要になると考えられる．しかし，本研究の結果では，単元に関わる知識領域においてのみ，その機能が確認された．指導方法・テクニックをめぐっては，知識の更新性への影響が見出されており，表出化のコミュニケーション方略の機能は，知識領域によって異なる可能性がある．

また，単元の目標・内容について更新するコミュニケーション方略は，体育科教育の意義・目標をめぐって有効なコミュニケーション方略と同様であり，更新する営みはこれらの知識領域は並行的に達成される可能性が見出せる．

指導方法・テクニックをめぐっては，その共通性を高める上では他校の情報を活用すること（他校情報連結）のみが影響を及ぼしており，更新性を確保する上では，暗黙知を形式知化したり（表出化），他校の授業実践に関する情報を活用したりすること（他校情報連結）が影響を及ぼしていた．

指導方法・テクニックは，授業実践を通して経験的に獲得されるような暗黙知だけでない．指導者用テキストや指導ノウハウ本に掲載されているものは形式知であるし，他教師の授業実践を見聞きし，真似することで，自身の実践に容易に取り入れることができるものでもある．そういう意味で，指導方法・テクニックの共通性を高める上で他校情報連結のみが有効であるという結果は，他校から情報を仕入れること以外のコミュニケーションが，他の知識領域に比べてあまり意味を持たないと考えることができるだろう．一方，指導方法・テクニックを見直し，更新するためには，他校の情報を活用することに加えて，情報各教師が授業実践から獲得した経験的な知識を，より一般的で共有可能な知識に変換するコミュニケーションが重要になる．

暗黙知を伝え合うコミュニケーション方略と，知識を体系立てるコミュニケーション方略，そして他校の授業実践に関する情報を活用するコミュニケーション方略は，体育科教育の意義・目標の見直しと単元の目標・内容の見直しに対して有効である．また，各教師の暗黙知を形式知に変換するコミュニケーション方略は，指導方法・テクニックについて見直すことと，単元の目標・内容について共通性を確保することに対して有効である．

単元の目標・内容をめぐる結果に，体育科教育の意義・目標をめぐる結果との重なりが見出され，指導方法・テクニックをめぐる結果とも重なりが見られたことは，単元レベルの知識領域の重要性を想起させる．単元の到達目標や学習内容に関する考え方は，体育科教育の意義や究極的な目標から演繹されるとともに，さらに演繹されることで指導方法を導くと考えられる．すなわち単元レベルの事柄に関わる知識は，体育科教育全般に関わる抽象的な知識と具体的な指導実践に関わる知識との間の論理的なつながりの結節点に位置しており，体育科教育全般－単元－授業実践の論理的整合性を確保する上で核になると考えることができるのである．このことを考慮に入れた上で本研究の結果から考えられることは，以下の2点である．

・体育科教育全般に関わる考え方と単元レベルの事柄に関わる考え方は，同時並行的に更新される可能性がある．
・指導方法・テクニックが見直されることと，単元レベルの事柄に関わる考え方の共通性が確保されることは関連し合っている可能性がある．

いずれも現段階での仮説に留まるものであるため，知識の共通性・更新性状況によるコミュニケーション方略の違いに関する考察において重ねて議論していく．

2. 知識の共通性・更新性状況によるコミュニケーション方略の違い

ここでは知識の共通性・更新性状況によるコミュニケーション方略の違いに関する結果を，知識の抽象レベルごとに示し，先述した知識の共通性および更新性に対するコミュニケーション方略の影響に関する結果と関連付けながら考察していく．

なお，図3-6，図3-7，図3-8は，図3-1に示した知識の共通性・更新性状況モデルに基づいて表3-21に示した結果を模式的に表したものである．象限間に点線枠で示したコミュニケーション方略は，各知識領域においても，一元配置分散分析および多重比較の結果，第一象限＞第二象限，第二象限＞第三象限，第三象限＞第四象限，第一象限＞第四象限という関係性で統計的に有意な差が確認できたもののみを示している．これら以外の結果（例えば第二象限＞第一象限といった逆の結果）は皆無であるとともに，第一象限＞第三象限は，全知識領域においてすべてのコミュニケーション方略に有意な差が確認されたため，図に示していない．また，点線枠内でさらに実線で囲んだコミュニケーション方略は，知識の共通性および更新性に対して統計的に有意な影響が確認されたものを示しており，第一象限＞第四象限および第二象限＞第三象限の点線枠内においては知識の共通性に対して影響を与えるコミュニケーション方略を示し，第一象限＞第二象限および第三象限＞第四象限の点線枠内においては知識の更新性に対して影響を与えるコミュニケーション方略を示している．

まず，体育科教育の意義・目標をめぐって，知識の共通性のみ確保している体育組織が更新性も同時に確保するためには，すべてのコミュニケーション方略（共同化，表出化，連結化，行政や他校からの情報受容・連結）が必要になる．この結果に加えて，知識の共通性・更新性ともに達成されていない体育組織が更新性を高める上でもすべてのコミュニケーション方略の展開が必要であることを踏まえると，体育科教育の意義・目標に関わる知識を更新するためには，知識の共通性・更新性状況に関わらず，共同化，連結化，他校情報連結だけに留まらず，暗黙知を形式知へ変換する表出化も，行政から情報を受容し活用するコミュニケーションを含め，全てのコミュニケーション方略が動員される必要があると言えるだろう．

一方，更新性のみ確保された体育組織が共通性を高めるためには，共同化のみが展開される必要がある．更新性のみ確保された体育組織は，知識の共通性・更新性ともに低位な状況から更新性を確保するだけでもすべてのコミュニケーション方略をすでに展開していると考えれば，共同化だけで共通性を高めることができるという結果は，体育科教育の意義・目標に関する知識を更新する過程ですでに十分なコミュニケーションを経ているという意味を含んでいるのではないだろうか．すなわち，体育科教育の意義や目標に関する知識を見直すことは容易ではなく,そのようなコミュニケーションが展開することによって体育科教育の意義・目標に関する知識の共通性が確保される基盤が出来上がると考えられる．このことは，更新性に対するコミュニケーション方略の影響が（共通性よりも）有意味であるという重回帰分析結果に対する先述の考察と整合的であろう．

また，すでに十分なコミュニケーション方略が展開され，体育科教育の意義・目標に関する知識を見直している体育組織においても，さらに共通性を確保しようとすれば，教育実践に根差した暗黙知の伝達だけは重ねて必要になるということは，体育科教育の意義・目標に関する考え方が，「謳い文句」や机上の論理ではなく，授業実践における指導経験に基づいて論じられる必要があるということを示していると考えられる．

また，知識の共通性・更新性ともに達成されていない体育組織は，暗黙知の形式知化（表出化）と他校や行政から情報を受容（他校情報連結・行政情報連結）し，活用することによって共通性が向上する．この結果は，共通性確保を達成するためだけならば，各教師が授業実践から獲得した暗黙知を共有可能な形式知に変換したり，学校外から情報を仕入れてそれを受け入れたりすることで事足りると考えることができるだろう．（図 3-6）

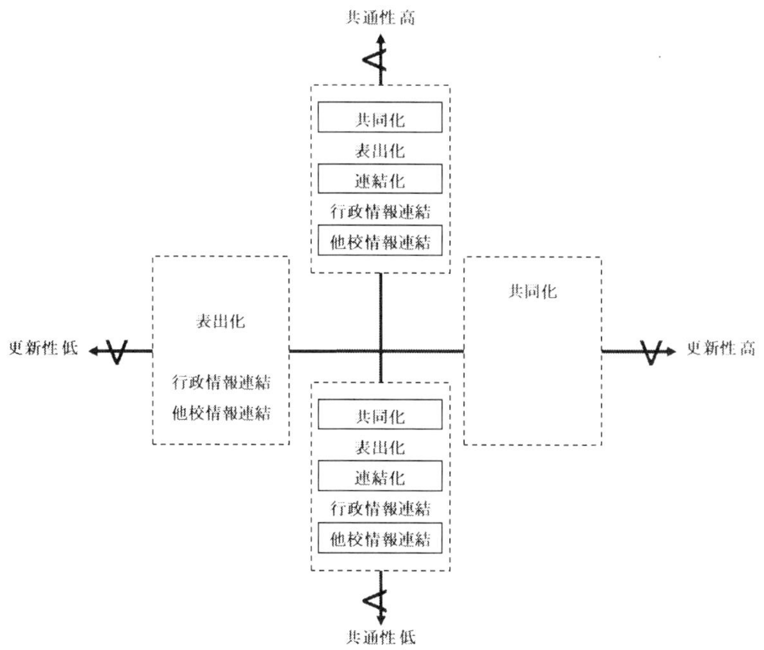

図 3-6　高抽象知識の共通性・更新性状況によるコミュニケーション方略の違い

＊軸上の不等号は，象限間のコミュニケーション方略平均値の大小を示している．

＊実線で囲んだ方略は，共通性および更新性に対して影響を与えると確認されたものを示している．（表 3-20 参照）

単元の目標･内容をめぐって,その共通性と更新性を同時に確保するためには,体育組織がどのような共通性･更新性状況にあっても,すべてのコミュニケーション方略が展開する必要があると言える．そして，知識の共通性・更新性ともに達成されていない体育組織が共通性のみを確保する上でも，すべてのコミュニケーション方略が必要である．また，更新性のみを確保する上では共同化，連結化，行政情報連結が必要になることが確認された．（図 3-7）

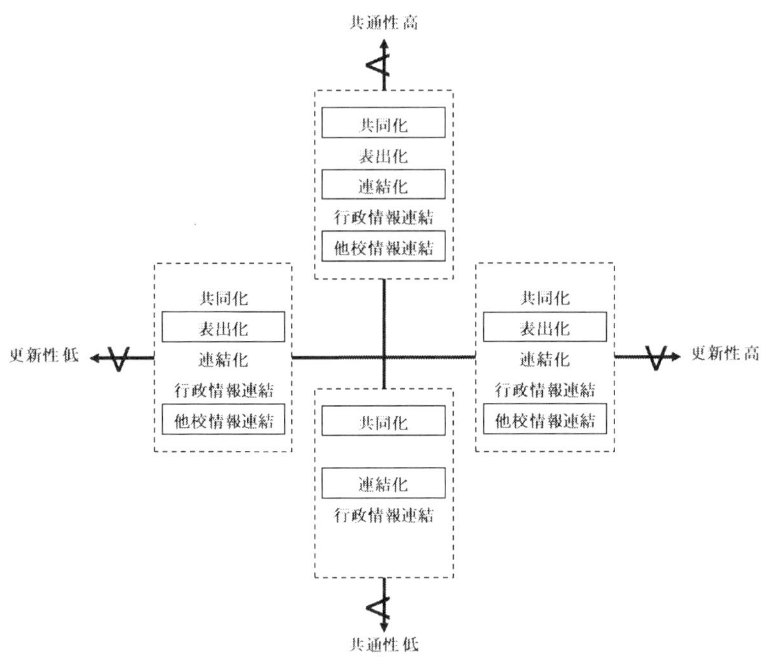

図 3-7　中抽象知識の共通性・更新性状況によるコミュニケーション方略の違い

＊軸上の不等号は，象限間のコミュニケーション方略平均値の大小を示している．

＊実線で囲んだ方略は，共通性および更新性に対して影響を与えると確認されたものを示している．(表 3-20 参照)

単元の目標・内容をめぐっては，共通性・更新性状況に関わらず，その共通性を高める上ですべてのコミュニケーション方略が展開する必要があり，体育科教育の意義・目標をめぐっては，その更新性を高める上ですべてのコミュニケーション方略が展開する必要がある．

すべてのコミュニケーション方略が展開する状況とは，相当に良質なコミュニケーションが生起することに他ならない．それほど単元に関わる考え方の教師間差異を縮減したり，体育科教育全般の考え方を見直したりすることは容易ではないということであろう．

特に，単元に関わる知識領域の共通性確保は重要な意味を持っているのではないだろうか．先述したように，単元に関わる知識領域は，体育科教育の意義・目標と指導方法・テクニックの知識領域の結節点に位置付いている．そのことは，単元に関わる知識領域について共通性を確保する上で，他の知識領域との整合性を担保することを同時に要求し，多くのコミュニケーション方略の動員をも要求すると考えることができるだろう．特に，共通性確保に対して授業実践から獲得した知識を共有可能な形式知に変換する表出化の方略が有効であるという重回帰分析の結果を鑑みれば，指導方法・テクニックに関する知識領域との関連性は重要かも知れない．単元に関わる知識の教師間差異を縮減しようとすれば，個別具体的な授業実践の指導と関連付ける必要があるということである．

また，単元に関わる知識の更新性を確保するコミュニケーション方略と体育科教育の意義・目標に関わる知識の更新性を確保するコミュニケーション方略が同一（いずれも共同化，連結化，他校情報連結）であるという重回帰分析の結果は，単元レベルの知識と体育科教育全般の知識との関連性を想起させる．

指導方法・テクニックをめぐっては，知識の共通性・更新性を同時に確保するためにはすべてのコミュニケーション方略の展開が必要である．

また，知識の共通性・更新性ともに達成していない体育組織が更新性を確保する上では，暗黙知を伝え合ったり，暗黙知を形式知に変換したり，行政情報や他校情報を活用することが必要であり，共通性を確保するだけであれば，コミュニケーション方略の動員は必要ではない．他の要因を模索する必要があるだろう．（図3-8）

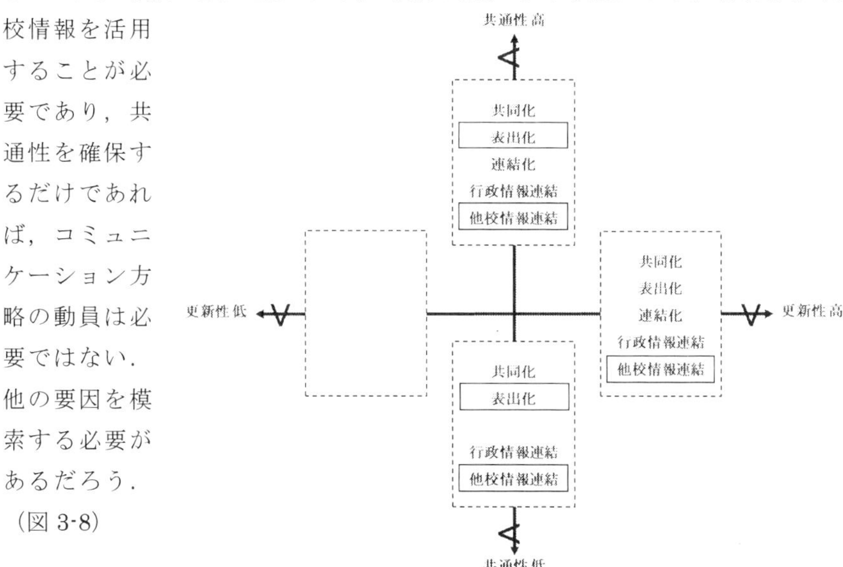

図3-8 低抽象知識の共通性・更新性状況によるコミュニケーション方略の違い

＊軸上の不等号は，象限間のコミュニケーション方略平均値の大小を示している．

＊実線で囲んだ方略は，共通性および更新性に対して影響を与えると確認されたものを示している．

(表3-20参照)

指導方法やテクニックに関する知識は，各教師が直面する授業場面の文脈に依存した知識であったり，指導者用テキスト等に記載されるような形式的情報（形式知）であったりするだろう．しかし，そのような知識の共通性と更新性を同時に高める上ですべてのコミュニケーション方略が動員される必要があるという結果は，共通性の確保が単なる情報共有ではなく，更新性の確保が新しい情報を古い情報と入れ替えることに留まらないことを想起させる．つまり，指導方法やテクニックに関する知識の多くが授業実践から経験的に獲得される暗黙知であり，コミュニケーションを通して形式知に変換されたり，他の知識領域や外部情報と関連付けられたりすることが求められる知識なのである．

また，他校の授業実践の情報を活用するコミュニケーション方略は，共通性の確保にとっても，更新性の確保にとっても重要である．特に更新性に対する重要性は，概ねすべての知識領域において認められる．他校情報の受容・連結が，知識の共通性や更新性に対してどのようにして影響を与えるのか，ということについて結論を導く上で十分なデータを持ち合わせていないため，仮説に留まるものであるが考察を進める．他校の授業実践に関する情報は，言わば他教師の授業実践に関する情報であり，当人の経験や価値観を含んでいる可能性がある．また，他校の授業について見聞きしたことを教師が語り合うとき，情報に対して同じ体育教師として同調しうるだろうし，その文脈を解釈することが可能だろう．その時，組織内の同僚と語り合うのと同様の相互作用が生起していると考えてもよいのではないだろうか．知識創造にとって知識体系におけるゆらぎが重要になるという野中ほか(1996)の指摘を踏まえれば，他校の授業実践の様相が自校のそれと大きく異なる場合，他校情報はゆらぎをもたらし，知識の更新性に対して重要性を持つことになるという仮説は検証可能なことのように思われる．

一方で，指導方法・テクニックに関わる知識の共通性・更新性ともに低位の体育組織において，教師間コミュニケーションによって共通性を確保することはできないと考えられる．指導方法の共通性に影響を与える他の要因として，教師相互の授業参観を通した模倣が考えられる．そこで，授業参観頻度の知識の共通性・更新性に対する影響を重回帰分析によって検討した[11]（表 3-22）．その結果，す

[11] 授業参観頻度と知識の共通性および更新性に対する重回帰分析において，コミュニケーション方略を独立変数とした重回帰分析と同様に公式会議頻度と非公式会議頻度の影響を排除しなかったのは，教師間で授業参観した場合，その後の公式・非公式コミュニケーションにおいて参観した授業の話題が上る可能性が高く，コミュニケーションの影響を排除することは論理的に不可能であると考えたためである．

べての知識領域において授業参観頻度は共通性に正の影響を与えていることが確認された．指導方法・テクニックに関する知識については，他の知識領域に比べて標準偏回帰係数は低いものの，教師間差異を縮減に対して，教師相互の授業参観が有効であると言ってよいだろう．

表 3-22　授業参観頻度が知識の共通性・更新性に及ぼす影響

（重回帰分析）

		共通性	更新性
高抽象	標準偏回帰係数（β）	.100 **	.061 n.s.
	重決定係数（R^2）	.010	.004
	F値	7.026	2.600
中抽象	標準偏回帰係数（β）	.124 **	.096 *
	重決定係数（R^2）	.015	.009
	F値	10.854	6.463
低抽象	標準偏回帰係数（β）	.087 *	.126 **
	重決定係数（R^2）	.008	.016
	F値	5.325	11.170

***:p<.001 **:p<.01 *:p<.05

3. 仮説検証結果のまとめ

前述までの諸結果から，知識の共通性・更新性促進仮説の下位仮説は次のように検証された．

仮説 1-1　:コミュニケーション方略のすべてが展開されたとき，共通性と更新性は同時に高まる．

知識の抽象度に関わらず，共通性が高い体育組織が同時に更新性を高める上ですべてのコミュニケーション方略が展開される必要がある．また，中抽象知識と低抽象知識に関する更新性が高い体育組織が，同時に共通性を高めるためにはすべてのコミュニケーション方略が展開される必要がある．この範囲内で本仮説は支持された．

また，高抽象知識に関して更新性の高い体育組織は，共同化のみで共通性を高めることができるが，高抽象知識に関して更新する過程で表出化，連結化，外部情報連結がすでに展開されているという，上述した考察が認められるという条件下で，本仮説は完全に支持されると言えよう．

なお，コミュニケーション方略の展開と知識の共通性および更新性との間の重回帰分析から知識の抽象度によって重要となるコミュニケーション方略がそれぞれ抽出された．この結果は，先述した一連の考察において述べたように，すべてのコミュニケーション方略が展開される中で，特に重要な方略が判別されたと考えている．

仮説 1-2　：共同化・外部情報連結は，知識の共通性を高める．

本仮説は中抽象および低抽象の知識領域において，外部情報連結にのみ支持されたものの，知識の抽象度によって結果が異なっており，十分なものではなかった．

コミュニケーション方略と知識の共通性との間の重回帰分析の結果では，共通性に対する統計的に有意な影響力は，高抽象知識においては見出されず，中抽象知識においては表出化と他校情報連結が，低抽象知識については他校情報連結が強かった．この結果から，抽象度によって様相は異なるものの，外部情報連結（体育組織においては特に他校情報連結）の重要性が指摘できる．

また，知識の共通性・更新性状況別に分析すると，更新性のみ高い体育組織においてはすべてのコミュニケーション方略が必要であるという結果が得られ，更新性が低い体育組織においては，高抽象知識をめぐる共通性の確保には表出化と外部情報連結が，中抽象知識をめぐる共通性の確保にはすべてのコミュニケーション方略が必要であるという結果が得られた．しかし，低抽象知識をめぐっては共同化・外部情報連結の重要性は低いという結果であった．

仮説 1-3　：表出化・連結化は，知識の更新性を高める．

本仮説は概ね支持されたと言えるが，知識の抽象度によって結果が異なっており，十分なものではなかった．

コミュニケーション方略と知識の更新性との間の重回帰分析の結果では，高抽象と中抽象の知識領域においては共同化，連結化，他校情報連結の統計的に有意な影響力が認められ，低抽象の知識領域においては表出化と他校情報連結の影響力が確認できた．

第3項　コミュニケーション方略とコミュニケーション属性との関係に関する考察（課題2）

本項では，コミュニケーション属性によるコミュニケーション方略の違いに関する結果から，相互規定仮説の下位仮説に沿って整理する．

仮説 2-1　：相互作用頻度が高い体育組織は，すべてのコミュニケーション方略が活発に展開されている．

本仮説は公式会議頻度,非公式対話頻度,授業参観頻度において支持された.

仮説 2-2 :教師間距離が小さい体育組織は,相互作用頻度が高い.

本仮説は,教師が集まることのできる体育組織の部屋が設置されているという条件付きで支持された.また,日常の仕事場が固定化されていない方が公式会議頻度,非公式対話頻度が高いという結果から,コミュニケーションの場が創出される可能性の高さがコミュニケーション頻度を高めるという新たな仮説が浮上したと言えるだろう.

仮説 2-3 :コンフリクト対応がポジティブな体育組織は,すべてのコミュニケーション方略が活発に展開されている.

分析の結果,コンフリクト対応はポジティブとネガティブの二項対立ではなく,それぞれの対応の仕方にポジティブ性とネガティブ性の2つの特性が内在している可能性が示唆された.体育科教育をめぐるコンフリクトに対して,少なくともポジティブに対応する体育組織は,コミュニケーション方略が活発に展開されていたため,本仮説は,コンフリクト対応にポジティブ性が含まれているという条件付きで支持されたと言えるだろう.

仮説 2-4 :パワーが強い体育組織は,すべてのコミュニケーション方略が活発に展開されている.

本仮説は,競技力,研究校在籍経験,研修経験に由来するパワーにおいて支持された.一方,教職歴に由来するパワーは,体育組織においては最も影響力の強いパワーであるにも関わらず,その強さとコミュニケーション方略の展開とは関係がなかった.(表 3-19)

仮説 2-4 の検証結果をさらに精確に解釈するために,パワーと関係の深いコンフリクトと関連させて考察する.

まず,コンフリクト対応性との相関分析を行った(表 3-23).その結果,教職歴に由来するパワーはコンフリクト対応のネガティブ性と有意に正の相関があることが認められた.また,すべてのコミュニケーション方略の展開と正の関係があった研究校在籍経験に由来するパワーにおいても,コンフリクト対応のネガティブ性と正の相関が認められ,競技力,研修経験に由来するパワーは,ポジティブ性・ネガティブ性の両方に正の相関が認められている.

表 3-23　コンフリクト対応性とパワーの関係（相関分析）

		教職歴	競技力	研究校在籍経験	研修経験
ポジティブ性	Pearson の相関係数	-.012 n.s.	.121 **	.072 n.s.	.137 ***
	n	699	699	696	698
ネガティブ性	Pearson の相関係数	.281 ***	.342 ***	.232 ***	.194 ***
	n	699	699	696	698

***: p<.001 **: p<.01 *: p<.05

概ねすべてのコミュニケーション方略が，ポジティブ型 = 多様型 > 非対応型 = ネガティブ型という差で活発に展開しているという結果（表 3-18）を踏まえれば，研究校在籍経験に由来するパワーとコンフリクト対応のネガティブ性との間に正の相関があるということは，研究校在籍経験に由来するパワーがコミュニケーション方略の展開を阻害することを推察させる．しかし，パワーの強さとコミュニケーション方略の展開の関係に関する分析では，研究校在籍経験に由来するパワーが強いほど，すべてのコミュニケーション方略が活発に展開していた（表 3-19）．

この論理的矛盾を検討するために，知識の共通性・更新性とパワーとの相関分析を行った（なお，この相関関係は，コンフリクト対応やコミュニケーション方略の展開の影響を考慮に入れない擬似相関である）．その結果，教職歴に由来するパワーと共通性との間にのみ有意な負の相関が確認され，教職歴に由来するパワーが強いほど，共通性は低位になることが示唆された（表 3-24）．

表 3-24　知識の共通性・更新性とパワーの関係（相関分析）

		教職歴	競技力	研究校在籍経験	研修経験
共通性	Pearson の相関係数	-.107 **	-.041 n.s.	-.007 n.s.	-.051 n.s.
	n	695	694	690	692
更新性	Pearson の相関係数	-.064 n.s.	.041 n.s.	.021 n.s.	.069 n.s.
	n	695	694	690	692

***: p<.001 **: p<.01 *: p<.05

これらの結果をすべて踏まえると，パワー，コンフリクト対応，コミュニケーション方略の展開，知識の共通性・更新性の各要因の関係は図 3-9（次頁）のように示すことができる．なお，要因間関係の分析にあたっては，因果関係を想定することができないため，相関分析に留まっており，関係がある要因間を両矢印で結んで示した．

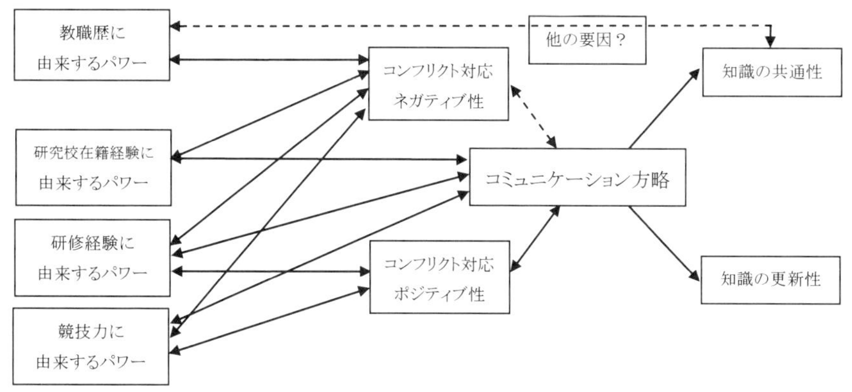

図 3-9　パワー，コンフリクト対応，コミュニケーション方略，
知識の共通性・更新性の関係

この関係構造からは，次の 3 つのことが読み取れる．

第 1 点は，教職歴に由来するパワーは，コミュニケーション方略を媒介せずに，何らかの他の要因と関連して共通性を低減させる可能性があるということである．

野崎ほか(1991)は，運動会の企画に対するルーティンー非ルーティン性（野崎ほかはこれを組織活性化と読み替えている）と組織構造との関係性を検証した研究において，教師を 4 つのタイプ（①自分の意見・アイデアを持ち，同僚に意見表明し，議論にまで持ち込んだ教師，②意見表明するに留まった教師，③意見表明できなかった教師，④自分の意見・アイデアを持っていなかった教師）に分類し，ルーティン群ー非ルーティン群別に各タイプの教師の構成比率を分析している．そこで野崎ほかは，いずれに学校群においても，年齢をおうごとに運動会について自分の意見・アイデアを表明し，教師間の議論に持ち込む教師の構成比率が増し，自分の意見やアイデアを持たない教師の占める割合が縮小する傾向があるものの，非ルーティン群の方がその傾向が弱いことから，運動会のルーティン性に関わらず，年齢の高い教師の発言力は拡大する傾向にあるが，組織活性度の高い学校の方が年齢に関係なく意見を提示しやすいと指摘している．一方，清水(1989a)の研究によれば，経験豊富な体育教師は，あまり経験をもたない教師と比べて学校体育の環境や仕事の不確実性を低く知覚する傾向にあるという．

これらの指摘を踏まえれば，教職歴が長いほど，体育授業をめぐる環境やタスクの不確実性を低く知覚して自分の考え方を安定化させる傾向にあると考えられる．ゆらぎを回避する志向性を持つ教師が発言力を持つとすれば，体育授業構想の営みのルーティン化が進行するであろう．野崎ほかが指摘しているように，ルーティン化が進んだ組織では「教師は改善点のようなビジョンを持ちにくく，たとえ持ったとしてもそれを表明できないなど，自らのビジョンの実現に向けて働きかけることが困難になる」（野崎ほか，1991，p.15）．すなわち，教職歴に由来するパワーは，組織のルーティン化を促進することを介して教師のビジョン形成と意見表明を阻害し，既存の体育授業のあり方等についての検討を妨げ，各教師が孤立的に授業構想と授業実践を展開することにつながると考えられるだろう．

第 2 点は，競技力，研修経験に由来するパワーはコンフリクト対応のポジティブ性と結び付く場合，コミュニケーション方略の展開を促進し，ネガティブ性と結び付く場合，コミュニケーション方略の展開を阻害する可能性があるということである．

体育教師のスポーツ競技力や研修経験とパワーとの関連性について検証した研究は管見の限りない．しかし，スポーツ競技者のパーソナリティに関する研究的知見は蓄積されており，競技力に由来する体育教師のパーソナリティについて知見を与えてくれると思われる．

スポーツ競技者のパーソナリティやその変容に関わる研究は，競技者の特性やスポーツにおける心理的成熟について，明確な目的・目標，自己の把握，自律的達成志向・動機，身体的統制感，精神的安定性（競技不安），内向性，などの観点で捉えている．（徳永・橋本，1975；松田ほか，1981；杉浦，1996，2001）概ね，競技レベルの高い競技者はこれらの特性が優れているという結果が示されており，他者との関係構築に関わる心理的特性については内向性が高いとの知見が提出されている．（徳永・橋本，1975）

また束原(2008)は，「＜体育会系＞神話」（束原，2008，p.21）の存立が，特に運動部活動をはじめとした学校の制度的・組織的な運動・スポーツ活動に継続的に関わることを学校における正しい生活として位置づける教師の生徒指導と，生徒によるその論理の内面化によって支えられていると指摘している．生徒・学生時代に高い競技力を有していた体育教師は，運動部活動経験を通して，＜体育会系＞神話を存立させる論理を強く内面化してきたと推測される．その者が教職に就いた後，その論理を正しいものとして，再生産する役割を担うように振る舞うであろうことは想像に難くない．先述のスポーツ競技者のパーソナリティに関する知見を踏まえれば，＜体育会系＞神話が＜体育会系＞教師によって継承されていくことについての東原の論証は，豊富な競技経験を有する元競技者としての体育教師の内向性や自己完結性を想起させる．高い競技力を有した教師の発話は当該教師の競技経験に閉ざされた考え方や価値観に基づくものである可能性があり，高い競技力が発言力の源泉として認められている体育組織は，＜各教師の発話は個人的文脈を含むものであり，文脈は自己完結的で同僚教師に対して閉ざされていてよい＞という規範を醸成しているのではないだろうか．この規範は，教師間の意見の食い違いを乗り越えようとするようなポジティブなコミュニケーションを阻害すると考えられる．研修経験の豊富さに由来する発言力において，この論証をそのまま適応することはできないだろう．しかし，研修経験を根拠にした発話が，その経験の文脈を同僚教師に対して閉ざした自己完結的なものであった場合，同様の規範を醸成してしまうのではないだろうか．

つまり，競技力の高さや研修経験の豊かさに由来する発言力は，発話におけるそれらの経験に関わる文脈が閉ざされたものである場合，意見の食い違いを乗り越えようとすることは難しくなると考えられるのである．このことは，発話におけるスポーツ競技や研修経験に関わる文脈が同僚教師に開かれている場合，意見の食い違いの意味を見出し，それを乗り越えようとすることが可能になるということも想起させる．競技力と研修経験に由来する発言力が，コンフリクト対応のポジティブ性と関連するというもう一方の結果は，ここに論証されたと言えるだろう．

第３点は，研究校在籍経験に由来するパワーはコンフリクト対応のネガティブ性と関係を持ち，コミュニケーション方略の展開を阻害する可能性が高いということである．このことは上述した発話における文脈の自己完結性に着目した論証を応用することができるだろう．すなわち，研究校に在籍した経験に関わる文脈は，同僚教師に対して閉ざされる傾向にあると考えられるのである．個別学校のカリキュラムや組織のあり様は固有であり，過去に在任した学校での経験とそこで獲得した知識に内包されている文脈を，現任校において所与のものとすることはできないだろう．研究校在籍経験に由来する発言力が認められる体育組織においては，発話の文脈の自己完結性が高く，意見の食い違いを乗り越えることが難しいと推測することができよう．

第5節　小結

本節では，本章で展開した研究結果を整理し，有効なコミュニケーション方略について明らかにしたことを要約する．

体育科教育をめぐる教師間コミュニケーションにおいては，個人的経験談や感覚を語り合い，暗黙知を伝え合うコミュニケーション方略（共同化）と，暗黙知を共有可能な形式知に変換するコミュニケーション方略（表出化）が多く採用されている．そして，抽象度を超えて形式知を体系立てるコミュニケーション方略（連結化），他校の授業実践に関する情報を受容し活用するコミュニケーション方略（他校情報連結），行政からの情報を受容・活用するコミュニケーション方略（行政情報連結）が展開されている．

また,次のようなコミュニケーション属性を有する体育組織は,すべてのコミュニケーション方略が活発に展開していた．

①相互作用頻度が高い．

②教師間コンフリクトに対して協力的あるいは競争的に対応する．

③教師の研修経験および競技力に由来するパワーが，コンフリクトに対して協力的あるいは競争的に対応することと関係を持って発揮される．

そして，知識の共通性・更新性を確保する上で必要なコミュニケーション方略は，知識の抽象度別に次のように整理することができる．

(1) 体育科教育の意義・目標に関する知識（高抽象知識）

共通性・更新性状況に関わらず,更新性を高めるためにはすべてのコミュニケーション方略の展開が必要になる．また，更新性が確保される過程で十分なコミュニケーション方略が展開されるため，同時に共通性を確保する上では，暗黙知を伝達するコミュニケーション方略（共同化）で十分である．また，共通性・更新性状況がともに低位な体育組織が共通性を確保するだけであれば，授業実践から獲得した暗黙知を共有可能な形式知に変換するコミュニケーション方略(表出化)と，行政や他校からの情報を活用するコミュニケーション方略（行政情報連結・他校情報連結）の展開が必要になる．

(2) 単元の目標・内容に関する知識（中抽象知識）

共通性・更新性状況に関わらず，共通性を確保するためには，すべてのコミュニケーション方略が動員される必要がある．また，共通性が確保された体育組織が同時に更新性を確保するためにも，すべてのコミュニケーション方略の展開が必要になる．

単元の目標・内容に関する知識は，体育科教育の意義・目標や指導方法・テクニックと関連する重要な知識領域である．そのため，共通性確保に際しては，指導方法・テクニックと関連付けることが必要になると考えられ，更新性確保は体育科教育の意義・目標の更新性確保と同時並行的に達成される可能性がある．

(3) 指導方法・テクニックに関する知識（低抽象知識）

共通性と更新性とを同時に確保するためには，すべてのコミュニケーション方略の展開が必要になる．特に，教師間差異を顕在化するために他校情報を受容して既存知識にゆらぎを与えることが重要になる．しかし，共通性・更新性ともに低位な体育組織に限っては，コミュニケーションは重要ではなく，教師相互の授業参観が求められると考えられる．

第4章
教師間差異を小さくするコミュニケーションのメカニズム

第1節　目的

教師は，授業実践や研修等を通じて獲得した様々な知識をもって同僚とのコミュニケーションに臨む．そして，発話によって自身の知識を同僚教師に伝え，整合性を確保しようとしたり，相互作用させて更新しようとしたり，新しい知識を生み出そうと努める．

前章では，知識の共通性と更新性の2軸によって構成される知識の共通性・更新性状況の4タイプを理念型の体育組織として把握し，共通性・更新性ともに高位な体育組織を理想型として位置づけた．そして，体育科教育に関する知識の共通性と更新性を確保する上で有効なコミュニケーション方略が，知識の抽象度によって異なることなどを明らかにした．しかし，それはコミュニケーション方略を知識創造理論に基づいて定義・操作化した上で，コミュニケーション方略の展開と成果との因果的な関係性を明らかにしたに過ぎない．コミュニケーションのどのような仕組みが知識の共通性を確保したり，既存の知識を修正したり，知識を創造したりするのか，ということに迫る必要があろう．そこで本章では，有効なコミュニケーションのメカニズムとしてのコミュニケーション・メカニズムに着目する．

第3章では，知識の共通性と更新性の両側面でコミュニケーションの成果を把握した．本章で展開する定性的研究においても，知識の共通性と更新性が同時に確保された体育組織，あるいは共通性が確保された体育組織と更新性が確保された体育組織を事例として選定すべきだろう．

しかし，体育教師は現在に至るまでの教員養成課程および教職上の経験やその他の来歴，あるいは人間的な個性によって多様であるし，授業において各教師が相対する学習者も極めて多様であり，知識の共通性・更新性状況とそれを育むコミュニケーションの様相は体育組織によって千差万別であろう．また，学校は変化が極めて緩慢な組織であり，変えることが容易でないという指摘（中留，1989,1990：油布，1991,1992,1994）を鑑みれば，コミュニケーションを通じて常に知識を更新し続けている体育組織を見つけることは困難であると考えられる．

そこで本章では，コミュニケーションを通して体育授業の教師間差異の縮減に成功している体育組織を対象として選定し，そこで展開されている教師間コミュニケーション現象から，知識の共通性が確保される仕組みとしてのコミュニケーション・メカニズムを明らかにすることを目的とする.

第2節　方 法

本節では，知識の共通性が確保されるコミュニケーション・メカニズムを明らかにする上での研究課題を設定し，各課題を達成するための方法を検討する.

第1項　研究課題

体育授業が構想されるに至るまでの一連の教師間コミュニケーションは，教師一人ひとりの来歴や教育実践におけるコンテクストや，当該組織が構築しているコンテクスト，あるいは当該学校に固有の教育実践や学習者に関わるコンテクストなどを内包する，文字通りハイ・コンテクストな社会的相互作用現象である. そのような極めて複雑な現象を総体的に観察し，そこから知識の共通性が確保されるコミュニケーション・メカニズムを抽出することは容易ではない. そこで，本章で展開する研究においては，伊丹(1999)の「場のパラダイム」(伊丹，1999，p.6) に依拠し，教師間コミュニケーション現象を協同的な体育授業構想の営みのための「場」と捉え，そこでの各教師の振る舞いを，教科体育経営上の行為と捉える視座に立つことで，知識の共通性を確保しようとする教師たちのコミュニケーション上の相互行為に焦点化することにする.

伊丹は組織成員間の相互作用の場を経営現象の中心に据えた「場のパラダイム」を提唱している. 伊丹のいう「場」とは，「人々が参加し，意識・無意識のうちに相互に観察し，コミュニケーションを行い，相互に理解し，相互に働きかけ合い，共通の体験をする，その状況の枠組み」(伊丹，1999，p.23)であり，「場」は「組織内の協同的な行動と学習」(伊丹，1999，p.44)を成立させる起点となる.

「場のパラダイム」は，経営の成否を成員間の相互作用そのものに求めるものであり，組織現象の認識論として本研究が依拠すべきものであろう. しかし，伊丹の論説は，「場」が情報蓄積や創発という機能を持ちうることを指摘しているものの，「場」におけるどのような成員間相互作用が成果を生むのか，ということを実証的に説明しているわけではない.

そのような論説の中にあっても，場を生成し，かじ取りするリーダーの役割については具体的に言及している. 特に，「場のミクロマネジメント」(伊丹，2005，p.154) である場のかじ取りについては，組織の目標達成に向けて，組織成員の知識や自律的な意思決定を相互作用させて組織化を促進するリーダーの振る舞いとして解説され,「かじ取りステップ」の提起がなされている(伊丹, 2005, pp.247-269). 本研究が着目する教師間コミュニケーションの場で繰り広げられる相互行為は,体育授業の教師間差異の縮減を志向するものであり,それはリーダーによってかじ取りされていると考えられる. 体育組織におけるリーダーの振る舞いを把握すれば, そこに当該組織の教師間差異縮減の特徴が見て取れるだろう.

言語的コミュニケーションを研究対象にしている本研究において, リーダーによるかじ取り行為は,コミュニケーションにおける発話行為において把握される. リーダーの振る舞いは発話の仕方やその内容に表出すると考えるからである. そこで第一の課題として, 知識の共通性が確保されている体育組織の教師間コミュニケーションにおけるリーダーのコミュニケーション上の振る舞いを発話行為から明らかにすることにする.

教師間差異の縮減に向けたリーダーのかじ取りは, リーダーが相応の経験とそれに基づく力量や知識を備えていると組織内で認められた上で, 他教師に対する発話を通して何らかの影響を与えることで遂行されると考えられる. 教師間差異縮減を知識の共通性として認識すれば, 特に, リーダーから他教師への知識伝達は重要な意味を持つことになるだろう.

知識伝達への着目は, 体育授業の協同的な構想のあり方を考究する上でも有益である. 体育授業の構想は, スポーツの文化的価値を学習者に伝達する上での仮説体系を構築することに他ならない(清水, 2005). しかし, この仮説体系の構築は有形物の開発・設計のようにはいかない. なぜなら授業構想が教師の価値観や指導経験から蓄積された「暗黙知」(ポラニー, 1980) や, 金子(2007)のいうところの「身体知」[1] に依存しているからである.

人の価値認識や意思決定は, 当人の経験やその場のコンテクストに関わる暗黙知や身体知を内包しており, それらは先言語的な意識の深層にあるために言明しにくい. そのため体育授業というスポーツサービスが設計され, 生起するに至る過程を現象レベルから捉えることは容易ではない.指導実践した教師においても,事前に構想した授業計画とその結果としての授業実践との因果関係を論理的・理性的に説明することは難しいだろう. しかし, 我々は経験や出来事について語り合う際に暗黙知や身体知を言葉によって表現することで, 相手に伝わったり, 共

[1] 学習者に対する言葉かけや身振りによる指示, あるいは学習活動を観察する際の立ち位置や適切な発問といった指導に関わる様々な行為は,「体性感覚」(中村, 2000, p.117) に基づいており, その意味で身体知と考えている.

感されたりすることを経験的に知っている．

授業構想が教師個人の「頭の中」だけで行われて良いのであれば，授業に関する暗黙知・身体知は他者に対して暗黙のままでよい．しかし，教育をめぐる意思統一や共通理解を図り，協同的・効率的に授業を構想し，実践しようとする場合は，暗黙知を含む様々な知識を伝達し合う必要が生じる．その際，知識はどのように伝達されるのであろうか．そして，リーダーは他教師に対してどのように知識を伝達しているのだろうか．本章で展開する研究の第二の課題はこの問いに答えようとするものである．

第2項　リーダーの発話行為の把握方法

リーダー行動の解明については，これまで主としてグループ・ダイナミクスや組織論の分野で膨大な研究成果が蓄積されてきた．しかし蜂屋(1999)が総括するように，未だ複雑性に富んだリーダー行動の完全解明には至っていない．また，従来の実証的研究が採ってきた実証主義的方法すなわち，元来複雑に生起し，機能しているリーダー行動全てを網羅した上で因子分析によって構成次元を抽出するという方法は，リーダー行動を一般化，抽象化することには寄与するものの，得られた知見は実践有効性を失いつつあるともいわれる．

組織論（体育・スポーツ経営学における組織論も含む）におけるリーダーシップ研究も，グループ・ダイナミクスにおけるリーダーシップ概念が適用されてきた．そのため，構築されたリーダーシップ理論は，組織における一般的なリーダー行動を説明するものであり，組織においてリーダーが，多様な状況や局面で実際にどのように振る舞えばよいのかについての具体的・実践的知見は十分でない．こうした反省から，今日では，企業トップのライフ・ヒストリーや職業生活の観察記録など質的データにもとづいて，高業績組織・チームを創るためのリーダーの振る舞い方が論じられるようになってきている [2]．また教育経営学では，研究成果の実践的有用性を高めるため，臨床的アプローチやエスノグラフィカル（民族誌的）なフィールドワークによる研究成果が多数報告されるようになってきている．デール・ピターソン(1997)や武井(1995)の報告は，スクールリーダーのリーダーシップ研究にそうした方法論を適用した研究事例である．本研究は，知識の共通性が確保されるプロセスにおいて，リーダーの振る舞いが一定の機能を有し

[2] 特定のリーダーのライフ・ヒストリーや振る舞いから効果的リーダーシップを読み取ろうとする文献は安部(2005)，ウェルチ(2005)，ピュリス(2000)など，数多くある．

ていると仮定する構造機能主義の立場に立っており，教育経営学における臨床的アプローチやエスノグラフィーの構成主義的認識とは認識論的立場が異なる．しかし，リーダーの行為の内実に迫る必要があると考える点において，今日の方法論上の潮流で軌を一にしていると考えている．

組織におけるコミュニケーションを，主体性を有する個人が，個人あるいは組織としての意思決定を，同僚との整合性を確保しながら行うための相互行為と捉えれば，コミュニケーションを送信者から受信者へのメッセージの送信と捉える直線モデルではその複雑な相互行為現象のすべてを説明することは難しい．しかし，直線モデルに代わる認識枠組みはこれまで提起されておらず，既存の枠組みではリーダーの行為の内実を明らかにすることはできない．

一方，コミュニケーションを言語行為として捉えようとする研究領域が，オースティン(1978)と彼の流れを継承したサール(1986)によって結実された言語行為論である．言語行為論は，発話行為の遂行において話し手がどのように自分たちの思考内容を表現し，伝達するかを分析する言語使用の理論の構築を目指す研究領域である．彼らは，すべての発話は発語内行為を遂行しようとする話し手の企てを含んでいるのであり，言語の使用とその理解における意味の単位は，文脈から切り離された命題にあるのではなく，陳述，命令，約束，宣言といった発語内行為にあるとしている．

オースティンらの発語内行為概念においては，発語（特に動詞）の文法的意味と話し手の企ては一致すると仮定されているのに対して，グライス(1998)は，話し手の発話の語彙的・文法的意味と実際の発話の意図が必ずしも一致しないという観点から，話し手の意図的な行為としての発話と，それを聞き手が解釈する行為の間に「協調の原理」（グライス，1998，p.37）を見出した．そして，話し手が発話に意図を「含み」として込めることを明らかにした．

体育科教育をめぐるコミュニケーションにおいて，体育教師は何らかの意図をもって，何らかの意味を同僚に伝えている．本章で展開する研究は，その伝達とその結果としての知識の共通性が確保されている様相とメカニズムを明らかにしようとしているのであるから，教師の発話を分析対象にすることは意味があるだろう．また，オースティンらの言語行為論が英語の遂行動詞を基点にして分析が進められてきたことを鑑みれば，わが国の教師が，発話に「含み」を持たせたり，発話の意味や意図を協調的に伝え合ったりする様相にアプローチする上で，グライスの発話行為論は有益なのではないだろうか．そこで，わが国の会話研究におけるグライスの発話行為論の受容と，その後に展開された研究で採用された方法を整理することで，本章で展開する研究の方法を検討することにする．

わが国の発話行為研究において，グライスの発話行為論は飯野(2007)，荻原(2008)らの研究によって受容されている．

荻原によれば，発話の解釈に関わる考え方には，解釈についての基本的な機能の違いから,「コードモデルの考え方と推論モデルの考え方」(荻原，2008, p.37)があるという．コードモデルにおいては，発話は考えていることをコード化したものと捉えており，発話の解釈は「文法的規則に則った言語記号の解読」(荻原，2008, p.38) と考えられる．オースティンらの言語行為論がこれに当たる．一方，推論モデルでは「コミュニケーションは聞き手が発話の言語的意味を認識したときではなく，そこから話し手の伝えようと意図したことを推論したときに成功する」[3]（荻原，2008，p.40）と考える．グライスはこの立場に立っている．

飯野(2007)は，オースティン，サールの言語行為論，そしてグライスの発話行為論の洞察を手がかりにして，発話内行為の類型化と類型間の系統性を理論的に検討した．その中で飯野は，これまでの言語行為論・発話行為論に対して，発話内行為は単独の発話行為からは十分に分析することはできておらず，一定のまとまりをもった一連の会話の「会話シークエンス」(飯野，2007，p.36) にこそ発話の意図が帰属しているとし，完結した会話を分析の対象にすべきであると指摘している．

グライスの発話行為論を始点にして，会話目的達成スキーマによる発話解釈のプロセスを明らかにした荻原の研究においても，飯野と同様のアイデアが確認できる．荻原は，言いさし発話の解釈がどのように行われ，発話の意図が伝わるかという研究課題を設定した研究において，ある発話が行われる状況と2往復程度の会話例を設定し，その設定の中で，空欄になった部分において被験者がどのような発話を行うかを記述により答えてもらうという談話完成テストを行い，理論的に構築された会話目的達成スキーマと回答者との回答の合致率を分析する，という方法を採用した．

ここで着目すべきは，発話解釈の可否を確かめるための会話例として，会話状況が例示された上で,2者間の2往復程度の範囲の会話が用意されたことである．オースティンらの言語行為論においては1文でその意味や意図が把握できると考

[3] 例えば,「暑いですね」という発話には,「暑い」ということを伝えようとしている場合と,「暑いから，窓を開けて欲しい」ということを伝えようとしている場合があり，聞き手の推論によってはじめて発話者の意図（後者の場合,「依頼」が含みと言える.）が伝わる．

えられていたが，荻原は，発話解釈においては，一続きの会話が成立する程度の状況（回答者にとっては会話のコンテクスト）と発話の前後関係が考慮されると考えているのである．

オースティンらの言語行為論は，コミュニケーションにおける言語行為を対象とし，「会話として成立している言語的機制」を明らかにしようとする研究領域である．そのため言語行為理論に基づく分析方法は，発話の言語的な意味というミクロな部分に注視することになる．それに対して本研究は，教師間のコミュニケーションにおける知識伝達というプロセスと，その結果にまで研究対象を拡げている．つまり，言語行為論よりもマクロな視野を持たなくてはならない．そういう意味でも，教師のコミュニケーションを分析する際には，コンテクストを含む一続きの会話シークエンスを分析対象にすべきという荻原と飯野の指摘は参考にすべきであろう．

教師は，他教師との差異を縮減したり，知識を伝えようという意図をもって，同僚に対して発話している．その発話に意図や意味を解釈しうるだけのコンテクストや前後関係が抽出されなくてはならないだろう．そこで，本章で展開する研究では，飯野の会話シークエンスの考え方にならい，コンテクストや前後関係を含むひとまとまりの発話（以下，これを発話シークエンスとする）を分析対象とする．

以上の方法の検討を整理すれば，課題1および課題2は，それぞれ以下に示す下位課題によって達成される．

課題 1：知識の共通性の高い体育組織のリーダーは，コミュニケーションにおいてどのように振舞っているか，を明らかにする．

下位課題1：他教師に対するリーダーの発話内行為を類型化し，その特徴を記述する．

下位課題2：課題1で構築された類型に基づいて，リーダーの発話を経時的に分析し，知識の共通性が確保されるに至るまでのリーダーの振る舞いを記述する．

課題 2：知識の共通性の高い体育組織のリーダーは，どのように知識を伝達しているか，を明らかにする．

下位課題1：授業構想者（リーダー含む）の発話内容および発話内行為を類型化し，知識伝達の方法を記述する．

下位課題2：リーダーと他教師の結果を比較し，リーダーの知識伝達方法を明らかにする．

第3項　調査方法

1. 調査対象の選定

ケース・スタディを厳密な方法論として確立しようとしたイン(1996)は，単一のケースのみを題材とした研究を正当化する根拠のひとつとして，「そのケースが極端なあるいはユニークなケースであるという点」（イン，1996，p.54）を指摘する．この指摘を踏まえれば，本章で展開する研究においては，継続的な教師間コミュニケーションを通して体育授業の共通性を確保している学校を事例として取り上げる必要がある．

前章の定量的研究において中学校・高等学校の体育科を調査対象としたのであるから,本章の定性的研究においても同様に中学校･高等学校を対象にする方が,本論文で展開する研究の一貫性を確保しやすい．しかし，定性的研究の事例選定における最も優先すべき基準は，体育授業の教師間差異の縮減がコミュニケーションによって確保されているということでなくてはならないだろう．中学校・高等学校の体育教師は，スポーツ経験等に関わる来歴や修了した養成課程が極めて似通っているし，採用試験によってその知識や運動能力は厳しく検査されており，体育授業の教師間差異の縮減が確保される要因を教師間コミュニケーションのみに求めることは難しいだろう．一方，小学校の教師集団は，スポーツ等に関わる来歴や修了した養成課程も多様であり，習得している知識や運動能力も様々である．すなわち，中学校・高等学校よりも小学校の方が，体育授業の差異縮減は困難であり,教師間コミュニケーションの重要度は高いと考えられるのである．そこで本章では，体育授業の教師間差異を縮減しているユニークな小学校を対象とすることにする．

また，教師間コミュニケーションの機会が少なかったり，コミュニケーションの質が低かったりするために考え方やノウハウが更新されずに留保される学校は少なくないだろう．しかし，そのような事例からは，知識の共通性確保の営みを捉えることはできないばかりか，知識がやり取りされるようなコミュニケーション行為を抽出することもできない．本章において取り上げられる事例は,「体育科教育のあり方」の共有と継承を意図した教師間コミュニケーションによって体育科教育に関する知識の教師間差異を縮減させている小学校である．

そこで，本章では開校から35年間（平成16年度の調査実施現在）にわたり，全校をあげて自主的･組織的な体育研究に取り組んでいる千葉県のK小学校を事例に選定した．K小学校選定の根拠は次の4点である．

①すべての教師が，児童自ら課題を見つけ，グループの仲間同士で協力して課題を解決することを基本として学習を進めるという授業スタイルに基づいて指導計画を作成している．また高学年の基本の運動および器械運動では「今持っている力を高める」という「高める学習」と「創意・工夫・努力を加えながら，新しいことに挑戦する」という「挑戦学習」によって構成されるスパイラル型の学習過程を採用し，陸上運動，ボール運動，表現運動ではステージ型の学習過程を採用することが決まっており，授業構想と実践の共通性が高い[4]．

②一般的に小学校教師の来歴は多様であり，体育授業の均質性を確保することは難しいと考えられる．しかし，K 小学校では各教師が「K 小学校が求める楽しい体育」[5]（以下，K 小教師の呼称にならい「K 小の体育」とする.）という言葉を用いて体育授業のあり方を表現しており，体育科教育の考え方やスタイルが教師間で共有されていると考えられる．

③K 小学校が位置する Y 市は授業研究が盛んな地域であり，K 小はその中でも最も研究歴の長い小学校のひとつである．そして，授業研究の成果を学校外に発表する授業公開（調査時現在では 10 月初旬）において，例外なくすべての教師が体育授業を公開することが決められており，授業を均質化することが要請されている．実際に，授業公開での授業の様相は，教職年数や K 小勤務年数の長短に関わらず，近似である．

④授業研究活動を通して作成される授業構想や授業記録において使用される用語や，授業の様子を語る言葉は，教師間で極めて均質的である．フィールドワークを経て，その統一性が，マニュアルや上意下達の統制などによって確保されているのではなく，教師間の高頻度なコミュニケーションによるものであることは明らかである．

[4] 学習過程に関する考え方および言葉は，K 小学校が作成した平成 16 年度研究紀要に明記されている．

[5] 「K 小学校が求める楽しい体育」という言葉は，K 小学校研究紀要に記載されているものであり，①精一杯，活動する楽しさ，②技や力を伸ばす楽しさ，③友達と仲良く学習する楽しさ，④何かを新しく発見する楽しさ，⑤友達，教師に認められる楽しさ，⑥運動の持つ特性に触れる楽しさ，の 6 要素で構成されている．その解説として，「ただ楽しければよいというのではなく，運動の特性に触れる楽しさや友達とのふれあいを大切にする楽しさの追求が K 小学校の求める楽しい体育」と付記されている．

2. 調査対象の概要

千葉県 Y 市は授業研究の盛んな地域である．Y 市教育委員会においてリストアップされている公開研究会を開催している全ての小学校（平成 22 年度においてはY市内の小学校23校中13校）が自主的な研究活動を展開しており，教育行政による研究指定を受けているわけではない[6]．その中でもK小学校の授業研究の歴史は古く，研究実践とその成果は全国的に知られているところである[7]．

K小学校の体育授業研究は,原則として毎週木曜日の放課後に行われる低学年,中学年，高学年の各部会を中心に展開されており，全教師がいずれかの部会に参加している.研究成果は10月初旬の全学級担任による公開研究会で公表される．各部会では学年段階を考慮して設定されたサブ・テーマに基づいて学習指導計画の検討を行っている．

K小学校の研究テーマは，授業研究開始当初（昭和45年）から一貫して変わっていない．また，平成14年度以降の研究紀要を比較すると，学校長，教頭，研究主任が人事異動によって替わったこの4年間にも研究主題や低・中・高学年児童の望ましい姿，各部会の研究重点等の文言に変化はない．また学習指導案の検討会（以下,「指導案検討」とする）や授業観察を通した授業反省会（以下,「授業研究会」とする)，研究成果公表のための授業公開（以下,「公開研究会」とする）において提出・検討される単元計画や指導案の形式や内容に大きな変化は見られない．すなわち、授業の基本的部分はほとんど更新されておらず，一定の考え方が継承されている学校と見なされる．また，平成 16 年度中に観察された体育授業においては，すべての教師が，児童自ら課題を見つけ，グループの仲間同士で協力して課題を解決することを基本として学習を進めるという授業スタイルのもとで指導計画を作成しているとともに,スパイラル型の学習過程を採用していた．また各教師によって作成される指導案や学習資料の形式は統一されており，体育授業に関する共通理解が一般的な小学校に比べて強固に確立されている学校であ

---

[6] フィールドワークにおいて，事例校であるK小学校が開校以降，研究指定を受けたことは確認されていない．また平成22年度のY市教育委員会教育施策概要や教育委員会会議録の資料において，13校を研究校として指定したという記録はないし，平成21年3月の会議録においては，教育委員会内の公開研究会開催支援に係わる印刷製本費・消耗品費の支援費予算が極めて少なく，各学校が工面しながら行っているという記録もあり，授業研究校の自主性が確認できる．

[7] K小学校の体育授業研究は，体育科教育に関する全国規模の商業雑誌である『体育科教育（大修館書店)』(2004年5月号（pp.38-41)，2006年5月号（pp.14-18)，2009年7月号（pp.32-35)，2010年9月号（pp.30-33)）において，数回にわたって取り上げられた．

ると考えられる.

分析対象となる集団は高学年部会である．高学年部会は次の6名によって構成されている.

・教職歴12年目・K小学校在籍7年目の部会長（5年生担任）：課題1および2において分析対象

・教職歴23年目・K小学校在籍3年目の研究主任（6年生担任）：課題2において分析対象

・教職歴5年目・K小学校在籍3年目の体育主任（5年生担任）：課題2において分析対象

・その他，5，6年生の学級担任3名

高学年部会を事例集団として選定した根拠は，リーダーである部会長が，前年度に筆者が参与していた中学年部会の部会メンバーであり，頻繁にコミュニケーションをとっていたため信頼関係の構築が完了していたことと，研究主任と体育主任が同集団の構成員であったため，リーダーとしての部会長の役割・立場を解釈しやすいからである.

3．フィールドワークの概要

調査対象となる教師集団におけるコミュニケーションは，先述したように一続きの会話における発話をデータとして分析される.

高学年部会におけるフィールドワークは，平成16年4月15日(木)から同年10月21日(木)までの間，計15回の高学年部会において行った．教師間のコミュニケーションは，録音機器（SONY製ICレコーダー，ICD-S1型）で録音した．またその場において筆者は常に末席に座り，発話を求められないかぎりコミュニケーションに参加することはなかった．また発話をより精確に解釈するために，各教師との個人的な非構造化面接を行った．高学年部会の総時間は約1166分であり，一回あたりの平均時間は約77.7分であった．表4-1は，高学年部会が開催された日付と時間，議論のテーマを示したものである．収集された会話音声データは，逐語的に書き起こし，文書化した.

表 4-1 コミュニケーションの時間とテーマ

	時間(分)	テーマ
4月15日(木)	27	部会の研究重点の設定等
4月21日(木)	52	5月6日研究授業のための指導案検討
5月 6日(木)	85	授業研究
5月13日(木)	113	6月11日研究授業のための指導案検討
5月20日(木)	74	6月17日研究授業のための指導案検討
5月27日(木)	84	7月1日研究授業のための指導案検討
6月11日(金)	116	授業研究
6月17日(木)	89	授業研究
7月 1日(金)	52	授業研究
8月26日(木)	134	公開授業のための指導案検討
8月27日(金)	143	公開授業のための指導案検討
9月 9日(木)	27	公開授業のための指導案検討
9月30日(木)	89	公開授業のための指導案検討
10月14日(火)	34	本年度研究の反省
10月21日(木)	47	本年度研究の反省
合　計	1166	

注）時間は部会が始まり，終わるまでの時間を分単位まで計測している．

第 3 節　知識の共通性向上の様相

本節で展開する研究は，知識の共通性の高い体育組織のリーダーは，コミュニケーションにおいてどのように振舞っているか，を明らかにする．そのために次の 2 つの下位課題を達成する．

下位課題 1：他教師に対するリーダーの発話内行為を類型化し，その特徴を記述する．

下位課題 2：課題 1 で構築された類型に基づいて，リーダーの発話を経時的に分析し，知識の共通性が確保されるに至るまでのリーダーの振る舞いを記述する．

第 1 項　方法

部会長の他に研究主任と体育主任が所属している高学年部会において，リーダーを特定することには慎重でなければならない．まず，体育主任は，部会長よりも K 小学校在籍年数が短いためか，コミュニケーションの場でリーダーとしての役割行為はほとんど観察されていない．一方，研究主任は部会長より K 小学校在籍年数が短いが，教職年数は長く，学校研究における組織構造上のトップの職位にある．部会においては，必要に応じてK小学校の研究活動全体を統括する者としての発言をしているが，コミュニケーションを先導するような役割行為はほとんど観察されなかった．よって本研究においては部会長をリーダーと特定し，その発話を分析対象とした．

リーダーの発話を教師間コミュニケーションにおける振る舞いとして扱い，その発話行為の意図を解釈するための方法・手順を検討するために，発話分析を重ねた．その分析過程をすべて解説することは難しいが，その一端を示す．

以下に示した発話例は，教職経験，K小学校在籍年数ともに2年目の教師の行った体つくり運動の授業実践後に開かれた授業研究会における部会長による発話である．この日の部会は授業者による反省から開始され，部会長以外の教師が授業者に対して質問や意見を述べ，その都度授業者から回答・意見が述べられるという方式で進められた．ここで取り上げた部会長の発話は，他教師が一通り発言した後，最後に部会長が語ったものである．

体つくり運動の授業研究会（平成16年6月17日）におけるリーダー発話の抜粋

私の方から．昨日，今日見させて頂いて，基本的なこと（※1）は別の問題で，まず授業どうしていくかということで，ちょっと大幅に組み直さないといけないのかなって（思います）**（論拠を提示しない意見）**．この領域の時間は8時間取ってあると思うんだけれど，この指導過程と内容，もうちょっと見直してみて，最終的に子どもの願いをどういうところに持っていったらいいのかなというところから（考えていきたいです）**（論拠を提示しない意見）**．（単元の）後半，ちょっと違う過程を組んでみたりとか，これ（※2）だけではないと思うので，（別の運動も）やってみるのも良いかなと（思います）**（論拠を提示しない意見）**．あと高める学習（※3）と挑戦学習（※4），昨日も見てて区別分からなかったんだよね．（指導案の）文面見たりしても，よく考えると（高める学習と挑戦学習の順序が）逆じゃないのかなって思ったり．今日，逆かもしれないなと思って，挑戦学習のところを高める学習みたいな見方で見てたのだけれど，やっぱり子どもたちが高めるという雰囲気にはなってないのかな（と思います）**（授業観察に基づく意見）**．やっぱりできた，できないでわーって盛り上がってて，失敗したら，わー失敗したってなってて，子どもへのめあての持たせ方，もしかしたら先生の子どもを掌握する力にも関係あるかもしれないけど，授業の流し方として，きっちり正確にやってこれだけ伸びた，だからこういうことに挑戦したいっていう風にもっていけないといけないのかな．今日，どれが挑戦（学習）でどれが高める（学習）なのかをもっと整理しないといけないと思うんだけれど **(授業観察に基づく意見)**. 今日, これを高める (学習) にしてみたら, 正確さも必要だなと. タイヤ投げるんでも漠然としてますよね. 個によっても (目標が) 変わってくるし, タイヤを (毎時間) 同じものを使ってるのかなって思っちゃったし **(論拠を提示しない意見)**. それからタイヤを投げられたから力があるって言えるのかな. 結構コツだったりするかもしれないですよね. タイミングとかね. これができたから, この力が高まってるってことは今日の運動だとどれにするっていうのがはっきりと説明できるのかなっていうところがあるので, もうちょっと根拠があれば (いいと思います) **(論拠を提示しない意見)**. 体力が高まった, 力が付いたっていうことを子どもたちが分かるような形にしてあげる部分があったらいいのかなって思いました. ビーチフラッグ見たんだけど, これはどの力が必要なのかなって. それで, 今日結論でなかったですよね. 子ども, たぶん分かってないと思うんですよね. 自分もよく分からないし. 何が必要なのかなって (思います) **(授業観察に基づく意見)**. もちろんスタートダッシュの瞬発力も必要だろうし. これ, 本当は検討でやらないといけなかったんだけど, もうちょっと整理しても良いのかな, 見直してもいいのかなって思いました **(論拠を提示しない意見)**. 実践例がものすごく少ないので, 本校の研究として, 高める (学習), 挑戦 (学習), そして子どもを, それ (※体つくり運動に含まれるひとつの運動) を通して高めていって, というところでちょっと漠然とした部分が多いので, もうちょっとみんなで明確にしていかないといけない部分もたくさんあるなと (思います) **(論拠を提示しない意見)**. 最終的にどういう姿がいいのかっていうのがよく分かんないんだよね. 僕ら見てても **(疑問の提出)**.

注：括弧内は, 発話において省略されていると思われる部分を筆者が加筆したものである. なお, ※は高学年部会特有の省略語等の解説である.

※1 体つくり運動の目的や内容に関する一般論

※2 本日の体つくり運動の内容

※3 今持っている力を高め, 楽しむ学習

※4 頑張れば達成できそうな課題に挑戦する学習

上記の発話は, 授業観察後の部会であったため, 観察結果を論拠にしてリーダーとしての意見が述べられることが多かった. しかしその他の意見は, どのような授業場面を観察し, どのように判断した結果から述べているかが不明確であり, 論拠が提示されていない意見表明と解釈された.

また，部会長は議論の対象となっている授業実践について概ね良い評価を下していないが，冒頭の低い評価を下したことを表明する発話が，「組み直さないといけないのかなって（思います）」と個人的な意見としての形式をとっている．また体つくり運動の指導について，さらに部会として検討すべきであることを表明する末尾の発話においても同様のことが見られ，否定や反論としてではなく，論拠を提示しない意見表明と解釈される．

なお，発話冒頭の「大幅に組み直さないといけない」という意見が，授業観察を通して感じたことの総括であり，その後，事例校が学習過程として採用している「高める学習」と「挑戦学習」のあり方として逆であるという意見と，児童が体つくりを正確に捉えられていないという意見と，体つくり運動の学習の成果としての体力の向上を明確にすべきという意見が，結論を根拠づける意見として述べられていると考えられる．しかし冒頭の意見の理由として述べられたこれらの意見を個別に捉えると，論拠が提示されていないものがある．

このように分析を試行していくことによって，発話を個別に分析すると，それらに論拠が提示されていないように見えるが，発話後にその理由を述べたり，別の機会で述べられたことが論拠にされていたりすることが散見された．そういう意味で，コミュニケーションにおけるリーダーの行為の意図を解釈する際には，発話を個別に抽出するのではなく，複数のセンテンスを一続きの意図を持つ発話として抽出する必要があると言えるだろう．

また，発話内行為の類型化と各類型の命名に際しては，コミュニケーションの場への参与観察を通して得られたコンテクストの解釈を付加しつつ，リーダーシップ論や管理者行動論において操作化されてきた次元[8]や体育授業の組織的観察法における教師行動次元[9]などを参考にしつつ，次の3段階の手順を試行錯誤的・往還的に繰り返しながら行った．

手順1：中心的議題に関連する発話とそうでないものに分類した．

手順2：発話シークエンスの形式（肯定文，否定文，疑問文等の文型，あるいは主語・主部となっている対象など）や，前後の文脈から推測される発話内行為によって分類し，カテゴリーを構築した．

手順3：さらに類型化が必要なカテゴリーを細分化した．

---

[8] 三隅(1978)および金井(1991)の研究を参考にしている．

[9] 宇土ほか(1994)および高橋(1991)を参考にしている．

なお，リーダーの発話類型の基づく経時的分析は，知識の共通性が確保されるに至るまでの時間的経過を追うべく，高学年部会における最初の指導案検討（平成16年4月21日）と，若年教師（教職2年目）の授業を参観した後の授業研究会（平成16年6月17日），そして平成16年度の高学年部会における研究活動のふり返りと反省（平成16年10月14日）を取り上げて分析し，比較した．

第2項　結果とその解釈

1. 発話内行為の類型化結果

リーダーの発話内行為は表4-2に示す通り類型化された．

コミュニケーションにおける中心的な議題に関する発話のカテゴリーには，他教師を説得したり，他教師の考え方を矯正することを目的としないリーダー自身の意見を表明する発話が抽出された．この意見表明（以下，この類型を「意見」とする）に際しては，自身の過去の指導経験，他教師の授業実践，学習者の様子や能力といった実態，リーダーが研修から獲得した知識が論拠として提示されていたり，あるいは論拠が発話前後に提示されなかったりする場合もあった．

また，他教師の考え方を矯正することを目的とする発話内行為が抽出された．この矯正的発話（以下，この類型を「矯正」とする）には，自身の過去の指導経験，他教師の授業実践の観察とその評価が論拠として提示されていたり，あるいは論拠が提示されなかったりする場合もあった．

「意見」の発話内行為が抽出された発話シークエンスの主語はリーダー本人であり，「矯正」の発話シークエンスの主語は発話対象者（事例のコミュニケーション現象においては聞き手）の授業実践や考え方，あるいは発話対象者本人であった．一般的に他者に対して自分の意見を表明する際，自己という行為主体や考え方を主語にして意見表明を行う際，その発話は発話者の考え方と，発話者がそのように考える主体であることを伝達する機能を発揮すると考えられる．一方，聞き手自身や当該教師の授業実践あるいは考え方を主語にした意見表明の場合，その発話は発話者からの評価を意味することになろう．発話者の制度的・文化的地位が圧倒的に高かったり，他者に対して強圧的に話す性格の発話者であったりする場合，意見表明が矯正的・説得的機能を持つこともあろうが，フィールドワークを通して，教師間の決定的に大きな地位差の存在は認められなかったし[10]，リー

---

[10] リーダーの個人的意見が授業構想に反映されなくてはいけないという行為規範の存在も，そのような事実も確認されなかったことが，決定的に大きな地位差が存在していないとする根拠である．

ダーは強圧的な人物ではなかったことから，「意見」と「矯正」とを分別した．

次に，発話シークエンスが疑問文の形式で抽出されるものを「問い」として類型化した．「問い」には，意見収集を目的とし，質問の対象者が明確に示された「質問」と，フォロワーとしての他教師に理解を促したり，理解度を確認するための「発問」，そして質問の対象者が明確にされず，発話者が抱く疑問が場に放り出される形で発話される「疑問の提出」が抽出された．「疑問の提出」は発話の対象者も明確でないが，リーダーが持つ問題意識を提出し，革新の萌芽を示すという意味で注目すべき発話と考えられる．

また，他教師の発話に対してリーダーが応答した発話を分類した．その結果，他教師の発話に対して同様の見解を持っていることを表明するための「同意」，異なる見解を持っていることを表明するための「反論」，他教師の発話をより深く理解することを目的とした「明確化」が抽出された．「同意」と「反論」は，文脈によって，リーダーの意見表明や矯正の機能が含まれると考えられるし，「明確化」は，他教師によって提出された意見を明確化することで当該教師の考え方を顕在化させたり，その他の考え方との共通点や相違点を明らかにすることで検討を促す可能性も想起される．

また，組織外から得た情報をコミュニケーションにおいて披歴する発話内行為として抽出された「情報提供」は，他教師にとって新規の考え方を提示することで，既存の考え方にゆらぎを与える可能性があろう．そして，一連のコミュニケーションを打ち切り，小結論を提案する発話内行為として抽出された「決定」は，当日の部会を終了させるだけでなく，リーダーによる一応の方向付けを示すための発話と考えられる．

中心的議題とは関係のない発話シークエンスの類型には，他教師に対して研究活動上の業務を頼む発話内行為を含む「依頼」，部会長という制度的地位から業務を行うよう命令する発話内行為を含む「指示・命令」，研究活動をめぐる管理職・研究主任からの指示を伝える発話内行為を含む「伝達」，司会としてコミュニケーションを円滑に進めるための発話内行為を含む「進行」，そして先述の発話内行為に当てはまらない冗談や世間話といった「その他」の発話が抽出された．

表4-2 リーダーの発話類型

	カテゴリー	サブ・カテゴリー	カテゴリーの説明	発話シークエンス例
中心的議題に関する発話	意　見	論拠① 自分の過去の経験に基づく意見	説得や矯正を目的としない意見表明 （発話内容の主語が発話者自身） ＊下線部は論拠部分を示している.	私が昨年やった授業では～だったし, ～だと思います.
		論拠② 他教師の授業の観察に基づく意見		あの時の子どもの反応は～でしたよね. そういうとき私だったら～しますね.
		論拠③ 子どもの実態に基づく意見		先生のクラスのあの子だったら, もう少し～できると思います.
		論拠④ 研修（書籍, 講演）に基づく意見		この雑誌に○○先生がこう書かれていますし, 私も～と考えますね.
		論拠を提示しない意見		運動が苦手な子どもでも, 教師の関わりによって運動は楽しめると思いますよ.
	矯　正	論拠① 自分の過去の経験に基づく矯正	他者の考え方の矯正を目的とする発話 （発話内容の主語が発話者以外） ＊下線部は論拠部分を示している.	昨年やった授業では～のようにやってうまくいったので, ～してください.
		論拠② 他教師の授業の観察に基づく矯正		あの時, 子どもの反応は～でしたから, 先生の言葉かけは～のようにすべきですね.
		論拠を提示しない矯正		もっと学習資料を活用して, 子どもに学ばせてあげないと.
	問　い	意見収集を目的とした質問	意見の収集を目的とした問い	先生は～についてどう考えますか？
		フォロワーに理解させるための発問	他者の理解を深めたり, 理解度確認のための問い	体つくり運動は楽しくない運動能力テストでいいんですか？
		疑問の提出	疑問の表明 （発話対象者が明確でない疑問文）	～って, どう考えたらいいのかなぁ？分からないなぁ.
	明確化		他者意見の具体化, 意味の確認と明確化	例えば～いうこととかね.　先生のおっしゃることは, ～いうことですよね？
	同　意		共感, 同意, 賞賛の表明	先生のおっしゃることはよく分かりますし, 私も賛成です.
	反　論		否定的・対立的意見の表明, 批判	それではダメなんじゃないかな.
	情報提供		議題に関する情報の提供 （意見表明や矯正を目的としない）	この雑誌には体つくりについて～と書いてありますね.
	決　定		議論の留めを打つ, 意思決定する	高学年部会としては, 異質グループを基本にすることにしましょう.

2. リーダーの発話の特徴

リーダーの発話内行為の類型化結果に基づいて，リーダーの発話を集計した．その結果を表 4-3 に示した．

体育授業を構想するコミュニケーションにおけるリーダーの発話が，個人的な意見表明として行われるか，他教師の考え方を矯正することを明確に意図して行われるかは，コミュニケーションの様相や成果に大きな違いを生じさせるのではないかと考えられる．そこで，以下では，特に「意見」と「矯正」の類型に着目してリーダーの発話の特徴を明らかにしていく．

意見表明の論拠は 4 類型に分類され，矯正的発話の論拠は 2 類型に分類された．一般的に，リーダーが集団内の共通理解を図る際には，多様な論拠を用いて説得的・矯正的な発話をすることが効率的であると考えられる．しかし，分析した全ての場において，論拠の提示されない意見の割合は高く，「明確化」や「同意」といった発話が「反論」よりも高頻度に抽出された．この結果は，リーダーが度重なる個人的な意見表明によって自らの考え方を伝達したり，自身の考え方と近似の考え方を含む他教師の発話を取り上げたりするという方法で自身の考え方を間接的に伝えていると考えられる．

しかし，リーダーによって他教師に伝達された考え方が，その後のコミュニケーションにおいて検討されるようなことは観察されておらず，リーダーから各教師へと一方的に伝達されていると考えられる．伝達されたリーダーの知識が他教師において受容されたのか，あるいは廃棄されたのかということについての詳細な分析はできていない．しかし，結果として事例校において知識の教師間差異は縮減されているという結果を鑑みれば，リーダーの知識

表 4-3　リーダーの発話分析結果

	対話の中心的議題に関する発話																議題に無関係な発話						
	意見					矯正			問い														
	経験	観察	実態	研修	論拠無	経験	観察	論拠無	質問	発問	疑問	明確化	同意	反論	情報	決定	依頼	指示	伝達	進行	その他	合計	
4月21日	1	0	4	0	8	0	0	4	1	0	0	1	0	1	0	0	0	4	0	12	0	36	(個)
	2.8%	0.0%	11.1%	0.0%	22.2%	0.0%	0.0%	11.1%	2.8%	0.0%	0.0%	2.8%	0.0%	2.8%	0.0%	0.0%	0.0%	11.1%	0.0%	33.3%	0.0%	100.0%	
6月17日	0	7	3	1	24	0	0	0	0	0	1	0	2	0	0	0	0	0	0	14	1	53	(個)
	0.0%	13.2%	5.7%	1.9%	45.3%	0.0%	0.0%	0.0%	0.0%	0.0%	1.9%	0.0%	3.8%	0.0%	0.0%	0.0%	0.0%	0.0%	0.0%	26.4%	1.9%	100.0%	
10月14日	1	0	0	0	34	0	0	0	0	2	0	5	2	0	0	0	0	0	0	12	0	56	(個)
	1.8%	0.0%	0.0%	0.0%	60.7%	0.0%	0.0%	0.0%	0.0%	3.6%	0.0%	8.9%	3.6%	0.0%	0.0%	0.0%	0.0%	0.0%	0.0%	21.4%	0.0%	100.0%	

※発話数とは，構築された類型に当てはめた結果抽出されたステートメント数であり，1 つのステートメントが複数のセンテンスを含むことがある．

が他教師に伝達され，一人ひとりの知識として蓄積していくことによって，結果として共通性が高められていると考えられるだろう．

この共通性確保の様相は，コミュニケーションを通して各教師の考え方が相互検討され，その結果として共通理解が達成されたというよりも，むしろ，各教師に対してリーダーの考え方が伝達された結果であると考えるべきである．

また，リーダーが他教師に対して反意や疑問を提出する発話をあまり行っていなかっただけでなく，事例集団におけるコミュニケーションは，交互に発話が交わされ，白熱した議論が展開するといった様相のものではなかった．野中ほか(1996)によれば，既存の考え方を更新したり，新しい知識を生み出したりする上で有効なコミュニケーションにおいて，リーダーはメンバー間の水平的なコミュニケーションを促進する役割を担うという．また，他のメンバーの発話を受け，それを明確化するために問い直したり，意図的な反論を行ったりするという．また伊丹(1999)は，リーダーが場をかき回したり，些細な事柄や意図せざる結果を拾い上げたりすることによって，革新が促進されることを指摘している．事例集団のリーダーからはそうした発話が抽出されなかったことから，リーダーは知識更新を促進する役割を担っていなかったと言えるだろう．

この考察は知識更新に対してはネガティブなものであるが，他教師の発話を促して様々な知識をコミュニケーションの場に提出させたり，それらを検討するために議論したり，教師間差異を顕在化させたりするような発話がリーダーによって行われなかったことが，事例集団における知識の共通性向上に少なからず正の影響を及ぼしていると考えることもできるのではないだろうか．すなわち，リーダーがコミュニケーションを活性化するという役割を果たしていなかったために，各教師がコミュニケーション以前から保有している知識は積極的に検討されることが少ない一方で，リーダーの意見表明によって披瀝される知識が伝達され，各教師に受容されていくことになり，各教師の既存の知識は据え置かれることになるということである．

3. リーダーの振る舞いの経時的分析

授業研究開始当初（平成 16 年 4 月 21 日），授業研究展開中（平成 16 年 6 月 17 日），授業研究終了後（平成 16 年 10 月 14 日）の高学年部会におけるリーダーの発話を，リーダーの発話類型に基づいて分析した結果は，表 4-3 及び図 4-1，図 4-2，図 4-3 に示す通りである．

部会の開催時期に関わらず，リーダーの発話は意見表明がその大部分を占める．

また進行の発話の割合に大きな変化はない．コミュニケーションを重ねることによるリーダーの役割に大きな変化はないと考えられる．

一方，リーダーはコミュニケーションを重ねるにつれて，論拠を提示しない意見表明を増加させる．この変化は，経験や知識の共有化が進展するほど隠喩が多用されるという野中ほか(1990)の指摘に基づけば，リーダーによる知識伝達が完遂されており，他教師においてリーダーの知識が受容されたか，あるいは，コミュニケーションを重ねることで，リーダーの教師としての個性や考え方の基本的な枠組みが伝わっており，リーダーの考え方が一体的に伝わった結果であると考えられるだろう．

いずれの解釈においても，リーダーの意見表明などを通して一定の知識が伝えられたことを示唆している．またコミュニケーションによって伝達されているのは，リーダーが保有する体育科教育に関する知識だけでなく，リーダーの教師としての個性や認識枠組みも含まれている可能性もある．すなわち，意見表明における論拠の非提示化の現象は，リーダーの知識や個性，認識枠組みが他教師に伝わったことが集団内で認識されたことの表れと言えるのではないだろうか．

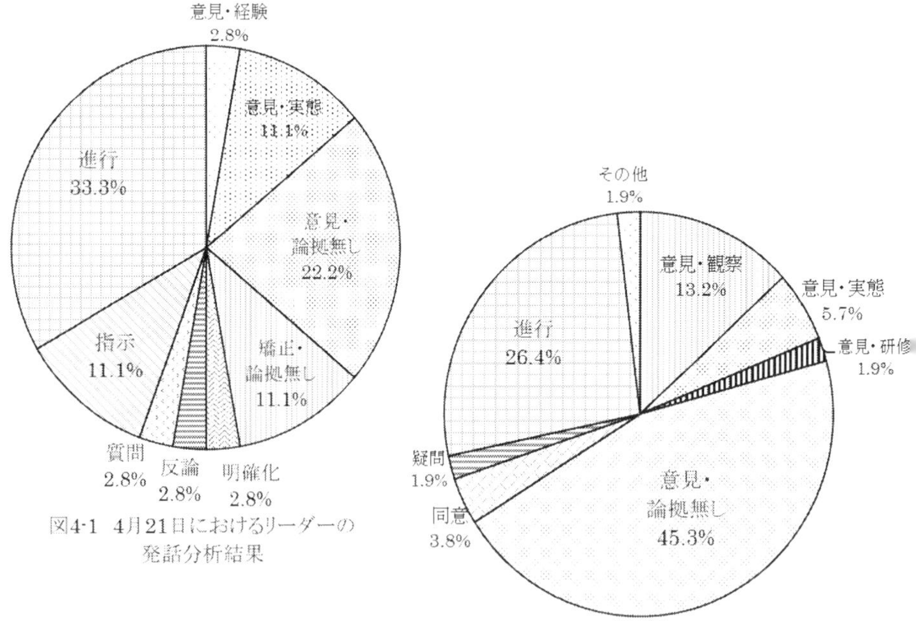

図4-1　4月21日におけるリーダーの発話分析結果

図4-2　6月17日におけるリーダーの発話分析結果（n=53）

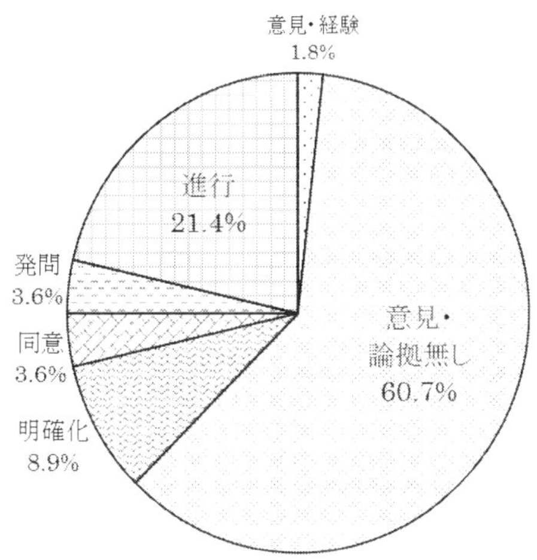

図4-3　10月14日におけるリーダーの
発話分析結果（n=56）

第 4 節　知識伝達のメカニズム

事例選定の根拠として指摘したことだが，K 小における授業実践は，均質性が確保されるように要請されているし，実際に近似的である．また授業研究活動において使用される様々な言葉には統一感があり，教師間の知識の共通性は高いと言えるだろう．しかも，長期間のフィールドワークを通して，それは高頻度なコミュニケーションによるところが大きいと考えるに至っている．

前節においては，リーダーの振る舞いとしての発話内行為の分析から，リーダーの個人的意見表明や他教師の発話の明確化や同意といった発話内行為が，リーダーの知識や，教師としての個性，認識枠組みを伝達している可能性を指摘した．

それを受ける形で，本節では知識の共通性の高い体育組織のリーダーが他教師に対してどのように知識を伝達しているか，ということを明らかにする．リーダーの知識伝達方法が明らかにされることによって，コミュニケーションにおける教師間の知識伝達のメカニズムの一端が解明され，知識の共通性を確保するための有効なコミュニケーションに関する基礎的知見が得られるであろう．この目的を達成するために，次の 2 つの下位課題を設定した．

下位課題 1：授業構想者（リーダー含む）の発話内容および発話内行為を類型化し，知識伝達の方法を記述する．

下位課題 2：リーダーと他教師の結果を比較し，リーダーの知識伝達方法を明らかにする．

第1項　方法

本研究で着目している教師の知識には，経験や教育実践の文脈を内包した暗黙知が含まれるが，それらは文脈に依存しない形式知（すなわち情報）と同様に，教師間コミュニケーションの発話において言語化され，何らかのメカニズムに基づいて伝達されると考えられる．知識伝達の機会は授業参観における指導行為の観察や単元計画や指導計画等の文書の閲覧等，様々にありうるが，本研究では言語的なコミュニケーションのみを対象にしている．

知識伝達のメカニズムに関する研究に取りかかるに当たって，研究方法に関わる次の3点を検討しなくてはならないだろう．

1. 発話命題の内容が伝達される知識の内容そのものと言えるか．
2. 知識伝達の方法としての発話内行為をどのように解釈するか．
3. どのような基準でリーダーと他教師の比較分析を行えばよいか．

まず，1つ目の事項について検討する．教師が保有する知識には，それを保有する者にとっても言明することが難しい文脈依存の暗黙知をも含んでいる．フィールドワーカーとしてコミュニケーションを観察した研究者が，その知識内容のすべてを明らかにすることは容易ではない．しかし，発話された内容が，発話者の意図としてどのような知識領域のことについて言明したものか，ということは十分に解釈可能である．そこで，本研究では発話内容から伝達される知識の領域を明らかにすることとする．発話命題の内容については，Shulman(1987)や吉崎(1987)が提起している知識領域を参考にしながら類型化し，命名した．

2つ目の事項についてであるが，本研究において発話内行為に着目したのは，教師が同僚に対して発話する際，そこには何らかの知識を伝えようとする意図的な方法が含まれており，その方法が発話内行為の中に現れると考えたからである．

知識の伝達とは，コミュニケーションの直線モデルによって捉えられるような＜メッセージの送信者から受信者への移行＞といった単純なものではない（第2章第5節参照）．知識の伝達は様々な方法によって行われる．そして，知識を伝達するための意図的な方法には，発話された命題（つまりメッセージ）そのものを伝えようとするものの他に，発話命題外の事柄を伝えようとするものも存在していることが分かっている（飯野，2007）．例えば次のようなものである．

（レストランにおいて，客が店員へ）「この部屋，暑いですね.」

この発話は,「部屋が暑い」という命題を伝えることを主たる目的にしていない．むしろ,「窓を開けてほしい」という願望，あるいは「冷房を強めてください」という依頼を伝えることを目的にしている．この願望あるいは依頼は，グライス（1998）がいうところの「含み」であり，発話内行為である．これを解釈することによってはじめて，どのように何が伝達されているか，ということが正確に理解できると言えるだろう．そこで本研究では，発話の意図を解釈するよう努めた．

発話内容および発話内行為の解釈に当たっては，当該部会のコミュニケーションの流れと，長期間にわたる筆者の現場参与経験を通した教師間関係等の認識に基づいた一次解釈結果を，体育科教育学を専門とする大学教員および元小学校教師の大学教員に提示し，解釈の妥当性を議論しながら修正していくという方法をとった．

次に，教師間比較分析の枠組みに関する3つ目の検討事項についてである．知識を他者へ伝達する際，自身の知識に対する執着や確信，自信，あるいは身体化されているかどうかによって，その方法は大きく異なってくるのではないだろうか．強く信じるに足る知識とそうでない知識では，知識伝達の仕方，すなわち発話内行為も変化すると推測されるからである．K小学校は伝統的に授業研究を続けており，体育科教育に関する考え方は「K小の体育」と命名されるほど共通理解が進んでいると推測される．また授業の均質化を要請されていると考えられる特異な学校でもある．このような学校において授業研究のリーダーとして振る舞っている教師は，「K小の体育」に関わる知識を強固に保有しているのではないだろうか．この見地に立てば，リーダーとしての振る舞いはK小における研究経験の蓄積に強い影響を受けていると考えることができるだろう．そこで，下位課題2を達成する分析においては，授業研究校であるK小学校の在籍期間の長短で教師間比較を行うこととする．

第2項　結果とその解釈

1. 伝達される知識領域：発話内容分析の結果

授業構想者の発話内容は次のように類型化された．各類型の定義および発話例を次に挙げた．（表4-4および巻末資料参照）

・学習内容に関わる内容

【類型の定義】児童が学習する内容に関わる発話内容であり，学習目標，運動技能，運動内容に関わる内容を含む．

【発話例】踏み切りをしてからぽーんと体を投げ出すというか，あの感覚を特に今回は意識して（後略）

・学習方法に関わる内容

【類型の定義】児童の学習の仕方に関わる発話内容であり，学習集団，学習の仕方，学習の流れ，単元構成，学習の場に関わる内容を含む．

【発話例】いろんなグループとの関わりとか，できる子に見せてもらったりとか，資料の見方をしっかりとしておけば，異質同士でも教え合うこともできますし（後略）

・学習者実態に関わる内容

【類型の定義】学習者の実態に関わる発話内容であり，運動能力，学習能力に関わる内容を含む．

【発話例】（跳び箱の授業において）気持ちよく体を放り出している子が５人か６人ぐらい，あとは（調整板を）2 つ以上入れると怖いという子が多かったです．

・指導に関わる内容

【類型の定義】教師の指導の仕方・方法に関わる発話内容であり，運動指導，学習指導，具体的指導手法に関わる内容を含む．

【発話例】４時間目で，「踏み切り」，「着手」，「着地」の中の「踏み切り」を特に，まず一番最初に，強く，子どもたちに意識させたいと考えています．

・授業研究に関わる内容

【類型の定義】研究展開，研究作業に関わる内容を含む．

【発話例】器械運動の中でも漠然とその場で練習しているのはよくないって意見なんかも，分科会でいろいろ出てくるけど，そういう重点テーマをちょっと一歩突っ込んだ目で，やっぱり参観者も見ていく必要があるのかな．

これらの発話内容は，教師が授業構想の際に取り沙汰した体育科教育に関する考え方の領域であり，当該教師が他者に伝達させようとしている体育科教育に関する知識領域である．

表 4-4　発話内容の類型化の結果

カテゴリー	サブ・カテゴリー
学習内容に関わる内容	学習目標
	運動技能
	運動内容
学習方法に関わる内容	学習集団
	学習の仕方
	学習の流れ
	単元構成
	学習の場
学習者実態に関わる内容	運動能力
	学習能力
指導に関わる内容	運動指導
	学習指導
	具体的指導手法
授業研究に関わる内容	研究展開
	研究作業

2. 知識伝達の方法：発話内行為分析の結果

授業構想者の発話内行為を解釈した結果，事実報告，現状報告，意思表明，仮説提示，困難性表明，問題提起，外部知提供，協力依頼に分類された．（表 4-5 および巻末資料参照）各発話内行為は，次のように定義され，例で示したような発話において抽出された．

・事実報告

【類型の定義】発話者だけでなく，他者も知り得る授業実践をめぐる各種事実の報告．

【発話例】まだ１時間目で実態調査をしたところです．まだ２時間目には進んでいません．

・現状報告

【類型の定義】発話者だけが知り得る授業実践をめぐる現状の報告．

【発話例】（跳び箱の授業において）気持ちよく体を放り出している子が５人か６人ぐらい，あとは（調整板を）２つ以上入れると怖いという子が多かったです．

・意思表明

【類型の定義】発話者の授業実践をめぐる意思の表明．

【発話例】「実は，踏み切りをしてぽーんと跳ぶあの感覚って，すごく気持ちいいんだよ」っていうのを，子どもたちに味わわせてあげたいなということで，今回は，これを特に意識して取り組みたいと思っています．

・仮説提示

【類型の定義】発話者の授業実践に関する仮説の提示．

【発話例】子どもたちの跳び箱運動に対して「怖い」という子．怖いのはどこかというと，やっぱり，踏み切ってから手を着いたところ，手を着く瞬間で（後略）

・困難性表明

【類型の定義】発話者の授業実践をめぐる困難性（自身の指導力量や勉強不足や不安等）の表明．

【発話例】まだ勉強していないので何とも言えないんですけども

・問題提起

【類型の定義】発話者が考える授業実践に関する「共有すべき問題」の提起．

【発話例】本当に必要な子どもに適した場，必要最小限の教師の言葉かけということで，（困難性表明を中略）整備していければいいのかなと思います．

・外部知提供

【類型の定義】発話者が保有している授業実践に関する一般的，個別的，経験的情報の提供．

【発話例】 去年，K 先生が跳び箱をやって，めあて３という考え方があるというようなことをご指導頂きました．

・協力依頼

【類型の定義】 発話者による他教師に対する協力，指導等の依頼．

【発話例】 今回の第一空間を楽しませるための踏み切りのところを見ていただきたいなと考えています．

表 4-5　発話内行為の類型

発話内行為	各発話内行為の定義
事実報告	発話者だけでなく他者も知り得る授業実践をめぐる各種事実の報告
現状報告	発話者だけが知り得る授業実践をめぐる現状の報告
意思表明	発話者の授業実践をめぐる意思の表明
仮説提示	発話者の授業実践に関する仮説の提示
困難性表明	発話者の授業実践をめぐる困難性（力量・勉強不足，不安等）の表明
問題提起	発話者が考える授業実践に関する「共有すべき問題」の提起
外部知提供	発話者が保有している授業実践に関する一般的，個別的，経験的情報の提供
協力依頼	発話者による他教師に対する協力，指導等の依頼

これらの発話内行為の中には，前後の組み合わせ等によって，さらに異なる発話内行為の解釈が可能になるものが存在した．（表 4-6 および巻末資料参照）

基礎情報提供は，事実報告と現状報告とが，他教師に向けて授業構想を説明する上で基礎的な情報を提供する発話であると考え，ひとつのカテゴリーとして命名した．

意思表明および仮説提示は，事実報告や現状報告と結びついて発話シークエンスを構成することがあったが，組み合わさることでそれぞれの発話内行為としての意図が変質するとは考えられなかったことと，各々は他のカテゴリーと異なる意図を含んでいると考えたため，個別の発話内行為をそのまま独立カテゴリーとした．

課題提示の発話内行為は，次のような発話内行為の組み合わせから抽出された．なお，その具体例として，括弧内にゴシック体で示した．発話例は，分かりやすいように文意や文脈を変えない程度に省略したり，修正したりしている．

<困難性表明の発話に続いて，仮説提示や意思表明の発話をする．>

【発話例】その考え方が，ちょっとまだ自分でどう整理して子どもたちに伝えていっていいかよく理解できていないので <困難性表明>，今回，今のところなんですけれども，この時間から，挑戦学習の中でも，「めあて3」という考え方を，少し認めていきたいなと考えています．<意思表明>

<基礎情報提供の発話に続いて，問題提起や協力依頼の発話をする．>

【発話例】向こうの高鉄棒は6基しかないので，子どもたちの実態としては，こうもりとこうもり振りをほとんどやっている状態で，途中で終わっているようなかたちなので<基情報提供>，こっちの三角鉄棒でどれだけできるかなって．(中略)そこら辺，何かいい方法があったら教えていただきたいと思います． <協力依頼>

<外部知提供の発話に続いて，仮説提示の発話をする．>

【発話例】公開研究会の直前になると，先生たちに，「助言しなさい，助言しなさい」って言われるんですよね<外部知提供>．(中略)でも，それって，やらせじゃないかな．「研究テーマに重点テーマがあるから教え合いなさい，参観者が来るから教え合いなさい，教え合いはきっといいから教え合いなさい」っていうのは<仮説提示>．

説得的方向示唆は，次のような発話内行為の組み合わせから抽出された．

<外部知提供の発話に続いて，意思表明の発話をする．>

【発話例】挑戦学習は一応，この前の指導もあったので<外部知提供>，挑戦学習の時間は，こういう姿勢で行くというようなかたちにしていきたいと思っています<意思表明>．

<仮説提示の発話に続いて，意思表明の発話をする．>

【発話例】逆上がりができない子がまだ7人もいるんで，その子たちは，本当にそれ以前の運動を，多分，たくさん経験させないといけないのかなというふうに，今思っています<仮説提示>．「技能差が大きい」ということを頭に置いて指導にあたっていきたいと思います<意思表明>．

意思表明や仮説提示によって発話された命題は，発話者にとって意思決定済みの事柄あるいは授業実践において検証可能と考えられる事柄である．そのことを他教師に向けて発話するということは，命題内容そのものを伝達しているだけでなく，「彼／彼女（発話者）はそのように考えたのだ」という発話者の発話内容に対するコミットメントに関する信念を聞き手に形成させるという意図も含んでいると考えられる．そこで，これらの発話を信念形成の発話として類型化した．

一方，課題提示の発話は，発話者にとって授業構想のアイデアに明確な自信がないことや，授業展開に関する仮説が検証可能なものかどうか極めて不確定であることを表明したり（困難性表明），あるいは他教師に問題意識を持ってもらったり（問題提起），他教師の授業で仮説検証してもらうような協力依頼を通して，授業構想に対する他教師の積極的な関与を求める意図が含まれていると考えられる．また説得的方向示唆は，自身の考え方を他教師に持ってもらったり，それに沿う形での授業実践を求める意図が含まれているだろう．すなわち課題提示や説得的方向示唆という意図を含む発話は，他教師の考え方を一定の方向へ導いたり，望ましい（と発話者が考える）実践を誘発させる力を有していると考えることができるだろう．そこでこれらの発話を実践誘導の発話と類型化した．

前節において，リーダーの知識が各教師へ伝達されることで結果として知識の共通性が確保されると考察した．本節において，その方法が基礎情報提供と，他教師の内部に信念を形成する信念形成という方法，そして他教師の実践に影響を与えようとする実践誘導という方法であることが明らかになった．

信念形成タイプの知識の伝達では，言語化された命題内容の伝達だけでなく，発話者の教師としての個性や来歴などから来る認識枠組み（すなわち発話者が体育科教育についてどのような考え方を有する人物かということ）が聞き手に受容されるのではないだろうか．聞き手による受容過程とその結果について分析していないが，リーダーの知識が伝達されていることが認められるとすれば，聞き手による発話内容と発話内行為の解釈によって発話者が保有する知識や認識枠組みに関する推論が行われていると想定されるだろう．

一方，実践誘導タイプの発話では，「協働して取り組むべき授業研究上の課題」をコミュニケーションの場に提示したり，あるいは自身の考え方を外部情報や仮説と関連付けて提示することによって根拠づけたりして，「共有すべき実践例」を説得的に

表 4-6　発話内行為の再類型

上位カテゴリー	カテゴリー	発話内行為の組み合わせ
基礎情報提供	基礎情報提供	事実報告
		現状報告
信念形成	意思表明	(事実・現状報告＋)意思表明
	仮説提示	(事実・現状報告＋)仮説提示
実践誘導	課題提示	困難性表明＋仮説提示
		困難性表明＋意思表明
		(事実・現状報告＋)問題提起
		(困難性表明＋)問題提起
		(事実・現状報告＋)協力依頼
		(困難性表明＋)協力依頼
		外部知提供＋仮説提示
	説得的方向示唆	外部知提供＋意思表明
		仮説提示＋意思表明
		仮説提示＋問題提起

提示するという方法で知識が伝達されている．この知識伝達においても，聞き手による発話内容と発話内行為の解釈と，発話者がどのような方法で何を伝えようとしているのかということに関する推論が行われていると考えられる．

3. リーダーの知識伝達の方法

リーダーから伝達されている知識領域と，意図的に採用している知識伝達方法としての発話内行為を類型化してきた．以下では，リーダーの知識伝達方法を明らかにするために，各知識領域の伝達方法が，K小学校在籍期間の異なる他教師とどのように異なるか，ということを分析する（表4-7）．

表4-7 発話内容と発話内行為との対応関係：リーダーと若年教師・ベテラン教師との比較分析

発話内容		発話内行為								
		基礎情報提供		信念形成		実践誘導				
						課題提示			説得的方向示唆	
メインカテゴリー	サブカテゴリー	事実報告	現状報告	（事実（現状）報告－）意思表明	（事実（現状）報告＋）仮説提示	困難性表明＋仮説提示＋意思表明	（事実（現状）報告＋）（困難性表明＋）問題提起 協力依頼	外部知提供＋仮説提示	外部知提供＋意思表明	仮説提示＋意思表明＋問題提起
学習内容	学習目標			若年教師 ベテラン		ベテラン リーダー				
	運動技能			若年教師 ベテラン	ベテラン					
	運動内容	リーダー		ベテラン	ベテラン リーダー				リーダー	
学習方法	学習集団			ベテラン	若年教師 ベテラン					
	学習の仕方			若年教師	若年教師		若年教師 リーダー			リーダー
	学習の流れ			若年教師 ベテラン	若年教師	若年教師 ベテラン リーダー	リーダー		リーダー	リーダー
	単元構成	若年教師			若年教師	ベテラン	ベテラン		ベテラン	
	学習の場					ベテラン				
学習者実態の捉え方	運動能力	若年教師 ベテラン	若年教師		若年教師 ベテラン		リーダー			
	学習能力	若年教師 ベテラン		若年教師	ベテラン	若手教師 リーダー				リーダー
指導	運動指導			若年教師	ベテラン	若年教師				
	学習指導			若年教師		若年教師	リーダー			リーダー
	具体的指導手法			若年教師 ベテラン		若年教師		リーダー		
授業研究	研究作業									
	研究展開						リーダー			リーダー

若年教師：事例校勤務3年目・教職歴5年目（非常勤歴含む）
ベテラン：事例校勤務3年目・教職歴23年目
リーダー：事例校勤務7年目・教職歴12年目

発話内行為の分析の結果，若年教師の知識伝達方法は，基礎情報提供と信念形成と，困難性表明に続く仮説提示および意思表明という課題提示の一部に分布していた．一方，K 小歴の最も長いリーダーの知識伝達方法は，実践誘導を中心に，仮説提示（信念形成）と事実報告によって行われていた．また，教職歴は最も長いが，K 小歴が若年教師と同期間であるベテラン教師は，若年教師の知識伝達方法に加えて，課題提示の一部（困難性表明に続く仮説提示および意思表明，基礎情報提供に続く問題提起および協力依頼）と外部知提供に続く意思表明という説得的方向示唆によって知識を伝達していた．ベテラン教師の知識伝達方法は，若年教師に近似していると言えるだろう．教師間比較の結果から，知識伝達の方法は，体育研究歴が長くなると信念形成から実践誘導へと移行していくと推察される．

また，知識領域による伝達方法の分布を概観すると，学習者実態の捉え方，学習方法，そして指導に関する知識の伝達方法において，若年教師とリーダーとの間で大きく異なっていた．若年教師はこれらの知識領域について信念形成タイプの知識伝達を行っていたが，リーダーは実践誘導タイプの知識伝達を行っていた．特に，学習者の実態は若年教師にとって所与のものと捉えられており，基礎情報提供として発話されたが，リーダーにとってのそれは所与のものではなく，リーダーはそれを授業研究上の課題として提示していた．これらの結果から，K 小歴が長くなるにつれて，学習者実態の捉え方，学習方法，指導，学習内容に関する自身の考え方を，同僚の考え方や実践を一定方向に誘導する方法で強力に伝達しようとするようになると考えられる．

第 5 節　考 察

第 1 項　2 つの定性的研究の結果の総合化

教師間コミュニケーションにおいて，リーダーは主に個人的な意見表明と司会進行を行っており，教師間で知識が相互作用され，更新されるようなコミュニケーションを促進していなかった．リーダーの体育科教育に関する考え方は，個人的な意見表明を通して，他教師の中で共体験的に受容されたと考えられる．考え方の共通性が徐々に確保される様相は，考え方を表明する際にその根拠を提示しなくなるという結果からも確認されている．

そして，教師間の発話による知識伝達の方法は，発話者が保有する体育授業に関わる基礎情報を提供する発話（基礎情報提供）と，発話命題だけでなく発話者の立場や教師としての個性をも他教師の内部に信念として形成させるもの（信念形成）と，協同的に考究すべき課題を提示したり，自身の考え方を説得的に提示したりして他教師の考え方や教育実践に影響を与えようとするもの（実践誘導）に類型化された．他教師に比べてK小在籍歴が長いリーダーは，すべての知識領域について実践誘導の知識伝達の方法を採用していた．

リーダーの意見表明が知識の共通性を高めるプロセスについて，第3節においては，リーダーの個人的意見表明がリーダーの知識や個性，認識枠組みを伝えている可能性を指摘したが，第4節における研究を通して，発話命題そのものが知識として伝達されているだけでなく，聞き手側が，信念を形成させたり，考え方や実践を一定方向へと誘導させたりするようなリーダーの発話内の意図を解釈し，リーダーが保有する知識を推論するというメカニズムの存在が示唆された．

これらの結果から，リーダーから他教師への知識伝達による知識の教師間差異の縮減は，他教師がリーダーの考え方を解釈して受容し，聞き手自身の知識との照合・適応を図ることで達成されていると説明することができるかもしれない．しかし，この考察結果をすぐさま一般化することはできない．すなわち，K小学校の伝統的授業研究校としての特異性と関連していると考えられるのである．

K小学校の体育授業研究は開校以来の伝統であり，授業公開を含めた研究活動を中断するといったことが検討されることは全くない．また研究成果の発表の場としての授業公開を，例外なく全ての学級担任が行うことも当然視されており，授業の均質化は制度的，文化的に要請されていると言える．

このような特異的な学校の授業研究を先導するリーダー格の教師は，教師集団レベルにおいて特にその責任を負っていると考えられる．リーダーの責任は，それが全うされなかった場合に罰せられるような制度的なものではないが，研究紀要においては部会長としてその氏名が記載されるし，Y市教育委員会から指導に訪れた指導主事がリーダーに対して，若年教師を教育・指導するようにといった言葉をかけていたことを鑑みれば，K小における体育授業研究の成否について，文化的に責任を担わされていると考えてよいであろう．一般の小学校において授業実践は各教師の力量の差や考え方の違いによって様々に展開されてしまうことが想定されるが，K小においては「K小の体育」を実践する必要があり，その先導的役割を担っているリーダーは，公開するに足る「K小の体育」の授業を展開してもらう必要があるのである．ここに，リーダーが，自身のK小における授業実践や授業研究経験から獲得した知識を個人的な意見表明等を通して他教師に伝達し，「K小の体育」を伝授していると考察するに至ったK小ならではの特異的な状況がある.

他教師は，リーダーが発話命題のような内容の知識を獲得した諸経験や，文化的に担っている授業研究上の役割や責任を，リーダーの発話から推察し，個人的な意見表明をも知識の伝授として受け入れているのではないだろうか.すなわち，リーダーによる知識伝達は，K小における授業研究のリーダーとしての役割を認められることを基盤にして成功していると考えることができるだろう.

先述したように，これらの考察はK小をはじめとした伝統的・自律的な授業研究校にのみ適用可能なものと言わざるを得ない．しかし，K小におけるリーダーの知識伝達が成功した要因から，リーダーとして担っている責任を推論されるということを捨象することで，教師間コミュニケーションにおける知識伝達に内在している仕組み（メカニズム）については，一般化が可能な仮説的な知見が抽出できるのではないだろうか．次項では，コミュニケーションにおいて意味や知識が伝達されることに関わる理論に基づいて，考察を進める.

第2項　コミュニケーションにおける知識伝達に関する理論的考察

2つの定性的研究を通して，聞き手である他教師が，リーダーの発話からリーダーが保有している知識内容や知識伝達の方法としての発話内行為を推論することによって，知識そのものだけでなく，リーダーの教師としての認識枠組みも受容するという知識伝達メカニズムが示唆された．この示唆は,「言葉がいかに意味を伝達するのか」という問題を研究対象にしている田中・深谷らが意味づけ論において提起していることと一致している.

田中・深谷(1998)は，人間は外界のモノ・コトに注視し，それらに意味づけすることで意味ある物・事として認識して，語り合うと指摘している．そして，人間同士のコミュニケーションにおいて，各人が付与した物・事の意味には他者との間でズレが生じるものであり,「むしろ意味が確定できないからこそ，そしてズレが発生するからこそ，人は絶えずコミュニケーションに駆り立てられる」（田中・深谷，1998，pp.47-48）と述べている.

そして田中・深谷(1998)は話し手A・聞き手Bという2人の会話を次のように記述している.

> 「Aは状況を意味づけすることにより自らの情況を編成しコトバ1を発する，そしてAの情況から差し出されたコトバ1をBが自らの情況に取り込み，意味づけすることでコトバ2として応答する」（田中・深谷，1998，p.49）

情況とは，物・事への意味づけによって編成された個人の意味世界である．深谷・田中(1996)によれば，コミュニケーションにおいて，人は他者とコトバを共有する．しかし，コトバの共有は意味の共有をもたらすわけではなく，むしろ，意味づけが不確定であるがゆえに「コトバの意味づけが主体間で完全に一致することはありえない」(深谷・田中，1996)．それでも我々は会話を成立させることができる．ここに，話し手Aのコトバが Aの情況を反映しているものとして聞き手 B によって意味づけられるという「他者情況の忖度(そんたく：おしはかること)」(田中・深谷，1998，p.12；括弧内は筆者加筆）とそれを支える共同体に特徴的なコトバや行動の仕方といった「共通基盤」(田中・深谷，1998，p.113）が重要になるのである．共通基盤概念は，広義的には「諸感覚に相わたって共通で，しかもそれらを統合する(中略)総合的で全体的な感得力，つまり共通感覚」(中村，2000，p.7）であり，「発話解釈における認知的コスト」(飯野，2007，p.219）を低減させるものであり，コミュニケーションにおける共創を支えるという意味での「共創ルール」(清水，2000，p.138）であり，言葉の意味に限定して捉えれば，共同体内で言語の語彙を体系化し，秩序化する「意味場」[11] (小林，1999，p.126）と言える．

意味づけ論に依拠すれば，教師は，日々の教育実践や各種研修，あるいは同僚との相互作用を通じて，教育に関わるあらゆる事象に意味づけをしながら，教師として保有している意味世界や価値観，思い，イメージといった情況を編成していると言える．既存の情況を再編成しながら次なる教育実践へと向かう営みは佐藤(1997)のいうところの反省的実践である．そして，教師間コミュニケーションとは，(体育）教師であることや同一学校の教師であることに特徴的なコトバや行動の仕方といった共通基盤に基づいて，互いの発話のコトバを解釈して情況を推論し，同僚の教育実践を自分なりに意味づける営みであると言えるだろう．また，K 小学校では，教師－子ども間の関係や子ども同士の教え合いの関係に着目することの大切さを凝縮的に包含させて表現するために研究主題である「学級経営と体育」という言葉を用いたり，それを実現した授業の様子を「K 小の体育」という言葉で表現したりすること，あるいは，学習者の望ましい学習活動を発見し，

[11] 小林(1999)は意味場を定義意味特性と弁別的意味特性によって構成されるものと捉え，わが国における意味場の例として，雨という語を取り上げ，その定義意味特性（雨の定義）と弁別的意味特性（春雨，五月雨，夕立など）を解説している．K 小においても，例えば「学級経営と体育」という語に対する意味場が共通基盤として形成されていると考えられる．

それを本人や学級全体で評価することを「認めてあげる」と表現することは当該校に特徴的ではないだろうか．こうした言葉はK小学校の事例集団の共通基盤の一部と考えられる．

若年教師が意思表明や仮説提示といった発話内行為を採用するのは，授業構想のアイデアやイメージが自身の経験やコンテクストの中だけに閉ざされたもので，同僚教師にそのすべてを理解してもらうことは難しいと認識しているからではないだろうか．そして，この孤立感は，若年教師がK小学校に固有の共通基盤を十分に見出せておらず，他教師の情況を推論することがまだ不確実であることに起因すると考えられる．そのため，まずは他教師に体育教師としての個性や知識を正しく推論してもらうために，自分という教師の個性と知識に関する信念を他教師の内に形成しようとする発話（信念形成）をしていると考えられる．

一方，研究歴の長いリーダーは，K小学校教師としての共通基盤を持っており，K小学校の体育科教育が抱える課題や目指すべき方向性を個人的な意見表明として語って他教師に提示することで，他教師の思考や実践を変え，その結果として良質な体育科教育を実現したり，授業研究を成功裡に展開させたりすることができると認識しているのではないだろうか．つまり，リーダーは他教師の情況を推論することに長けており，それが組織的な授業構想や授業研究をリードする姿勢につながっていると考えられるのではないだろうか．

この見地からは，前項で述べた教師間コミュニケーションにおける知識伝達のメカニズムについての考察（発話命題そのものが知識として伝達されているのではなく，知識伝達の方法としての発話内行為が，他教師によるコンテクストの解釈によって受容され，結果として発話者の知識が伝達されているように見えると考えられる）は，次のように修正することができるだろう．

体育科教育をめぐるコミュニケーションにおいて，聞き手は授業構想に関する発話から構想者の価値観や思い，イメージ，使用しているノウハウといった知識，つまり体育科教育に関わる情況を推論することで受容している．特に，構想者の発話内行為は当人の情況を反映しており，聞き手の推論を助けている．

そして，授業研究を経てリーダーの意見表明における根拠提示が少なくなることなどから読み取れる知識の共通性確保という事態は，継続的なコミュニケーションを通じて，教師相互の情況推論が重ねられ，その正確性が向上し，やがてコトバや行動の仕方に共通性が増し，共通基盤が形成されていくことで徐々に成立すると考えることができよう．

第6節 小 結

経営組織においてメンバー間の共通理解を育んだり，情報・知識を共有したりすることは，協同性を確保する上で重要である．そのための方策として，企業組織においては，非公式コミュニケーションや自由闊達なコミュニケーションの場を創出すること[12]や，ITシステムを活用して，高頻度でスムーズな情報共有を展開すること[13]などが注目されている．これらに関わる論説では，自由で主体的な発話や情報発信の意義が主張されている．学校経営に関わる研究領域でも，成果を上げる学校組織において成立している校内研修や教師のチームワークの様相が記述され，教師の主体的参加と自由なコミュニケーションの重要性が指摘されている（高階，2005；堀井・黒羽，2006；横浜市教育センター，2009；浜田，2009）．しかし，教師が主体的に参加し，自由に展開したコミュニケーションがどのような過程で成果を上げるのか，ということの内実について明らかにした研究はない．

本章で展開したリーダーの振る舞いと知識伝達方法を明らかにした研究によって，教育の教師間差異の縮減に対して有効なコミュニケーションは，互いに相手の中に信念を形成させたり，実践を拘束したりするような意図を含む個人的な意見表明の発話を中心に展開するものであることが明らかになった．リーダーの意見表明は，文書化されたり明示化されたりした情報だけでなく，経験やコンテクストに基づく個人的な知識が含まれている．リーダーは自らの知識を伝授しようと発話している．そしてコミュニケーションを成功裡に展開させるために，リーダーは「(体育）教師らしさ」や「わが校らしさ」といった共通性に由来する共通基盤のもとで，披瀝した知識の内容とそれをどのような方法で伝えようとしているかという意図を正確に推論してもらうことで，知識を伝達している．この他教師によるリーダーの発話に対する推論の積み重ねによって，徐々に知識の教師間差異が縮減されていくと考えられる．

K小学校における教師間差異縮減プロセスは，K小学校の特異的な状況において確認されたものであるが，知識伝達のメカニズムに関する基礎的な知見は一般化可能であろう．コミュニケーションにおいて聞き手である教師は，話し手の発

---

[12] 非公式コミュニケーションの場の創出の重要性について論じたものには，前川(2010)などがある．また，自由闊達なコミュニケーションの意義については，ウルリヒほか(2003)などがある．

[13] ITシステムの活用による情報共有の意義については石川(2001)，岡部(2001)などが挙げられる．

話から話し手の体育科教育に関わる価値観や思い，イメージ（田中・深谷はこれらを「情況」と総称している）を推論して知識を受容していると考えることができる．情況推論が不正確であれば，知識は正しく伝達されない．そして，話し手の知識を伝達しようとする発話内の意図（発話内行為）は，知識伝達を助けている．事例集団のリーダーの知識伝達方法が，他教師の価値観やイメージに直接影響を与える実践誘導のものであったことが，推論の不確実性を大きく低減させていたと考えられる．

第5章
考　察

本章は，定量的研究（第3章）と定性的研究（第4章）において明らかにした有効なコミュニケーションの方略とメカニズムについて，それらの結果と各々の考察を関連付けることによって，体育授業の教師間差異の縮減と自律的改善に対して有効なコミュニケーションに関する考察を深めていく．

第1節　有効な教師間コミュニケーションに関する考察

本研究では,教科体育組織における有効な教師間コミュニケーションに対して,知識の共通性や更新性を高める戦略的方法としてのコミュニケーション方略と,知識の共通性の確保をもたらす構造としてのコミュニケーション・メカニズムという2つの側面から分析してきた．

コミュニケーション方略には一定の構造（メカニズム）がある．本節では，まず定量的研究(第3章)において操作化した各コミュニケーション方略の展開を,コミュニケーション・メカニズムを説明する上で鍵概念であった「情況推論」,「共通基盤」の概念を用いて考察する．方略とメカニズムという2つの概念を関連付けることによって，有効な教師間コミュニケーションのメカニズムの全体像や成立方策へと考察を進めることができるだろう．

第1項　効果的なコミュニケーション方略

コミュニケーション方略と知識の共通性・更新性状況との因果関係を中心に検討した定量的研究においては,コミュニケーション方略を知識創造理論に依拠し,共同化，表出化，連結化，外部情報連結と操作化した．その結果，知識の抽象レベルに関わらず，知識の共通性・更新性を同時に確保するためには概ねすべてのコミュニケーション方略の展開が要求されるが，知識の抽象レベルと組織の共通性・更新性状況によっては，共通性を確保したり，更新性を確保したりする上で鍵となるコミュニケーション方略が異なることが明らかになった．そこで本項では，各コミュニケーション方略の展開がどのように知識の共通性や更新性と関連しているかを考察することで，有効なコミュニケーション方略のメカニズムの全体像へと考察を展開していくための基盤を用意する．

共同化は，教師が経験を通じて獲得・構築した実践的知識や価値観といった，言葉で表現することが難しい暗黙知を，経験談や感覚の語り合いを通じて伝達するコミュニケーション方略として認識した．体育科教育の意義や目標に関する考え方の教師間差異を縮減する上で，共同化は重要な意味を持つ一方，体育科教育の意義・目標や単元の目標・内容に関わる事柄を見直す上で展開することが必要になるコミュニケーション方略のひとつであった．

体育科教育に関する実践的知識や価値観を同僚へ伝達するためには，それに内在する自身の経験やコンテクストについての伝達も必要になる（レナード・スワップ，2005）．定性的研究（第 4 章）の考察において述べたように，教師の経験やコンテクストの伝達は，情況を他教師によって推論されることによって実現する．そして教師間の推論の不確実性を低減するためには共通基盤が必要になる．つまり，体育科教育の意義や目標の考え方について教師間で共通理解したり，体育科教育全般や単元レベルの事柄を見直したりするためには，同僚意識などの共通基盤に基づいて，体育科教育に対する思い・願い，指導上の感覚・コツを個人的な意見表明として語り合うことが有効になると言えよう．

野中ほか(1996)は，暗黙知を伝達するようなコミュニケーションが生起する機会を「職場から離れた」（野中ほか，1996，p.127）非公式コミュニケーションに見出しており，野家(2005)，ブラウンほか(2007)，菅原(2010)などは，物語やストーリーが経験を伝承する言語装置として働き，人間間の共感をもたらすと述べており，物語の語り合いやストーリー・テリングの有効性を指摘している．これらの指摘はいずれも，共体験的な知識伝達とその基盤となる共通感覚やメンタル・モデルの共有の重要性に触れており，本研究によって裏付けられたと言えるだろう．

表出化は，経験談や感覚を一般化したり抽象度を高めたりすることによって，暗黙知を共有や蓄積が可能な形式知に変換するコミュニケーション方略として認識した．野中ほか(1996)や野中・紺野(2003)に依拠すれば，暗黙知を明示化するための具体的な方法（文法や話法）には，個人に固有の経験やコンテクストを，イメージが伝わりやすいように比喩表現（メタファーやアナロジー）を用いたり，共通基盤として共有している言葉で表現したり，経験や感覚に新たに名前や表現を付与したりするようなものが挙げられる．

各教師は個性的な経験や思いを保有している．それらを物語の形式で語り合うことでより確からしい推論が成立し，伝達が可能になると考察した．表出化においては，より多くの言葉と表現方法を用いることで，教師相互の発話解釈と情況推論はより確かなものになり，他者の暗黙知は形式知として自己のものとなり，自己の情況や知識と照合させたり，比較させたりすることが可能になると考えられる．このプロセスは「情況推論」よりも確かな「知識の受容」と言えるのではないだろうか．また，明示化の過程で推論が深化し，知識の受容を繰り返し成功させた言葉や表現方法は，新たな共通基盤として獲得されることになると考えられる．

第4章の考察において，そのような言葉や表現の例として「学級経営と体育」という言葉が教師の学習者への関わりと学習者間の相互学習の重要性を包含していることや，それらの関わり合いが望ましい形で実現された授業を「K小の体育」と表現することなどを挙げた．K小に特徴的なこれらの言葉は，各教師が自身の授業実践に対する意味づけを他教師に説明する際に度々用いられ，意味が上首尾に伝達される成功体験の蓄積によって，個人の暗黙知を，他教師でも受容できる形式知に変換することを助ける共通言語として機能していくことになると考えることができるのではないだろうか．

連結化は，知識を関連付け，より体系立った知識を生み出すコミュニケーション方略として認識した． 体育科教育の意義・目標や，単元レベルの目標・内容，指導方法・テクニックに関する事柄が，相互に関連付けられながら検討されることによって，教科体育に関する一貫性のある知識体系が生み出されると考えられる．野中ほか(1996)は，知識が関係付けられ，組み合わされたりすることによって，知識間の矛盾を克服するために知識体系が改善されたり，新たな知識を創出する必然性が生じると論じている．定量的研究（第3章）においても，体育科教育の意義・目標や単元の目標・内容に関する考え方を更新する上で，連結化は展開が要請されるコミュニケーション方略のひとつであった（表3-20参照）．定性的研究では知識の更新性が確保されるプロセスを研究対象にできなかったため，知識が関連付けられたり体系化されたりすることで知識が改善されるメカニズムについては，仮説的に論じることしかできないが，おおよそ次のように考えることができるだろう．

K小学校が教師間差異を縮減するに至っているコミュニケーション・メカニズムを明らかにしようとした定性的研究では，その結論として，二者間の知識伝達と知識の共通性が確保されるに至るメカニズムを次のように解釈した．

> 聞き手の教師が他教師の発話と発話内行為の解釈を通じて，当該教師の情況を推論して，彼／彼女が有する知識を自身の内へと受容する．そして，その過程で，聞き手の知識は，受容した話し手の知識と（聞き手の思考内で）相互作用され，その結果として知識の共通性が高まる．

ここで着目すべきは，教師の思考内で他教師の知識と自己知識とが相互作用されることで知識の共通性が高まるという部分である．K 小学校では，他教師がリーダーの情況を推論して K 小の体育を学ぶことで知識の共通性が確保されていたわけだが，リーダーの知識を受容することで他教師が K 小の体育の考え方を採用するようになるためには，コミュニケーションを通じて他教師の知識が変容することが必要になるのではないだろうか．

他者の知識を受容する際には，他者の情況や知識を，自身の経験やコンテクストに基づいて構成している情況や知識と照合したり，比較したりすることで，他者の知識を採用するか，あるいは廃棄するかを決定することになると考えられる．何らかの意思決定や価値判断を求められるような教育現場において，矛盾・葛藤する知識を同時に，しかも長期にわたって保有することは強いストレスになると考えられるからである．その結果，聞き手側の知識の修正・変容が起こり，その後のコミュニケーションを通して各自の知識修正が重ねられることで，コミュニケーション前後で知識が更新されたように見える，と考えることができそうである [1]．

外部情報連結は，教師が行政の研修に参加したり，他校の教育実践を見聞きしたりすることで獲得した体育科教育に関わる情報や知識を，コミュニケーションの場で披歴し，既存の知識と関連付けて活用（あるいは廃棄）するコミュニケーション方略として認識した．

外部情報の中でも，他校の教育実践に関する情報を活用するコミュニケーション方略が共通性や更新性の確保に資するという定量的研究の結果は，行政研修から入手される情報よりも，他校の教育実践に関する情報の方が，体育組織において活用しやすいのではないかということを想起させる．

外部情報から解釈される体育科教育をめぐる意味内容が，既存の知識のそれと異なるものであった場合，既存の知識体系にゆらぎが起こる可能性があるだろう．外部情報を採用するか廃棄するかに関わらず，外部情報がコミュニケーションの場に提出されれば，外部情報に含まれる意味が解釈され，既存知識との照合・比較が行われることになると考えられるからである．外部情報の意味を解釈するということは，他教師の発話から情況を推論するということと同様の思考的な営みであろう．外部情報には，その出所（行政研修における講義やそこで配布された

---

[1] この考察では，無の状態から新しい発想や考え方が生まれることを説明できない．さらなる研究が必要になるだろう．

資料，あるいは他校の教育実践とそれを担う教師など）におけるオリジナルの意味が付与されている．しかし，それを獲得した教師やコミュニケーションの場で披歴する教師は，その教師固有の焦点化や解釈，意味づけを加えている．コミュニケーションの場で外部情報を聞く側の教師は，オリジナルの意味に対して情報獲得・披歴者がさらに意味づけしたものを聞くことになると考えることができよう[2].

こういった視座に立てば,（行政研修から獲得した情報よりも）他校の教育実践をコミュニケーションの場に提示することが，知識の共通性や更新性の確保に有効であるという結果は，他校の教育実践に対する情報獲得者の意味づけ（すなわち場に提示された知識）を聞き手が推論することの方が，より正確になされる可能性を示しているのではないだろうか．その要因として考えられることは，教育実践に関する情報は，たとえその出所が他校であったとしても,（体育）教師としての共通感覚に基づく推論が可能になるということなどがあると思われる.

外部情報連結に関わる一連の考察は，行政研修で伝達される情報の内容や，他校の教育実践に関する情報の内容や入手経路について，データを収集できていないし，その一般的な状況も整理されていないため，推察に過ぎない．しかし，コミュニケーションを通した知識の活用に際して，情況推論や共通感覚が意味を持つ可能性は指摘できるのではないだろうか.

本項では, 定量的研究の結果を, K小学校の事例研究を通して浮上してきた「情況推論」,「共通基盤」,「知識の受容」等の概念を用いて再考察することで，各コミュニケーション方略の展開とそれらが知識の共通性や更新性を導くメカニズムについて議論を深めてきた．その過程で，表出化のコミュニケーション方略の展開の議論において「知識の受容」という過程が存在することが想起され，連結化のコミュニケーション方略が知識の更新性を確保させるメカニズムの議論を通して,「自己知識の修正」という新たな過程の存在が，仮説的ではあるが浮上してきた．ここに，コミュニケーションを通して知識が伝達される仕組みには，情況推論，知識の受容，自己知識の修正，共通基盤といった要素が存在していることが示唆されたことになる．そこで次項において知識伝達のメカニズムについて考察を進めていくことにする.

2　外部情報が文書資料として提示（配布）される場合，情報獲得・披歴者の意味づけは加わっていないものの，その情報のオリジナルの意味を解釈することは難しくなるだろう．ここでは，コミュニケーションにおける話題として外部情報が語られることだけに焦点化して考察を進めている.

第2項　知識伝達のメカニズム

コミュニケーション方略が展開し，成果をもたらすメカニズムを，定性的研究の結果と関連付けて再考察したことによって，コミュニケーションにおける知識伝達のメカニズムには，情況推論，知識の受容，自己知識の修正，共通基盤といった要素が含まれていることが示唆された．本項では，そのことを知識創造理論のSECI モデルにおけるフェーズ展開（共同化→表出化→連結化→内面化）を参照しながら，知識伝達メカニズムの構造化に向けて議論を進め，知識の共通性や更新性が確保されるに至るまでのメカニズムをも説明しうる構造モデルを構築していくことにする．

SECI モデルは，暗黙知の伝達（共同化）－暗黙知の形式知化（表出化）－形式知の体系化（連結化（＋外部情報連結））－形式知の実践利用による暗黙知化（内面化）と展開することによって知識共有と知識創造が同時並行的に達成されることを説明する理論モデルである．コミュニケーション方略の展開に関する前項での考察を通して，暗黙知の伝達プロセス（共同化）に際しては正確な情況推論が重要になることが明らかになったし，暗黙知の形式知化プロセス（表出化）においては知識の受容が達成されることと共通基盤が形成される可能性が示唆された．また形式知の体系化プロセス（連結化）では，各自の知識が修正される必要性が指摘できた．これらの考察は，SECI モデルの各フェーズが生起し，知識共有や知識創造という成果をもたらす上で鍵となるメカニズムに関するものであり，SECI モデルのコミュニケーション的内実に迫るものであると言えるだろう．すなわち，SECI モデルの連続的なフェーズ展開を参考にして，情況推論，知識の受容，自己知識の修正，共通基盤といった要素をコミュニケーションにおいて連続して展開するように配置すると，次のようなループ構造が浮上してくるのではないだろうか．

> 発話解釈による≪他者情況の推論≫を通して≪他者知識の受容≫が展開する．他者知識との照合によって≪自己知識の修正≫が行われ，その後の発話によって他教師に対して≪知識伝達≫が行われる．そのループが上首尾に展開することで，共通言語や共通感覚といった≪共通基盤≫が構成・蓄積され，発話解釈と情況推論の正確性が向上していく．（図 5-1）

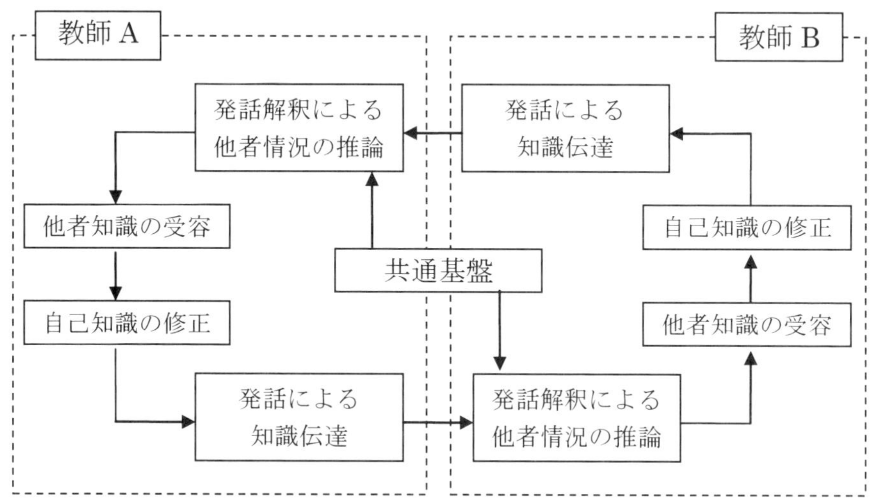

図 5-1 知識伝達メカニズムのループ構造 （矢印は展開の方向を示す.）

知識伝達メカニズムのループ構造はSECIモデルの展開の内実を説明するものである. この視座に立てば，知識の共通性・更新性の確保に対して，概ねすべてのコミュニケーション方略が重要になるという定量的研究の結果は，他者情況推論－他者知識受容－自己知識修正－知識伝達のループが持続的に展開する必要があるということを含んでいると言えるだろう.

SECIモデルは理論モデルであり，それに基づいて構築された知識伝達メカニズムの構造モデルも理論モデルに過ぎない. しかし，SECIモデルの理論モデルとしての確からしさについて，コミュニケーションというミクロな視点から検証し，継承しうるものであると言えるだろう. また，コミュニケーションが共通理解を育んだり，既存の考え方を改善したりするという一般的・経験的な命題を説明しうる可能性を有していると考えられ，組織コミュニケーションに関する次なる研究展開のための基礎的知見が得られたと考えられる.

また，知識伝達メカニズムの認識枠組みは，他者に対する理解と不可知性との関連を哲学的に議論した西田(1932)による次のアイデアを内包するものであり，相互の発話を通じた人間の相互理解のメカニズムを説明する可能性を有しているのではないだろうか.

「私は汝の表現に没入することによって汝を知るのでもない. 所謂感情移入によって汝を知るのでもない. 私は汝が私に応答することによって汝を知り，汝は私が汝に応答することによって私を知るのである. 私の作用と汝の作用とが合一することによって私が汝を知り汝が私を知るのではなく，互に相対立し相応答することによって相知るのである.」(西田，1932，p.392)

西田の認識に依拠すれば，教師は教育をめぐる自己の意味世界（情況）について表明し，推論されることで他教師に受容され，他教師の意味世界に影響を与える．そして，他教師からの応答の発話から自己の意味世界によって影響を受けた他教師の意味世界を推論し受容することによって，初めて他教師の意味世界を知ることができると言えるのである．すなわち，知識伝達メカニズムのループが回り続けることが相互理解の条件であるということが言えるだろう．

第３項　有効なナレッジマネジメント

知識の教師間差異を縮減したり，更新したりするコミュニケーション方略は，取り沙汰される知識内容の抽象度によって若干異なる様相を見せた．そこで本項では，定量的研究および定性的研究において明らかになったことを関連付けながら，前項において提起した知識伝達のメカニズムに基づいて，知識領域別に有効なナレッジマネジメントのあり方を考察する．

体育科教育の意義や究極的目標に関する知識について教師間差異を縮減する上では，暗黙知を伝達し合うことが求められる．さらに，この知識を更新しようとすれば，暗黙知の伝達に加えて，それを明確な言葉で形式知へ変換したり，組み合わせて体系立てたり，あるいは組織外から情報を仕入れて活用するという，すべてのコミュニケーション方略が展開されなくてはならない．

体育科教育の意義や究極的目標とは,体育を通してどのような生徒を育てるか,体育科教育は教育全体においてどのような固有性や意義を有しているか，といったことに関する考え方であり，抽象度の高い知識と言える．体育科教育の意義や究極的目標について，日々の教育実践に追われる教師が授業のたびに振り返ることは少ないであろうし，教師間コミュニケーションでも頻繁に話題にのぼるということはないだろう．そのため，年間計画の冒頭や授業研究の紀要等において記述される「謳い文句」として形式的に共有されてしまう可能性は少なくない.「謳い文句」として表現された体育科教育の意義・目標は，授業実践のコンテクストや各教師の情況から乖離しているという意味で，各教師がすぐさま自身の授業実践に反映させることができない形式情報と言えるだろう．この抽象度の高い知識の教師間差異を縮減するために，暗黙知を伝達する共同化のコミュニケーション方略が重要になるという結果は，教育実践の経験やコンテクストを含む暗黙知を伝え合う必要性を示している．また，この結果は，体育科教育の意義や究極的目標という授業実践から離れた知識領域においても，教師は固有の意味づけをし，情況を構成しているということを示していよう．そして，個別学校において共有することができる体育科教育の考え方とは，各教師の経験に根差したものであるということができるだろう．

現在でも，民間研究団体や学会等で体育科教育のあり方についての議論が展開され続けているし，唯一正解とされる結論は見出されていない．それらの諸説を書籍や雑誌等で学ぶ教師も少なくないだろう．その中の一説を自身の体育科教育の考え方の拠り所にしている教師であっても，その一説を「謳い文句」として受容しているのではなく，自身の教育実践経験やコンテクストに基づいて構成した情況と照合し，一説を自己流に意味づけていると考えるのが妥当であろう．この見地から見出せることは，教師が学校内で体育科教育論議を展開する際，支持している考え方が「正しい」と意味づけるに至った経験やコンテクストを語り合い，互いに同僚の情況や意味づけを精確に推論するように努めることが，教師間の共通理解につながるということである．

次に，単元レベルの到達目標や学習内容に関する知識については，教師間差異を縮減するとともに知識を更新するためには，上述したコミュニケーション方略すべてが展開される必要がある.特に,様々な知識を組み合わせて体系立てたり，他校の情報を受容し活用したりするコミュニケーション方略は重要になる．

本研究では単元の目標・内容に関する知識領域を体育科教育に関する知識体系の結節点と考えた．体育科教育の意義・目標に関する知識との論理的なつながりが見出しやすい上に，指導方法に関する知識とのつながりも認識しやすいと考えたからである．しかし，教師の体育科教育に関する情況は，体育教師としての経験やコンテクストが内在する意味世界であり，体育科教育の考え方は各教師の経験やコンテクスト，諸説への意味づけによって独自に体系立てられていると考えられる．この見地に立てば，教師の意見表明はいずれかの知識内容に関するものであろうが，それが体育科教育一般の考え方に基づくものか，単元レベルの考え方に基づくものか，あるいは指導方法に関する考え方に基づくものか，ということについては，聞き手だけでなく，発話者自身にとっても明確ではないと言えるだろう．しかし，知識伝達を重ねることによって相互に自己知識の修正が繰り返されれば，知識の体系化も進むと考えることができるのではないだろうか．自己知識の修正は他者知識の受容と照合によって行われるが，その前段階として自身の意見表明が他教師においてどのように受け止められたかということを他教師の応答の発話から推論することが必要になる．この相互の内省的な知識修正の営みは，知識体系の協同的な再編成と言えるだろう．そういう意味で，体育科教育の考え方の体系化には，継続的なコミュニケーション（知識伝達）における自己知識の修正が必要になると言える．

また他校の情報を受容し，自校の体育授業づくりに生かすことは，各教師の知識体系にゆらぎを与え，自己知識の修正を促すことで，知識伝達メカニズムのループを駆動させていると言えるだろう．すなわち単元に関わる話題は，体育組織において体育科教育のあり方から指導方法に関わる知識修正と知識の体系化を促進する可能性を持ったトピックと言えるだろう．

最後に，指導方法や指導テクニックに関する知識について，その共通性と更新性を同時に達成するためには，すべてのコミュニケーション方略が展開される必要があり，特に他校情報の授業が重要である．指導方法をめぐってはコミュニケーションを通した知識伝達のループが持続的に展開する必要があると言える．そして，他校情報を受容し，活用していくコミュニケーションは，従来採用してきた指導法や指導ノウハウの見直しを促すことにつながり，結果として知識伝達メカニズムのループを駆動させると考えられる．

しかし，指導方法・テクニックについて知識更新が行われていない体育組織においては，コミュニケーションによって教師間差異を縮減することはできない．知識更新には自己知識の修正が鍵になる．すなわちこの結果は，自己知識の修正がコミュニケーションの要諦であることを示唆していよう．教師の自己知識の修正は，教育実践を通した内省と教師間コミュニケーションにおける内省の 2 つの内省が考えられる．2 つの内省は，指導方法・テクニックについて教師間差異を縮減したり，改善したりする上で重要であるだけでなく，教師間コミュニケーションが継続する上でも必要になると言えるだろう．

第 2 節　体育組織とコミュニケーションに関する考察

本節では，第 3 章において明らかにしたコミュニケーション方略とコミュニケーション属性との関係性に関する知見と第 4 章において明らかにした知識伝達のメカニズムに関する知見とを関連付けながら，体育組織における教師間コミュニケーションに関する考察を深化させる．

第 3 章第 3 節第 3 項の末尾において整理した通り，コミュニケーション方略の展開と，コミュニケーションにおける教師間コンフリクト（意見の食い違い）とパワーの発揮（発言力の発揮）との関連性については，次の 3 つの事柄が示唆された.

1点目は，教職歴に由来するパワーは，組織のルーティン化を促進することを介して教師のビジョン形成と意見表明を阻害し，既存の体育授業のあり方等についての検討を妨げ，各教師が孤立的に授業構想と授業実践を展開することにつながるということである．2点目は，競技力の高さや研修経験の豊かさに由来する発言力は，発話におけるそれらの経験に関わる文脈が閉ざされたものである場合，意見の食い違いを乗り越えようとすることは阻害され，文脈が同僚教師に開かれている場合，意見の食い違いの意味を見出し，それを乗り越えようとすることが促進されるということである．そして3点目は，研究校在籍経験に由来する発言力が認められる体育組織においては，発話の文脈の自己完結性が高く，意見の食い違いを乗り越えることが難しいということである．

これらの考察結果が意味することは，教師間コミュニケーションにおける発言力が組織のルーティン性を高めることにつながったり，発話の文脈の自己完結性が高かったりする場合において，教師の様々な考え方や価値観の表明は妨げられ，考え方の違いを乗り越えることが阻害されるということである．体育授業を構想する組織的な営みがルーティン化すれば，相互の情況推論や自己知識の修正の必要性は低減し，文脈の自己完結性が高い発話は聞き手による発話解釈と情況推論を難しくすると考えられる．そして，スポーツ競技経験や研修経験の文脈が，発話において聞き手に開かれる場合は，発話解釈と情況推論を支援すると言えるだろう．発話解釈と情況推論が共通感覚や共通言語といった共通基盤によって支えられることを鑑みれば，スポーツ競技経験や研修経験は共通感覚の源泉になりうると考えられる．それらの経験の量や質に違いはあれども，教師間で近似の経験をしているからかもしれない．

組織のルーティン性は組織の公式化と関連しており，発話文脈の自己完結性は組織の専門化と関連していると考えられる．公式化と専門化の2つの組織構造上の特性は，いずれかが過度に高まる場合，組織における知識伝達やコンフリクトのポジティブな解消が妨げられると言えるだろう．

組織構造は組織における情報ネットワークの型である（野中ほか，1978）．これまでの学校組織[3]は，一般的に「鍋ぶた型」（曽余田，2010，p.5）と呼ばれる比較的フラットな組織構造をしていると考えられてきたし，水平的コミュニケー

---

[3] 児島(1982)の指摘は，管理職・主任職の役割を否定するものではなく，フラットな構造になるほど教師の創造的意欲を醸成する指導・助言的機能や教師間コンフリクトをポジティブな方向へ解消する調整的機能が必要になると述べている．

ションを活性化するという視点からフラットな構造にすべきであるという指摘もある（児島，1982，pp.92-93）．そういう意味では，わが国の学校組織内の情報伝達は，水平方向の教師間コミュニケーションが重要な意味を持つと言ってよかろう [4]．本研究の定性的研究におけるリーダーの発話への着目も，垂直方向のコミュニケーションとして扱ったわけではなく，教師集団における水平方向のコミュニケーションの一部を抽出しようとしたものであった．教職歴に由来する発言力が発揮されることは組織の公式化を高め，研究校在籍経験に由来する発言力の発揮は組織の専門化を高める可能性が高い．そして，スポーツ競技経験や研修経験に由来する発言力の発揮は，専門化と結びつかない場合において水平方向のコミュニケーションを活性化する可能性が高い．すなわち，フラットな組織である学校（体育）組織の組織構造は，指示・命令と情報伝達の型としてではなく，教師間コミュニケーションにおける発言力の発揮として表出すると言えるだろう．

第 3 節　学校組織のナレッジマネジメントに関する新発見

定量的研究では，コミュニケーション方略を認識する上で SECI モデルに依拠した．知識創造理論や知識経営の考え方が，今日の学校（体育）組織において援用可能な理論であり，新たな発想をもたらしてくれると考えたからである．その副次的結果として，本研究は知識創造理論に対して次の 2 つの新たな知見を提供したと考えている．

1 点目は，サービス組織に対する知識創造理論の適用についてである．

サービス組織の場合，生産財であるサービスが無形性や非貯蔵性，非分離性，プロセス特性，異質性といった特性 [5] を持っていることから，「ものづくりの組織」（藤本，2007）等の他の組織と比べて相互作用される知識の個人的文脈依存性や多義性は高いと考えられる（田尾，2001，pp.155-156）．また，スポーツ・サービスに内包されるスポーツの諸機能の表出に関する仮説体系は，生産者の内にある経験則や感覚，勘を多く含んでいよう．本研究でも，体育科教育の意義や究極的な目標といった抽象度の高い知識において，その共通性，更新性を確保し

---

[4] 学校の組織構造は教育行政の影響を強く受けるものであり，小島(2000)や曽余田(2010)などは，1998 年の中教審答申を皮切りにした現代の学校経営改革が，職員会議の補助機関化と意思決定における責任制原理の導入，主幹教諭等の新しい職の設置を通じて学校組織のピラミッド型化を進めようとしていることを批判的に指摘している．

[5] サービスの特性については，ローイほか(2004)や山下(2000)などを参考にしている．

ようとすれば暗黙知を伝達し合うことが重要になるという結果が得られており，知識の文脈依存性の高さが示唆されている．文脈依存の知識を共有可能な陳述的知識としての形式情報に変換したり，ICTシステム上に蓄積可能なデータに変換したりすることが難しいとすれば，サービス組織におけるSECIモデル上の表出化（Externalization）は特別な意味を持ちうるかもしれない．

また，本研究において明らかになった有効なコミュニケーション方略に関する知見を俯瞰すれば，概ねすべてのSECIモデル上のフェーズが展開される必要があると言えるが，その中でも特に，抽象度が高い知識領域では共同化（Socialization）が重要であり，抽象度の低い知識領域では既存知識にゆらぎをもたらす外部情報の受容が重要であった．そして知識体系の結節点に当たる中程度の抽象度の知識領域では連結化（Combination）と外部知識の受容が重要であった．すなわち，サービス組織における知識経営は，暗黙知の伝達・共有と，既存の知識体系にゆらぎをもたらすことによる知識の体系化の促進が特に重要になると言えるだろう．

2点目は，コミュニケーションにおける知識創造プロセスの展開の内実についてである．

本章第1節第1項において，共同化，表出化，連結化の各コミュニケーション方略は，いずれも知識伝達メカニズムを備えており，重要となるコミュニケーションの要素が異なることを指摘した．図5-2は，各コミュニケーション方略において重要となる知識伝達メカニズムの要素を黒色で示し，SECIモデル上に配置したものである．内面化は本研究の対象となっていないため空欄である．

野中らは知識創造理論に関する複数の論説において，各フェーズを駆動させるコミュニケーションの実践例を挙げている．例えば，共同化においては非公式な対話場を設定することやストーリー・テリング，表出化では比喩や隠喩の使用，連結化では知識を照合，分類，体系化すること，などである．これらの例示は，各フェーズが意味することを想起させる上で有益であるものの，各々がどのようなメカニズムで展開するのかということについては明らかにされていない．しかし，本章における一連の考察で提起することができた知識伝達メカニズムモデルと関連付けることで，コミュニケーションにおけるSECIモデルの各フェーズの展開メカニズムの一端が見出せた．

すなわち，暗黙知の伝達・共有（共同化）においては共通基盤に基づく正確な他者情況の推論が不可欠となる．暗黙知の形式知化（表出化）では他者知識の受容を経る必要がある．そして体系的知識の創出（連結化）には自己知識の修正が不可欠である．なお，SECI モデルには観察や模倣，ICT システムの活用といった言語的コミュニケーション以外の相互作用も含まれており，この考察は言語的コミュニケーションのみに焦点化したものである．

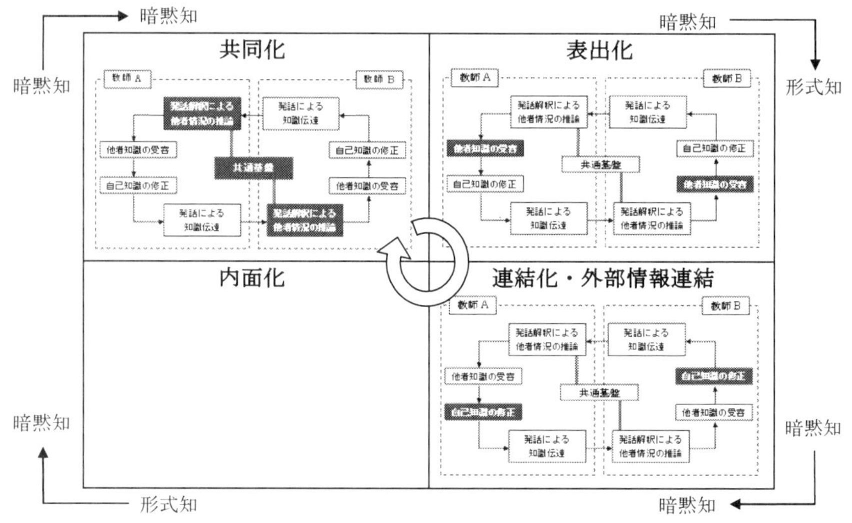

図 5-2　SECI モデルにおける各フェーズの展開メカニズム

このように知識創造プロセスをコミュニケーションにおいて捉えれば，共同化，表出化，連結化は一続きの知識伝達メカニズムによって展開するということが想起されよう．これまで，知識創造プロセスは，各フェーズを独立的に解説し，それらが生起していることと，成果として変革が達成されていることとを関連付けることによって説明されてきた（野中ほか，1996；野中・紺野，2003）．しかし，本研究の結果，言語的コミュニケーションに限定したものではあるが，各フェーズが連続的に展開することを実証的に示すことができたと言えるだろう．

第6章
結 論

第1節
本書の要約

本研究は，個別学校において，体育科教育の教師間差異を縮減し，自律的に改善することを今日的な教科体育経営上の課題として着目し，その解決の糸口として,体育科教育に関する知識の共通性・更新性を確保する教師間コミュニケーションを取り上げ，その方略とメカニズムを明らかにすることを研究目的とした．

第3章で展開した定量的研究においては,知識の共通性・更新性状況と,コミュニケーション属性およびコミュニケーション方略との影響関係を分析した．その結果，知識の抽象度によって鍵となるコミュニケーション方略が異なることや，体育組織におけるパワーやコンフリクト対応がコミュニケーション方略の展開に対して強い影響力を有していることなどが明らかになった．

第4章で展開した定性的研究では，体育授業の教師間差異が縮減されている学校において展開されているコミュニケーションを発話分析によって分析し，知識の共通性を確保するコミュニケーション・メカニズムが，発話解釈と情況推論という要素を含んでいることを明らかにした．

第5章では，定性的研究において浮上してきた共通基盤，情況推論という概念を用いて，コミュニケーション方略の展開が成果をもたらすメカニズムについて改めて考察を深めた．その結果，発話解釈による≪他者情況の推論≫を通して≪他者知識の受容≫が展開する．他者知識との照合によって≪自己知識の修正≫が行われ,その後の発話によって他教師に対して≪知識伝達≫が行われる.そのループが上首尾に展開することで，共通言語や共通感覚といった≪共通基盤≫が構成・蓄積され，発話解釈と情況推論の正確性が向上していく知識伝達メカニズムの構造モデルが構築された．

最終章である本章では，体育授業の教師間差異の縮減および自律的改善に対して有効なコミュニケーションに関する実践的示唆を整理するとともに，今後の課題を整理する．

第2節
体育授業の教師間の違いを小さくし，自律的に改善するための方法

体育科教育に一定の規準を設け，指導テキストやマニュアルによって統制し，標準化することは論理的には可能である．しかし，実際に展開される授業実践は極めて多様であり，高い不確実性を有している．文書形式で伝達される規準が，教育現場に対してどれほどの統制力を働かせ，多様性と不確実性を超克して授業の質を変えることができるかは，いささか疑問である．公教育の平等性確保の一環としての教育実践の教師間差異の縮減は，教師の力量や知識に基づく個別授業の質を一定程度保障し，それらの均質性を確保することに依存せざるを得ないだろう．ここに，体育科教育をめぐる教師間コミュニケーションの必要性を認識し，本研究を展開した．教師間で知識が相互作用され，その共通性が高まるような有効なコミュニケーションの成立は，教科体育経営上の中核的課題と言える．

体育科教育に関する知識の教師間差異を縮減するには，教師が互いの意見表明等の発話を解釈し，同僚の体育科教育をめぐる意味世界（教育実践の経験やコンテクストへの意味づけ）を推論することによって，同僚の知識を受容し，自身の知識を修正するという相互に内省的なコミュニケーションを展開する必要がある．

そして，内省的なコミュニケーションを展開させるには，共通基盤が整備される必要がある．共通基盤とは，「体育教師らしさ」，「所属校の教師らしさ」などの共通性に基づく共通感覚や，発話解釈と情況推論を助ける共通言語などが考えられる．これらは制度や外部情報からもたらされるものではなく，教師同士が高頻度に相互作用することで徐々に構成されるものである．そういう意味では，共通基盤の醸成とコミュニケーションの展開は相互依存の関係にあると言えるだろう．

また，持続的な教育改善は自律的学校経営の要諦であり，少なくとも今日では，個別学校はその責務を負っている．授業実践そのものを改善できるのは，当該授業を実践している教師に他ならない．主体的・持続的に教育改善を図る教師は，反省的実践家のモデルと見なされる．しかし，授業改善が教師個人に依存したままでは，授業改善の程度に格差が生じてしまうだろう．そういう意味で，反省的実践を相互作用させる教師間コミュニケーションに期待しなくてはならない．

前章で考察したように，コミュニケーションを通して体育科教育に関する知識を更新するためには，他教師の知識を受容し，自身の知識と照合することによる自己知識の修正が不可欠である．そこでは体育授業に対する自身の意味づけの内省が展開することになる．そして，コミュニケーションの継続によって，修正後の知識を伝え，他教師においても知識の修正が重ねられる．この認識に基づけば，

組織的・持続的な教育改善に必要なコミュニケーション的要件は，意見表明を受容し，推論し合う営みを継続させることと，同僚の発話から獲得した他者知識と自己知識とを照合させることと言えるだろう．そして，この自己知識の修正を含む知識伝達の営みが持続することによって，共有したコンテクストを内包した共通言語（言葉や表現方法）や授業実践における共通感覚といった共通基盤が創出され，教師間の推論の不確実性が低減されるという，副次的ではあるが重要な成果をもたらす可能性がある．

これまで，学校（体育）組織に関する研究では，教師間の共通理解や知識共有と，教育改善や知識創造とは異なる文脈で研究対象にされてきた．しかし，本研究の結果から,体育授業の教師間差異の縮減と自律的改善は,一連のコミュニケーションによって同時に確保される可能性があると言える．一連のコミュニケーションとは，聞き手側の教師が，他教師の発話から彼／彼女の諸経験や授業実践のコンテクストに基づく体育に関わる意味世界（情況）を推論することによって知識を受容し，既存の自己知識と照合させて知識を修正し，他教師に対する発話によって修正した知識を伝達する，というループ構造が回り続けるコミュニケーションである．

学校組織において「協業と個業の内実は両義的な方向をはらんでいる」（木岡・榊原，1990，p.98）．すなわち，協働性の強化は教師の自律性を妨げ授業の硬直性を招き，個業性は放漫な教育実践や外的基準への過度な依存をもたらす可能性があるのである．協業と個業が相乗効果を生み，一定の質の授業を保証しつつ，絶えず改善を図るためには，教師相互の情況推論と内省的な知識修正と，その結果として共通基盤が創出される教師間コミュニケーションが成立する必要がある．

第3節　実践的な示唆

本研究で獲得された新たな知見は，教科体育経営に関わる次のようなトピックについての実践的なインプリケーションを提供した．

1点目は，協同的な体育授業構想を展開させるための要件についてである．

協同的な授業構想とは，発話によって知識を伝達し合い，他教師の知識に影響を与え合うと同時に，他教師の知識から影響を受けて内省的に自身の知識を修正することを持続させることに他ならない．この一連の営み（すなわち知識伝達メカニズムのループが展開すること）が継続的に展開する上で自己知識の修正と共通基盤の醸成は重要である．換言すれば，協同的な授業づくりが継続的に展開するためには，コミュニケーションを通して各教師が内省することと，「体育教師らしさ」，「わが校の教師らしさ」に起因する共通感覚や，他教師との間で文脈を共有する共通言語を獲得・蓄積することが必要になると言える．コミュニケーションにおける内省的な自己知識の修正は，他教師の情況を推論して知識を受容する能力と，既存の自己の情況を内省する能力や動機付けを必要とすると考えられる．また，共通感覚や共通言語は，良質な教育を追究する上での社会関係資本であり，継続的な言語的・非言語的な相互作用によって醸成されるものと考えられる．

2点目は，良質なコミュニケーションが生起する体育組織に関わる知見である．

体育教師集団の内部には，教職歴や競技力，研修経験等に由来する様々なパワーがはたらいている．特に，教職歴が長いことに由来するパワーは，教師間コミュニケーションにおいて発言力の源泉として強く発揮されていることが明らかになったが，教職歴の長い教師が発言力を持つ場合，その組織のルーティン化を促進し，教師のビジョン形成と意見表明を阻害する可能性がある．また研究校在籍経験を背景にした発話は他教師にとってコンテクストの共有が難しく，発話解釈や情況推論に不全をきたし，有効なコミュニケーションを阻害する可能性が高い．

その一方で，競技経験や研修経験の文脈が教師間で共有されている場合，それらの経験の豊かさを背景にした発話は，教師間の考え方や意見の違いから最適解を導き出そうとするようなポジティブなコミュニケーションを促す可能性が高いことが明らかになった．すなわち，良質な教師間コミュニケーションが生起する体育組織運営においては，競技力の高い教師や研修経験豊富な教師の諸経験の文脈を共通感覚として共有した上で，彼／彼女がパワーを持つことが肝要と言えるかもしれない．

3点目は，体育授業に関する校内研修の運営についてである．

授業をめぐるコミュニケーションの場として用意される公式的な研究会や会議は，授業計画や実践報告を発表する教師に注目と責任が集まる．会議への参加人数が多くなったり，学校外のメンバーが参加したりする場合は，特に会議の公式的性格は強まり，発表者は発表内容をきちんと整理しなくてはならなくなると考えられる．詳細な発話分析を行っていないが，K小学校において公開研究会当日に学校外の教師や教育行政関係者が多く参加して行われた授業検討会では，授業を公開したすべての教師が自身の授業研究の経緯と当日の授業についてまとめた資料と発表原稿を用意して発表に臨んでいた．

しかし，教師間で知識が伝達されるためには，知識に内包されるコンテクストの推論が正確に行われる必要がある．発表内容が整理されることによって，教師が各自の研究活動や授業実践から獲得してきた知識から，生々しい経験や思いがそぎ落とされるとすれば，精確な知識伝達にとって望ましくないと言えるだろう．暗黙知の伝達にストーリー・テリングが有用であるとする指摘（野家，2005；ブラウンほか，2007；菅原，2010）を踏まえれば，授業に関する会議における発表や報告は，発表者が経験した文脈を推論しやすい形式にすべきだろう．

第4節　これから何を研究すればいいか？

本研究上の課題としてまず挙げるべきは，コミュニケーションが知識の共通性および更新性を向上させるプロセスそのものを明らかにできていないということである．

知識の教師間差異が縮減されていくプロセスや知識が更新されるに至るプロセスは，各教師における知識修正のプロセスを内包していると考えられる．コミュニケーションが契機となって知識修正が生じるプロセスを解明するためには，それに先駆けて，教師が既存の知識を修正する営みそのものが把握されなくてはならないだろう．

知識修正を把握する方法としては，既存知識が修正されるターニングポイントを発話内容の変容から抽出し，その前後の発話を分析することや，話し手の発話と聞き手による応答の発話の展開を分析することで，コミュニケーションの展開と発話内容の変容を関連付けて分析することができるだろう．しかし，これらの方法ではいまだ知識修正の営みそのものを捉えたことにならない．

既存の発話分析の手法では限界があるとすれば，教師の規範意識や信念等と関連付けながら，発話解釈と情況推論の過程を追うことが可能な研究手法の開発が必要になるだろう．研究手法の開発に当たっては，生田(1998)が開発し，西原・生田(2010)が体育教師に適用した，教師の認知をVTR映像と「再生刺激法」（秋田・ルイス，2008）によって抽出する手法が参考になるのではないだろうか．

組織コミュニケーションに関する研究は，組織成員の価値観や信念，あるいは経験，主観といった意味世界と関わるようになりつつある．そういう意味で，組織コミュニケーションにおいて各成員の知識が修正されるプロセスに関わる研究は先端的であると言えよう．コミュニケーション研究は，会話分析や発話分析，内容分析という質的な研究手法の活用によって，構造的機能主義的認識から構成主義的認識へと，その認識を転回させていく可能性が拓かれている．コミュニケーションを通して成員の意味世界が相互作用されること（照合や比較による結合，体系化，葛藤など）と，そこから新たな意味世界が生じることを経営研究として展開することが模索される必要があるだろう．図 5-1 において提起した知識伝達メカニズムの理論モデルは，コミュニケーション現象を認識する際の足掛かりとして活用できる可能性を有しており，今後の研究の基盤を形成したと言えるのではないだろうか．

次に指摘すべきは，各教師が保有する知識を授業づくりに活用する知識経営的な営みに関わる研究上の課題である．

その第一は，教師の知識をいかに認識するかということに関わる課題である．Shulman(1986,1987)をはじめとした教師の知識研究においては，学習内容に関する知識を学習者に関する知識と関連付け，実践的知識としての PCK に翻案（変換）することが重要視されている．しかし，定量的研究においては，その調査手法上の限界から，知識を理論的知識と実践的知識とが結合したものとして扱い，学習者に関する知識を捨象して，その共通性および更新性の状況を把握した．そこに残存した教師の知識の認識に関わる研究上の課題については次の 3 点が挙げられる．今後の展望と併せて述べる．

第 1 点は，教師間コミュニケーションにおいて交流される実践的知識と理論的知識とをいかに峻別して捉えるかという課題である．体育授業を構想する際に活用される資源としての多様な知識が，どのような知識（教員養成課程において獲得した知識，書籍や研修において獲得した知識，教育実践において獲得した知識など）に由来するのかということは，教師の知識をより良い授業づくりへと組織化する上で鍵になると考える．

第 2 点は，実践的知識と理論的知識とが結び付き，PCK が構成されるプロセスに関わる課題である．教師は各自が保有する多様な知識を関連付けて固有の知識体系を構築していると考えられる．そのことの一端を指摘したのが Shulman(1986)の PCK 概念と言えるが，教師の思考内部における知識の体系化のプロセスは明らかにされていない．この課題は，コミュニケーションを通した協同的な知識の体系化とともに，組織における個人的知識体系化と協同的知識体系化の二重の知識体系化メカニズムの存在を指摘する複雑系の知識経営研究を開拓するのではないだろうか．

そして第 3 点は，授業実践を通して獲得した学習者に関する知識が，指導－学習－成果に関わる仮説体系としての授業構想の枠組みにどのように組み込まれているのか，ということに関わる課題である．どのような指導がどのような学習を生起させるのか，あるいはどのような学習活動がどのような成果をもたらすのか，といったことに関する仮説を授業構想として構築する際に，学習者がどのような特性をもつ人間・集団か，ということに関する認識は重要な要素であろう．しかし，学習目標の設定や指導方法の採用に際して，学習者に関する認識がどのように作用しているのかは明らかではない．事例校における教師間コミュニケーションにおいても，取り沙汰される話題（すなわち知識領域）は様々に移ろっていた．それらがコミュニケーションの場において，あるいは各教師の思考内部において，どのように結び付けられ，体系化されるのか，ということは教科体育をめぐる知識経営を考究する上で重要な課題である．

教科体育の知識経営に関わる研究課題の第二は，知識の教師間差異の許容範囲と程度に関わる課題と，教師間差異の教育経営上のポジティブな側面に関わる課題である．

本研究では，体育授業の教師間差異の縮減を経営課題と捉えた．定量的研究においてはその考え方やノウハウの一致度を把握し，定性的研究においては授業実践の質や授業を語る言葉の統一性から事例校を抽出した．しかし，公教育としての体育科教育において，共通性がどの程度まで要求されるべきか，ということについて本研究では触れることができていない．また管見の限り，教育の教師間差異の許容される範囲と程度について一定の結論を出している研究はない．その一方で，多様性が組織内に活力を生じさせるという諸研究（大竹, 2006；鈴木, 2008；山崎ほか，2008）に基づけば，教師間で差異が存在することによって，互いの知識体系にゆらぎが生じ，新たな知識が創造される可能性が指摘できる．今後は，授業実践の異質性や多様性が教育改善に与える影響についての研究が求められるだろう．

その際，体育科教育に関わる知識の異質性だけではなく，授業実践の質的な異質性にまで視野を広げる必要があろう．体育授業はグラウンドや体育館といった（教室と比べて）開放された場で展開されるものであり，教室で行われる授業よりも他教師の授業の様子を見ることが容易であると考えられる．本研究（定量的研究）においても授業参観頻度が知識の共通性や更新性に影響を与えることが示唆されており，教科体育は，教師が互いの授業を参観し，自身の授業実践との違いを認識することが意味を持つ領域と考えることができよう．この視座に立てば，（知識の違いの認識は，他者知識を受容し，自己知識と照合することによってなされると考えられるが）教師が他教師の授業実践を見ることで何を受容し，自身の授業との質的な違いを認識するのか，ということを明らかにする必要があろうし，教師が構築している体育授業の（質的差異を認識するための）認識枠組みを解明する必要があるだろう.

第三は，各教師の知識を，コミュニケーションを通して組織化する上での「ミドルリーダー」（北神，2010）の役割に関わる研究課題である．学校現場において教師が協同的に授業構想しようとすれば，公式および非公式のコミュニケーションの場が創出される必要がある．そして，その場において，有効なコミュニケーションが展開される必要がある．場の創出とコミュニケーションの活性化において，リーダーの役割は重要である（伊丹，1999)．学校組織研究においてもミドルリーダーの役割の重要性について指摘されつつある（小島，2007；北神，2010).

ミドルリーダーは，教科担任制を採用する学校においては教科体育担当の体育主任が想定されるし，学級担任制を採用する学校においては，学年や教科で教師をつなぐ主任職や管理職が想定されよう．ミドルリーダーには当該校において許容される教師間差異の程度を規定する役割や，異質性や多様性をポジティブに活かしていくことを支援する役割が期待されよう．小島(2007)がその重要性を指摘する「ミドルの意思」（小島，2007，p.299）（各教師個人の意思としての個別知と学校の意思としての組織知とを媒介する中間知）は，教師間差異やコンフリクトに関わる役割を支えるものと考えられる．主任職，管理職のコミュニケーション・リーダーとしての役割について考究していく必要があろう.

あとがき

本研究を博士学位論文として提出して学位授与されてから11年が経ち，やっと書籍として上梓することができた．

その間，私自身は岡山大学に職を得た．周辺地域に体育・スポーツ経営学を専門とする研究者が少ないこともあり，研究や実践のフィールドは学校体育に留まらず，地域スポーツやプロ・スポーツ，スポーツまちづくりに至るまで拡がっている．

しかし，どのフィールドに関わっても，「対話が経営の成否を決める」という信念は揺るがないどころか，より強固になっていて，知識創造理論の適用可能性は色褪せないどころか，より強力になっている．地域スポーツクラブやまちづくりのワークショップのファシリテーターを頼まれることがずいぶん増えたのも，対話とそのための場のデザインを重要視し，そこでより良い対話をしたいと思う心根が，身体から滲み出始めているからかもしれない．

これからも，多様な人たちと出会い，対話し，その人たちとの間に新たな知を発見していきたい．

本書が新たな出会いをもたらすものになればと願う．

2023年の春

高岡　敦史

文献一覧

A

安部哲也(2005)，カルロス・ゴーン流リーダーシップ・コーチングのスキル．あさ出版

秋田喜代美(1992)教師の知識と思考に関する研究動向．東京大学教育学部紀要 32：221-232

秋田喜代美(1994) 教師の実践的思考とその伝承　稲垣忠彦・久冨善之編 日本の教師文化．東京大学出版会：東京，pp.84-96

秋田喜代美(1998)実践の創造と同僚関係．佐伯胖ほか編，岩波講座現代の教育 6 教員像の再構築．岩波書店，pp.235-259

秋田喜代美・ルイス(2008)授業の研究 教師の研究－レッスンスタディへのいざないー．明石書店

アルブレヒト・ゼンケ：野田一夫・八木甫訳(1990)サービス・マネジメント革命．HBJ 出版局

阿久津浩(1986)学校における組織開発の意義と特質－アメリカの先例に学びながらー．日本教育経営学会紀要 28

Argyris,C., Schön,D.A.(1978)Organizational Learning：A Theory of Action Perspective. SanFrancisco：Jossey-Bass

オースティン：坂本百大訳(1978)言語と行為．大修館書店

B

バーナード：山本安次郎・田杉競・飯野春樹訳(1968)新訳経営者の役割．ダイヤモンド社

バーロ：布留武郎・阿久津喜弘訳(1972)コミュニケーション・プロセス．協同出版

バートレット・ゴシャール：グロービス経営大学院訳(2007)個を活かす企業－自己変革を続ける組織の条件．ダイヤモンド社

ブレイディ・コリアー：泉川泰博・宮下明聡訳(2008)社会科学の方法論争－多様な分析道具と共通の基準．勁草書房

ブラウン・グロース・プルサック・デニング：高橋正泰・高井俊次訳(2007)ストーリーテリングが経営を変える－組織変革の新しい鍵－．同文舘出版

ブレーク・ムートン：田中敏夫・小見山澄子訳(1986)新・期待される管理者像．産業能率大学出版部

Burke,R.J.(1970)Methods of Resolving Superior-Subordinate Conflict: The Constructive Use of Subordinate Differences and Disagreements. OB&HP5：.393-411

C

千々布敏弥(2005)日本の教師再生戦略 第 5 章．教育出版，pp.100-121

D

Dalin,A.(1993)Changing the School Culture. Cassell

デール・ピターソン：中留武昭監訳(1997)校長のリーダーシップ．玉川大学出版部

E

エチオーニ：綿貫譲治訳(1966)組織の社会学的分析．培風館

F

J. R. P. French, JR.・B. Raven（1959）The Bases of Social Power. Studies in Social Power, University of Michigan, pp.259-269

渕上克義・松本ルリ子(2003)教授組織の改革を通した学校改善過程に関する研究事例. 日本教育経営学会紀要 45:189-197

藤江康彦(2007)授業実践を振り返るということ. 体育科教育 2007.7：10-13

藤岡完治(1998)仲間とともに成長する. 浅田匡ほか編著 成長する教師－教師学への誘い 第 15 章, 金子書房, pp.213-242

藤原顕・今宮信吾・松崎正治(2007)教科内容観に関わる国語科教師の実践的知識－詩の創作の授業を中心とした今宮信吾実践に関する事例研究－. 国語科教育 62：59-66

藤原文雄(1998)教師間の知識共有・創造としての「協働」成立のプロセスについての一考察. 東京大学大学院教育学科研究科教育行政研究室紀要 17：2-21

藤原文雄(2003)学校における情報・知識経営管理. 月刊高校教育 2003.6 月号：43-47

藤本隆宏(2007)ものづくり経営学－製造業を超える生産思想－. 光文社

深谷昌弘・田中茂範(1996)コトバの＜意味づけ論＞－日常言語の生の営み. 紀伊国屋書店

フリック：小田博志ほか訳(2002)質的研究入門－「人間の科学」のための方法論.春秋社

G

グレイザー・ストラウス：後藤隆ほか訳(1996)データ対話型理論の発見. 新曜社

グライス：清塚邦彦訳(1998)論理と会話. 勁草書房

Grossman,P.・Wineburg,S.・Woolworth,S.(2001)Toward a theory of teacher community. Teacher College Record103(6)：942-1012

H

蜂屋良彦(1999)集団の賢さと愚かさ－小集団リーダーシップ研究－. ミネルヴァ書房

浜田博文(2003)校内研究推進を通した学校改善過程に関する研究事例－A 市立 B 小学校における約 5 年間の変容過程分析. 日本教育経営学会紀要 45：189-204

浜田博文(2009)学校の組織力向上実践レポート. 教育開発研究所

Hargreaves, A.(1994)Collaboration and Contrived Collegiality. Changing Teachers, Changing Times. Chapter9, Cassell, pp.186-211

Hargreaves,D.H.(1999)The Knowledge-Creating School. British journal of Education studies.,47(2)：122-144

畑攻(2009)スポーツマネジメントのゼネラリティとスペシャリティ－この分野の実践的業務と研究課題及び方法論の検討－. 日本体育学会発表資料

ハタズリー・マックジャネット：林和恵ら監訳(2005)ハーバードで学ぶマネジメント・コミュニケーション. 生産性出版

服部勝人(2006)ホスピタリティ・マネジメント学原論－新概念としてのフレームワーク. 丸善

八田幸恵(2008)リー・ショーマンのPCK概念に関する一考察－「教育学的推論と活動モデル」に依拠した改革プロジェクトの展開を通して－．京都大学大学院教育学研究科紀要 54：180-192

林孝(1978)学校の経営組織に関する研究(Ⅰ)－組織づくり（Organization Development）概念の導入．教育学研究紀要 24

堀公俊(2005)実りある会議・ミーティング「話し合い」の新技術．プレジデント社

堀井啓幸・黒羽正見(2006)教師の学び合いが生まれる校内研修．教育開発研究所

堀内孜(1989)教育行政と学校経営の関係構造－組織・権限・機能の検討を通じて－．学校経営研究 14：35-48

堀内孜(1995)公教育システム経営における学校経営の自律性－公教育システムの「自己組織性」と教育行政・学校経営関係－．学校経営研究 20：12-19

I

ICSSPE：日本体育学会監訳(1999)世界学校体育サミット－優れた教科「体育」の創造をめざして－．杏林書院

飯野勝己(2007)言語行為と発話解釈：コミュニケーションの哲学に向けて．勁草書房

生田孝至(1998)授業を展開する力．浅田匡・生田孝至・藤岡完治編著 成長する教師，金子書房，pp.42-54

石井淳蔵・石原武政(1999)マーケティング・ダイアログ．白桃書房

石川弘道(2001)経営情報の共有と活用．中央経済社

伊丹敬之(1992)場のマネジメント序説．組織科学 24(4)：78-88

伊丹敬之(1999)場のマネジメント－経営の新パラダイム－．NTT出版

伊丹敬之(2005)場の理論とマネジメント．東洋経済新報社

J

Jablin,F.M(1987)Organizational Entry, Assimilation, and Exit. Jablin,F.M., Putnam,L.L., Roberts,K.H., Porter,L.W., Handbook of Organizational Communication. pp.679-740

K

金井壽宏(1991)変革型ミドルの探求－戦略・革新指向の管理者行動－．白桃書房

金子明友(2007)身体知の構造：構造分析論講義．明和出版

狩俣正雄(1992)組織のコミュニケーション論．中央経済社

加藤久明(2006)組織的知識創造理論の理論的前提．千葉商大論叢 44(1)：89-108

見田宗介(1965)現代日本の精神構造．弘文堂

Kennedy,M.M.(1987)Inexact Science: Professional education and the development of experience. Review of Research in education 14：133-167

木原俊行(1995a)教師の反省的成長を支援する対話システムの開発研究～転任教師たちの授業改善過程を事例として～．日本教育工学会講演論文集 11：3-4

木原俊行(1995b)教師の反省的成長に関する研究の動向と課題．教育方法学研究 21：107-113

木原俊行(1998)同僚との対話と共同．成長する教師－教師学への誘い－14章：198-211

木原俊行(2009)なぜ「授業研究」は必要なのか．体育科教育 2009.7：10-13

キング・コヘイン・ヴァーバ：真渕勝監訳(2004)社会科学のリサーチ・デザイン－定性的研究における科学的推論. 勁草書房

木岡一明(2003)新しい学校評価と組織マネジメント. 第一法規

木岡一明・榊原禎宏(1990)教師の授業認識に基づく授業経営の個業政と協業性－小学校における学年会の位置づけを中心に－. 日本教育経営学会紀要 32：82-99

岸本幸次郎・久高喜行(1986)教師の力量形成. ぎょうせい

北神正行(1995)教師教育論からみる学校の自己組織性の探究－Refrective Teacher Education の理念と構造の分析を通して－. 学校経営研究 20：28-37

北神正行(2010)校内研修の活性化とスクールリーダーの役割. 小島弘道編 学校改善と校内研修の設計，第6章，pp.100-116

小林栄三郎(1999)「言葉」はどうして人を動かすのか. 関口一郎ほか編著 コミュニケーションのしくみと作用，第4章，大修館書店，pp.121-150

児島邦宏(1978)教育イノベーションと学校の組織化過程に関する事例研究. 教育経営組織研究会 学校経営の組織化過程に関する基礎的・実証的研究 第4章. 教育経営組織研究会，pp.31-57

児島邦宏(1982)学校経営論. 第一法規

児島邦宏・奥田眞丈・牧昌見・家田哲夫(1996)学校改善に意欲的な学校. シリーズ「学校改善とスクールリーダー」－学校改善を促すスクールリーダー－，東洋館出版社

児島邦宏・天笠茂(2001)学校の組織文化を変える－教師の意識変革と組織の再設計－，第5章. ぎょうせい

小松郁夫(1990)会議におけるリーダーと教師の間. 永岡順編 校長・教頭と教師の間. シリーズ教育の間第1巻，第7章，ぎょうせい，pp.235-263

小松陽一・遠山曉・原田保(2007)組織コンテクストの再構成. 日本情報経営学会叢書 3，中央経済社

河野和清(1979)教育における組織開発－その理論的枠組みを求めて－. 日本教育経営学会紀要 21：17-30

高坂健次・与謝野有紀(1998)社会学における方法. 講座社会学第1巻第6章，東京大学出版会

鯨岡峻(2006)エピソード記述入門－実践と質的研究のために. 東京大学出版会

紅林伸幸(2004) 学校の自律性に関するシステム論的検討：学校は教育の責任主体たりうるか. 国家の教育責任と地方分権：「学校」の変貌を問う，教育學研究 71(2)：154-165

串田秀也(2006)相互行為秩序と会話分析－「話し手」と「共－成員性」をめぐる参加の組織化. 世界思想社

L

レナード・スワップ：池村千秋訳(2005)「経験知」を伝える技術－ディープスマートの本質－. ランダムハウス講談社

Little,J.W.(1982)Norms of collegiality and experimentation: Workplace Conditions of school success, American educational research journal19(3)：325-340

Little,J.W.(1985)Teachers as teacher advisers. The delicacy of collegial leadership，Educational Leadership，November：34-36

Little,J.W.(1990)The mentor phenomenon and the social organization of teaching. Review of research in education16 : 297-351

ローレンス・ローシュ：吉田博訳(1980)組織の条件適応理論．産業能率短期大学出版部

M

前川孝雄(2010)勉強会に１万円払うなら上司と３回飲みなさい．光文社新書

March,J.G. ,and J.P.Olsen(1976)Ambiguity and choice in organizations Universitetsforlaget

松田岩男・猪俣公宏・落合優・加賀秀夫・下山剛・杉原隆・藤田厚・伊東静夫(1981)スポーツ選手の心理的適性に関する研究－第三報－．昭和 56 年度日本体育協会スポーツ科学研究報告

松木健一(2008)学校を変えるロングスパンの授業研究の創造．秋田喜代美・キャサリン・ルイス，授業の研究 教師の学習．明石書店，第 11 章，pp.186-201

三盃美千郎・岡野昇(2003)「教師の学び」としての授業研究の試み．学校教育研究 18：186-199

Mills, P.K.& Margulies ,N.(1980)Towards a core typology of service organizations．Academy of Management Review5(2)：255-265

三隅二不二・佐々木薫(1969)グループ・ダイナミクスⅠ．誠信書房

三隅二不二(1978)リーダーシップ行動の科学．有斐閣

三浦典郎(1985)学校の組織開発と創造的知性の開発を中心として(デューイの思想から現代日本の教育改革構築に求めるもの)．日本デューイ学会紀要 26：146-151

水本徳明(1998)学校経営研究におけるルーマン組織論の可能性．日本教育経営学会紀要 40：82-94

水本徳明(1999)学校組織に関するシステム論的考察－ルーマンのオートポイエーシス・システム論の視点から－．学校経営研究 24：41-59

水本徳明(2007)学校の組織と経営における「複雑反応過程」に関する理論的検討．筑波大学教育学系論集 31：15-25

村田俊明(1995)学校の自己組織性の探究．学校経営研究 20：20-27

N

鍋倉健悦(1987)人間行動としてのコミュニケーション，思索社

永島惇正(2000a)体育の目標．宇土正彦・高島稔・永島惇正・高橋健夫編 新訂体育科教育法講義，第Ⅰ部 Lec.6，pp.41-48

永島惇正(2000b)体育の内容．宇土正彦・高島稔・永島惇正・高橋健夫編 新訂体育科教育法講義，第Ⅰ部 Lec.7，pp.49-59

永島惇正(2000c)体育の学習と指導．宇土正彦・高島稔・永島惇正・高橋健夫編 新訂体育科教育法講義，第Ⅰ部 Lec.8，pp.60-68

長積仁・原田宗彦・William P. Stewart・藤本淳也(1994)わが国の体育・スポーツ経営学研究における方法論的課題. 大阪体育大学紀要 25：53-59

中留武明(1989)学校経営の改善戦略．第一法規

中留武明(1990)新しい学校経営・古い学校経営．永岡順編 校長・教頭と教師の間．シリーズ教育の間第 1

巻，第1章，ぎょうせい，pp.25-69
中村和彦(2007)組織開発（OD）とは何か?．人間関係研究（南山大学人間関係研究センター紀要）6：1-29
中村なおみ(2009)いま，体育の「授業研究」が面白い．体育科教育 2009.7：14-17
中村雄二郎(1992)臨床の知とは何か．岩波新書
中村雄二郎(2000)共通感覚論．岩波現代文庫
ナンシー佐藤(1994)日本の教師文化のエスノグラフィー．稲垣忠彦・久冨善之編(1994)日本の教師文化，7章，pp.125-139
西穣司(1990)学校改善のニュー・パラダイムを求めて－「生態学モデル」の学校組織観の提唱－．学校経営35(3)：22-30
西田幾多郎(1932)私と汝．西田幾多郎全集第6巻，岩波書店
西口正文(1994a)指導助言関係における言語的コミュニケーションの可能性と困難性．東京大学教育行政学研究室紀要 13：11-23
西口正文(1994b)教職組織編成とコミュニケーション．東京大学教育学部紀要 34：391-400
西原康行・生田孝至(2010)再現認知とオンゴーイングによる体育教師の力量把握方法の検討－私自身を対象化したバドミントン授業ゲーム時の認知－．体育学研究 55(1)：169-176
野口裕二・小田博志・矢原隆行・小森康永・大久保功子(2009)ナラティブ・アプローチ．勁草書房
野家啓一(2005)物語の哲学．岩波書店
野中郁次郎・加護野忠男・小松陽一・奥村昭博・坂下昭宣(1978)組織現象の理論と測定．千倉書房
野中郁次郎(1985)組織の変革過程－電電公社と AT&A の事例を通じて－．組織科学 19(2)：28-36
野中郁次郎(1986)組織秩序の解体と創造－自己組織化パラダイムの提言－．組織科学 20(1)：32-44
野中郁次郎(1987)経営戦略の本質－情報創造の方法論の組織化－．組織科学 20(4)：79-90
野中郁次郎(1988)日本的「知」の方法と生産システム．組織科学 22(1)：21-29
野中郁次郎(1989)情報と知識創造の組織論－イノベーションの組織化過程－．組織科学 22(4)：2-14
野中郁次郎(1990)知識創造の経営－日本企業のエピステモロジー－．日本経済新聞社
野中郁次郎(1992a)グローバル組織経営と知識創造．組織科学 25(4)：2-15
野中郁次郎(1992b)リエンジニアリングを超えて．組織科学 28(1)：21-31
野中郁次郎(2002)企業の知識ベース理論の構想．組織科学 36(1)：4-13
野中郁次郎・遠山亮子(2006)MOT 知識創造経営とイノベーション．丸善
野中郁次郎・遠山亮子・紺野登(1999)『知識創造企業』再訪問．組織科学 33(1)：.35-47
野中郁次郎・紺野登(2003)知識創造の方法論－ナレッジ・ワーカーの作法－．東洋経済新報社
野中郁次郎・紺野登・川村尚也(1990)組織的「知の創造」の方法論．組織科学 24(1)：2-20
野中郁次郎・竹内弘高・梅本勝博(1996)知識創造企業．東洋経済新報社
野中郁次郎・梅本勝博(2001)知識管理から知識経営へ－ナレッジマネジメントの最新動向－．人工知能学会誌 16(1)：4-14

リチャード・ノーマン：近藤隆雄訳(1993)サービス・マネジメント．NTT 出版，原典：Richard Normann(1984)Service Management－Strategy and Leadership in Service Business. John Wiley & Sons

野崎武司(1988)教科体育経営のマンネリズムについて－組織文化の視点から．香川大学教育学部研究報告 73：1-12

野崎武司(1990)学校体育経営におけるタスク環境の位置づけ．体育・スポーツ経営学研究 7：23-33

野崎武司・清水紀宏・八代勉(1991)学校体育における組織活性化と組織構造－運動会の企画を題材に．香川大学教育学部研究報告第 1 部 81：1-15

野崎武司(1992)学校の組織変動の可能性－運動会の企画をてがかりに－．香川大学教育学部研究報告第 1 部 84：119-130

野崎武司・植村典昭(1997)体育・スポーツ経営学におけるシステム論的研究方法の可能性. 香川大学教育学部研究報告 102，第 I 部：1-24

O

荻原稚佳子(2008)言いさし発話の解釈理論－会話目的達成スキーマによる展開－．春風社

小島弘道(2000)現代の学校経営改革－戦後第三の改革－．筑波大学学校経営学研究室

小島弘道(2007)時代の転換と学校経営改革．学文社

岡部曜子(2001)情報技術と組織変化－情報共有モードの日米比較－．日本評論社

岡東壽隆(2000)学校の組織文化とリーダーシップ．多賀出版

小野由美子・渕上克義・浜田博文・曽余田浩史(2004)学校経営研究における臨床的アプローチの構築. 北大路書房

小野田正利・金子伊智郎(2003)学校と保護者との関係に焦点を当てた学校改善過程に関する研究事例. 日本教育経営学会紀要 45：182-189

大串正樹(2003)知識創造としてのカリキュラム開発－金沢市小学校英語活動の事例研究－. カリキュラム研究 12：43-56

大橋禅太郎(2005)すごい会議－短期間で会社が劇的に変わる！－．大和書房

大石裕(2006)コミュニケーション研究 第 2 版－社会の中のメディア．慶応義塾大学出版会

大竹正悟(2006)オープン・オートノミー戦略－多様性から創造する協創優位のビジネスモデル革新－．オフィス・オートメーション 27(1)：21-30

P

Patchen,M.(1974)The Locus and Basis of Influence on Organizational Decisions. OB&HP11：195-221

朴聖雨(1995)学校経営における「自己組織性」の探究(1)－一般システムズ理論の視角から－．学校経営研究 20：2-11

朴聖雨(1997)学校経営における「自己組織性」の探究(2)－一般システムズ理論の視角から－．学校経営研究 22：1-22

ポラニー：佐藤敬三訳(1980)暗黙知の次元: 言語から非言語へ．紀伊国屋書店

ピュリス：平賀秀明訳(2000)，リーダーシップ企業を復活させた7人のCEO．朝日新聞社

R

ローイ・ゲンメル・ディードンク：平林祥訳(2004)サービス・マネジメント－統合的アプローチ．ピアソン・エデュケーション

ロジャーズ：安田寿明訳(1992)コミュニケーションの科学．共立出版

ロジャーズ・ロジャーズ：宇野ほか訳(1985)組織コミュニケーション学入門－心理学的アプローチからシステム論的アプローチー．ブレーン出版

S

榊原禎宏(1996)学校経営の組織構造．堀内孜編，公教育経営学，学術図書出版

榊原禎宏・大和真希子(2000)教育学領域における参加型教員研修の試み．山梨大学教育学部附属教育実践研究指導センター研究紀要 6：69-80

坂本篤史・秋田喜代美(2008)授業研究協議会での教師の学習．秋田喜代美・キャサリン・ルイス，授業の研究 教師の学習．明石書店，第3章，pp.98-113

佐古秀一(1990)学校の組織構成次元の抽出とその複合性に関する実証的研究．鳴門教育大学研究紀要 教育科学編 5：321-337

佐古秀一(2006)学校の内発的な改善力を高めるための組織開発研究－学校経営研究における実践性と理論性追求の試みー．日本教育経営学会紀要 48：196-200

佐古秀一・中川桂子(2005)教育課題の生成と共有を支援する学校組織開発プログラムの構築とその効果に関する研究－小規模小学校を対象としてー．日本教育経営学会紀要 47：96-111

佐古秀一・久我直人・大河内裕幸・山口哲司・花田成文・荒川洋一・田中道介・渡瀬和明(2003)省察と協働を支援する学校改善プログラムの開発的研究(2)．鳴門教育大学研究紀要教育科学編 18：31-39

三盃美千郎・岡野昇(2003)「教師の学び」としての授業研究の試み．学校教育研究 18：186-199

佐藤俊樹(2008)意味とシステムールーマンをめぐる理論社会学的探求ー．勁草書房

佐藤学(1989)アメリカの教師教育改革における「専門性」の概念－二つのレポート(1986 年)の提言と現在ー．日本教育学会教育制度研究委員会，教育課程と教師(1)，pp.46-52

佐藤学・岩川直樹・秋田喜代美(1990)教師の実践的思考様式に関する研究(1)－熟練教師と初任教師のモニタリングの比較を中心にー．東京大学教育学部紀要 30：177-198

佐藤学(1992)反省的実践家としての教師．佐伯胖，汐見稔幸，佐藤学編 学校の再生を目指して 2－教室の改革ー，東京大学出版会

佐藤学(1997)教師というアポリア－反省的実践へー．世織書房

佐藤学(2003)学校を変える－浜之郷小学校の5年間ー．小学館

佐藤学(2006)学校の挑戦－学びの共同体を創る．小学館

澤本和子(1998)授業リフレクション研究のすすめ．浅田匡ほか編著 成長する教師－教師学への誘い 第 15 章，金子書房，pp.212-226

サール：坂本百大・土屋俊訳(1986)言語行為．勁草書房

関口操(1972a)『組織開発』の理論の系譜(1)三田商学研究 14(6)：1-30
関口操(1972b)『組織開発』の理論の系譜(2)三田商学研究 15(4)：35-47
関口操(1973)『組織開発』の理論の系譜(3)三田商学研究 16(1)：55-72
シャクター：佐々木薫訳(1969)逸脱，拒絶，およびコミュニケーション．グループ・ダイナミクスⅠ，第15章，誠信書房，pp.311-357
シャノン・ウィーバー：長谷川淳・井上光洋訳(1969)コミュニケーションの数学理論．明治図書
清水紀宏(1986)組織活性化を規定する組織風土要因の分析－学校体育経営組織をめぐって－．体育経営学研究 3：23-31
清水紀宏ほか(1986)学校体育経営における革新性に関する研究．筑波大学体育科学系紀要 9：31-41
清水紀宏・八代勉(1988)学校体育経営における教師の職務態度に影響する要因の分析．体育・スポーツ経営学研究 5：7-17
清水紀宏(1989a)体育管理者の管理行動と職務特性の交互作用効果．体育・スポーツ経営学研究 6：9-20
清水紀宏(1989b)学校体育の環境と技術に関する研究．金沢大学教育学部紀要教育科学編 38：111-124
清水紀宏(1990)体育経営体における管理行動に関する研究．体育学研究 35：41-52
清水紀宏(1992)体育経営の科学としての体育経営学のあり方について．体育・スポーツ経営学研究 9：13-27
清水紀宏(1993)体育経営学の性格．体育・スポーツ経営学研究 10：7-28
清水紀宏(1994)「スポーツ経営」概念の経営学的考察．体育学研究 39：189-202
清水紀宏(2001)外生的変革に対する学校体育経営組織の対応過程：2つの公立小学校の事例研究．体育学研究 46：163-178
清水紀宏(2005)学校体育経営における事業過程に関する基礎的研究（その1）－特に方法論に関する検討－．日本体育学会第56回大会発表資料
清水紀宏(2007)体育・スポーツ経営学の方法論的課題：自己批判から再構築へ．体育・スポーツ経営学研究 21：3-14
清水紀宏(2009)スポーツ組織現象の新たな分析視座－スポーツ経営研究における「応用」－．体育経営管理論集 1：1-8
清水博(2000)共創と場所．清水博ほか編著 場と共創，第1章，NTT出版，pp.24-177
下村哲夫(1980) 学年教師集団の協力組織．吉本二郎・真野宮雄・宇留田敬一 新教育を創造する学校経営 第6巻 人間味のある学年・学級経営，第2章
Shulman,L.S. (1986)Those who understand: Knowledge growth in teaching . Educational Researcher15(2)：4-14
Shulman,L.S. (1987)Knowledge and Teaching: Foundation of the New Reform. Harvard Education Review57(1)：1-22
Shulman,L.S.・Shulman,J.H.(2004)How and what teachers learn: A shifting perspective. Journal of Curriculum Studies36：257-271
曽余田浩史(2010)学校の組織力とは何か－組織論・経営思想の展開を通して－．日本教育経営学会紀要 52：

2-14

菅原美千子(2010)「共感」で人を動かす話し方．日本実業出版社

杉浦健(1996)スポーツ選手としての心理的成熟理論構築の試み．京都大学教育学部紀要 42：188-198

杉浦健(2001)スポーツ選手としての心理的成熟理論についての実証的研究．体育学研究 46：337-351

諏訪英広(1995)教師間の同僚性に関する一考察－ハーグリーブスによる教師文化論を手がかりにして－．広島大学教育学部紀要第一部 44：213-220

諏訪英広(2000)組織文化としての指導体制と学校改善．岡東壽隆・福本昌之編著 学校の組織文化とリーダーシップ 第VI章，pp.205-247

鈴木修(2008)知識の蓄積と多様性が「探索」的イノベーションに及ぼす影響の実証分析．日本経営学会誌 22：79-90

T

高階玲治(2005)学校を変える「組織マネジメント」力．ぎょうせい

高野桂一(1982)学校経営．協同出版

高橋健夫(1991)体育授業における教師行動の研究．体育学研究 36：193-208

高尾義明(2005)組織と自発性－新しい相互浸透関係に向けて－．白桃書房

高岡敦史・清水紀宏(2006)学校体育経営における対話場リーダーの発話と知の共有に関する事例研究．体育・スポーツ経営学研究 20：31-44

武井敦史(1995)学校経営研究における民族誌的研究方法の意義-J.F.フィンケルによる校長のリーダーシップ研究を事例として-．日本教育経営学会紀要 37：86-98

武隈晃(1991)学校体育経営における組織行動に関する研究．体育・スポーツ経営学研究 8：1-10

武隈晃(1992)学校体育経営における組織行動特性に関する実証的研究．体育・スポーツ経営学研究 9：29-41

武隈晃(1993)学校体育経営における組織変化の一般モデル．鹿児島大学教育学部研究紀要人文社会科学編 45：33-43

田中茂範・深谷昌弘(1998)意味づけ論の展開．紀伊国屋書店

田尾雅夫(2001)ヒューマン・サービスの経営－超高齢社会を生き抜くために－．白桃書房

Thomas,K.(1976)Conflict and Conflict Management．Handbook of Industrial and Organizational Psychology，Chapter21，pp.889-935

徳永幹雄・橋本公雄(1975)運動経験と発育・発達に関する研究：高校運動選手について．体育学研究 20(2)：109-116

徳岡慶一(1992)教師の思考過程に関する一考察－教授的推論（pedagogical reasoning）を中心に－．北教大函 CAI 研究報告 20：147-158

徳岡慶一(1995)pedagogical content knowledge の特質と意義．教育方法学研究 21：67-75

東原文郎(2008)＜体育会系＞神話に関する予備的考察－＜体育会系＞と＜仕事＞に関する実証研究に向けて－．札幌大学総合論叢 26：21-34

U

宇土正彦(1986)体育授業の系譜と展望．体育の限りなき前進をめざして 1，大修館書店

宇土正彦(1987)体育管理学．大修館書店

宇土正彦・八代勉・佐藤勝弘・細江文利・作野史朗・青木真・高島稔(1994)教科体育の計画と運営．宇土正彦編，最新学校体育経営ハンドブック 体育組織の実務と運営，Ⅲ章，pp.77-197

ウルリヒ・カー・アシュケナス：高橋透・伊藤武志訳(2003)GE 式ワークアウト．日経 BP 社

W

Weick,K.E.(1977)The Social Psychology of Organizing, 2nd ed. ,Addison-Wesley

ウェルチ：斎藤聖美訳(2005)，ウィニング勝利の経営．日本経済新聞社

Y

八幡紕芦史(1999)マネジメント・コミュニケーション．生産性出版

山本安次郎(1982)経営学原論．文眞堂

山下秋二(2000)スポーツ経営学．p.27，大修館書店

山崎清男・深尾誠・岡義宏(2008)学校改善と授業評価(Ⅲ)－普通科・工業科クラスの授業評価を中心にして－．大分大学教育福祉科学部研究紀要 30(1)：43-58

山崎将志(2006)会議の教科書－強い企業の基本の「型」を盗む．ソフトバンククリエイティブ

山崎保寿(2007)新たに求められる教師の資質能力とその課題．小島弘道編 時代の転換と学校経営改革－学校のガバナンスとマネジメント 学文社，pp.106-115

八並光俊・木村慶(2000)組織開発による協働的生徒指導体制の構築に関する研究. 学校教育学研究 12：65-75

イン：近藤公彦訳(1996)ケース・スタディの方法．千倉書房

横浜市教育センター(2009)授業力向上の鍵－ワークショップ方式で授業研究を活性化．時事通信社

吉田道雄・佐藤静一(1991)教育実習生の児童に対する認知の変化－実習前，実習中，実習後の「子ども観」の変化．日本教育工学雑誌 17：93-99

吉本二郎(1965)学校経営学．国土社

吉崎静夫(1987)授業研究と教師教育(1)－教師の知識研究を媒介として－．教育方法学研究(13)：11-17

吉崎静夫(1988)授業における教師の意思決定モデルの開発．日本教育工学雑誌 12：51-59

油布佐和子(1991)現代教師の Privatization．福岡教育大学紀要 40：175-191

油布佐和子(1992)現代教師の Privatization(2)．福岡教育大学紀要 41：219-233

油布佐和子(1994)現代教師の Privatization(3)．福岡教育大学紀要 43：197-211

油布佐和子(1999)教員集団の解体と再編－教員の「協働」を考える．油布佐和子編 シリーズ子どもと教育の社会学第 5 巻，教員の現在・教職の未来．教育出版，pp.52-70

Z

厨子直之・井川浩輔(2009)知識経済におけるポスト成果主義人事制度の予備的分析. 経済理論 347：113-139

巻末表（第3章 知識の共有と創造を生む教師間コミュニケーションの方略）

表1　知識の共通性・更新性状況の違い：学校種別

		体育科数	抽象レベル内割合	学校種別 公立中		附属中		公立高		附属高	
高抽象レベル n=696	共通性・更新性ともに高位	500	71.84%	234	70.27%	24	80.00%	238	72.78%	4	66.67%
	共通性のみ高位	119	17.10%	62	18.62%	4	13.33%	51	15.60%	2	33.33%
	更新性のみ高位	44	6.32%	21	6.31%	2	6.67%	21	6.42%	0	0.00%
	共通性・更新性ともに低位	33	4.74%	16	4.80%	0	0.00%	17	5.20%	0	0.00%
中抽象レベル n=695	共通性・更新性ともに高位	503	72.37%	232	69.88%	25	83.33%	243	74.31%	3	50.00%
	共通性のみ高位	105	15.11%	58	17.47%	3	10.00%	42	12.84%	2	33.33%
	更新性のみ高位	57	8.20%	30	9.04%	2	6.67%	24	7.34%	1	16.67%
	共通性・更新性ともに低位	30	4.32%	12	3.61%	0	0.00%	18	5.50%	0	0.00%
低抽象レベル n=696	共通性・更新性ともに高位	446	64.08%	211	63.36%	23	76.67%	209	63.91%	3	50.00%
	共通性のみ高位	49	7.04%	21	6.31%	1	3.33%	25	7.65%	2	33.33%
	更新性のみ高位	157	22.56%	87	26.13%	6	20.00%	63	19.27%	1	16.67%
	共通性・更新性ともに低位	44	6.32%	14	4.20%	0	0.00%	30	9.17%	0	0.00%

表2　知識の共通性・更新性状況の違い：体育組織規模別

		体育科数	抽象レベル内割合	体育科規模 小規模		中規模		大規模	
高抽象レベル n=693	共通性・更新性ともに高位	497	71.72%	215	72.64%	235	69.94%	47	77.05%
	共通性のみ高位	119	17.17%	52	17.57%	60	17.86%	7	11.48%
	更新性のみ高位	44	6.35%	20	6.76%	20	5.95%	4	6.56%
	共通性・更新性ともに低位	33	4.76%	9	3.04%	21	6.25%	3	4.92%
中抽象レベル n=692	共通性・更新性ともに高位	500	72.25%	221	74.92%	229	68.15%	50	81.97%
	共通性のみ高位	105	15.17%	48	16.27%	52	15.48%	5	8.20%
	更新性のみ高位	57	8.24%	22	7.46%	31	9.23%	4	6.56%
	共通性・更新性ともに低位	30	4.34%	4	1.36%	24	7.14%	2	3.28%
低抽象レベル n=693	共通性・更新性ともに高位	443	63.92%	195	65.88%	210	62.50%	38	62.30%
	共通性のみ高位	49	7.07%	18	6.08%	27	8.04%	4	6.56%
	更新性のみ高位	157	22.66%	76	25.68%	64	19.05%	17	27.87%
	共通性・更新性ともに低位	44	6.35%	7	2.36%	35	10.42%	2	3.28%

表3　コミュニケーション方略の展開の実態：学校種別分析

		共同化	表出化	連結化	行政情報連結	他校情報連結
公立中学校	M	3.271	3.392	2.928	2.704	2.960
	n	333	333	333	333	333
	SD	.670	.736	.735	.666	.706
附属中学校	M	3.487	3.767	3.350	2.958	2.778
	n	30	30	30	30	30
	SD	.610	.889	.988	.869	.818
公立高校	M	3.325	3.324	2.979	2.767	2.849
	n	333	333	332	333	333
	SD	.672	.761	.769	.772	.796
附属高校	M	3.800	4.000	4.083	2.708	3.167
	n	6	6	6	6	6
	SD	1.058	1.054	.983	1.269	.753
合計	M	3.311	3.381	2.980	2.745	2.901
	n	702	702	701	702	702
	SD	.674	.763	.775	.734	.757

表4　パワー（各源泉）の強さの実態

			教職歴	競技力	研究校在籍	研修経験
学校種別	公立中学校	M	2.315	2.316	1.704	1.967
	n=332	SD	1.084	1.088	.784	.932
	附属中学校	M	2.300	2.267	1.967	2.333
	n=30	SD	1.149	1.015	1.066	1.093
	公立高校	M	2.408	2.423	1.621	1.789
	n=331	SD	1.096	1.080	.767	.803
	附属高校	M	3.000	1.667	1.667	2.000
	n=6	SD	1.265	.816	1.211	1.673
	全体	M	2.365	2.359	1.676	1.898
	n=699	SD	1.094	1.081	.796	.896
体育科規模	小規模(～4人)	M	2.333	2.290	1.723	1.990
	n=297	SD	1.130	1.080	.850	.991
	中規模(5～7人)	M	2.404	2.431	1.640	1.849
	n=338	SD	1.068	1.111	.748	.830
	大規模(8人～)	M	2.286	2.306	1.645	1.742
	n=61	SD	1.069	.916	.791	.723
	全体	M	2.363	2.360	1.676	1.899
	n=696	SD	1.094	1.082	.797	.897

表5　相互作用頻度：教師間距離別分析

		公式会議頻度	非公式対話頻度	授業参観頻度
各自自由	M	3.823	4.367	3.641
	n	79	79	78
	SD	.997	1.064	1.338
職員室	M	3.367	4.125	3.786
	n	305	305	304
	SD	.879	.969	1.179
担任は職員室	M	4.022	4.654	3.899
	n	178	179	179
	SD	.883	.713	1.237
全員同室	M	4.283	4.754	3.674
	n	138	138	138
	SD	.912	.551	1.251
全体	M	3.766	4.411	3.777
	n	700	701	699
	SD	.973	.893	1.227

表6　コミュニケーション方略の展開の実態：コンフリクト対応タイプ別分析

		共同化	表出化	連結化	行政情報連結	他校情報連結
ポジティブ型	M	3.439	3.651	3.236	2.948	3.129
	n	166	166	165	165	165
	SD	.667	.705	.727	.734	.725
多様型	M	3.543	3.667	3.291	2.986	3.178
	n	159	159	159	159	159
	SD	.653	.644	.768	.708	.719
非対応型	M	3.058	3.089	2.672	2.508	2.645
	n	220	220	220	220	220
	SD	.675	.751	.707	.678	.732
ネガティブ型	M	3.282	3.221	2.834	2.606	2.734
	n	154	154	154	154	154
	SD	.577	.763	.723	.699	.695
全体	M	3.308	3.383	2.982	2.743	2.901
	n	699	699	698	698	698
	SD	.674	.764	.776	.733	.756

資料 1

体育科の授業づくりをめぐる教員間対話に関する調査

教科主任（保健体育科）対象

《ご協力のお願い》

学校経営の自律化改革が進展する昨今ですが，一方で学力問題が取り沙汰されております．それはすなわち，すべての生徒に平等な学習機会と学習成果を保障するという公教育機関としての責任を，学校独自の創意工夫で果たしていくという流れでもありましょう．特に，教科体育は座学とは異なり，教科書がなく，どのような学習成果を追求し，どういった到達目標や学習内容を設定すべきか，ということは常々議論となるところではないかと存じ上げます．

今後の学校の自律的な教育改善や教育の平等性確保を見据え，この度の我々の研究では，実際の授業を生み出す「授業づくり」としての教員間のコミュニケーションに着目しました．

そこで本調査において，保健体育科教員集団が体育授業づくりをめぐって，どのようなコミュニケーションを行っているかということを統計的に明らかにしようと考えております．

この調査は強制されるものではありませんので，本調査にご協力いただかなくても貴校および調査対象の先生方に何ら不利益が及ぶことはございません．質問内容等をご確認いただき，回答にあたっては自由意志でご判断いただきたいと思います．

本調査の結果は統計的にまとめられ学術的な研究資料として取り扱い，プライバシー保護の観点から個人が特定されることはありませんので，ご回答くださった先生方にご迷惑をおかけすることはございません． ぜひとも率直なご意見をお寄せいただきたく存じます．ご多用のところ，大変恐縮ではございますが，研究の趣旨をご理解いただき，ご協力を賜りますよう，お願い申し上げます．ご協力いただける場合には，下記の同意欄に回答いただき，調査票を，**平成 20 年 1 月 31 日（木）までに**返送くださいますようお願いいたします．本調査に同意いただけない場合には，返送いただかなくても結構です．

なお，この研究は筑波大学人間総合科学研究科研究倫理委員会の承認を得て，皆様に不利益がないよう万全の注意を払って行われています．研究への協力に際してご意見ご質問などございましたら，気軽に研究実施者にお尋ね下さい．あるいは人間総合科学研究科研究倫理委員会までご相談下さい．

○本調査にご同意・ご協力いただけますか？

1. はい　　2. いいえ

学校名＿＿＿＿＿＿＿＿＿＿＿＿＿＿＿＿

平成 19 年 12 月
筑波大学大学院人間総合科学研究科
体育経営学研究室

《調査票に関するご質問について》

問 1. はじめに，先生ご自身のことについてうかがいます．
当てはまる項目一つに○を付けて下さい．（年齢には数字を書き込んで下さい．）

（1）性別　1. 男性　2. 女性

（2）年齢　（　　　）歳

（3）教職年数

1. 10 年未満
2. 10 年以上，15 年未満
3. 15 年以上，20 年未満
4. 20 年以上，25 年未満
5. 25 年以上

（4）現任校での体育主任歴

1. 1 年目（今年度 4 月から主任をしている）
2. 2 年目
3. 3 年目
4. 4 年目
5. 5 年目以上

問 2. 先生の学校の保健体育科について伺います．今年度のことについてお聞かせ下さい．
(2)以降は，当てはまる項目一つに○を付けて下さい．

（1）保健体育科の先生方（常勤・非常勤含む）の人数をお聞かせ下さい．

（　　　　）名

（2）体育授業に関する**公式的な会議・ミーティング**はどれくらいの頻度で行われますか？

1. 週に一度以上，開催される．
2. 月に一度程度，開催される．
3. 学期に一度ないし二度，開催される．（学期始め，学期終わりなど）
4. 年に一度ないし二度，開催される．（年度初め，年度終わりなど）
5. 開催されることはほとんどない．

（3）体育授業についての**雑談やざっくばらんな話し合い**はどれくらいの頻度で行われますか？

1. ほぼ毎日話す．
2. 2，3 日に一度程度話している．
3. 週に一度程度話している．
4. 月に一度程度話している．
5. 体育授業が話題に上ることはほとんどない．

（4）体育科の先生方は，他の先生の体育授業をどのくらいの頻度で参観しますか？
（研究授業などの公式的な参観だけでなく，様子を見に行く程度の参観も含めてお答え下さい．）

1. ほぼ毎時間見合う機会がある．（多くの単元に T.T.を導入しているなどの理由を含む）
2. 月に何回か，見ている．
3. 学期に一度ないし二度，見ている．
4. 年に一度ないし二度，見ている．
5. 他の先生の授業はほとんど見ていない．

(5) 体育科の先生方は，主にどこで仕事をしていますか？

1. 体育科教員は全員，体育教官室（準備室）で仕事をしている．
2. 体育教官室（準備室）が中心であるが，担任をもつ教員等は職員室に行くことが多い．
3. 他教科の教員もいる大きな職員室で仕事をしている先生が多い．
4. 先生によって，職員室や体育教官室（準備室）等でバラバラである．
5. 先生方がどこで仕事をしているか，私にはよく分からない．

(6) 先生の学校では，教科体育のカリキュラム（年間計画）をどのように作成・決定していますか？

1. 私が全て決め，体育科教員に周知させる．
2. 私が作成し，教務主任や管理職の了解をもらい，体育科教員に周知させる．
3. 私が素案を提出し，体育科で協議をして決めている．
4. 体育科の他の教員から素案を提出してもらい，協議をして決めている．
5. 例年使っている年間計画をそのまま使っている．

(7) 体育の学習指導の研究をどのように展開されていますか？

1. 保健体育科として独自の研究テーマを設定し，自主的に研究をしている．
2. 学校全体に共通の研究テーマを体育科に引き寄せて，体育の学習指導の研究をしている．
3. 地区の民間研究団体（サークル）の研究として学習指導の研究を展開している．
4. 地区の中体連・高体連の研究として授業研究を展開している．
5. 現在，文科省・教育委員会からの体育の学習指導の研究指定を受けており，研究をしている．
6. 保健体育科の先生方が個人的に自己研修をしており，体育科としての研究はしていない．

問 3. 体育科の先生方（教員集団）について伺います．教員集団は，どのような集団ですか？

以下のそれぞれについて，**「とても当てはまる」場合は5**を，**「まあまあ当てはまる」場合は4**を，**「どちらかと言えば当てはまる」場合は3**を，**「あまり当てはまらない」場合は2**を，**「全く当てはまらない」場合は1**を括弧内にお書き入れ下さい．

(　　)(1) 先生方は，他の先生が担当する学級の様子や体育授業の様子をよく知っている．
(　　)(2) 先生方は，子どもの成長・発達や教育一般に関する知識を豊富に持っている．
(　　)(3) 先生方の教師としての体育の学習指導の力量は様々だ．
(　　)(4) 先生方の個性（人格や教職経験，競技歴等）は様々だ．
(　　)(5) それぞれの先生は自分の考え方や経験に基づいて生徒への指導をしている．
(　　)(6) 先生方が各々のスタイルで自由に指導することは認められている．
(　　)(7) 先生方は本校の教育の考え方や方向性についてしっかりと共通理解している．
(　　)(8) 本校の学校体育（授業，部活，行事を含む）の考え方や方向性について共通理解している．
(　　)(9) 研修会の報告等の情報共有は，文書（資料や書類など）を通して行われることが多い．
(　　)(10) 体育授業に関する会議では，必ず資料（議事次第や指導案など）が提出される．
(　　)(11) 授業の計画や指導の仕方等について決める時，体育主任や年長者の許可が求められる．
(　　)(12) 体育授業づくりにおいて，体育主任や年長者などの指示は守るべきものと理解されている．
(　　)(13) 先生方は，専門とする運動領域の専門家であり，豊富な知識を持っている．
(　　)(14) 先生方の授業スタイルは，他の先生から意見されることがないほど確立（完成）されている．

問 4. 体育科での体育授業に関する話し合い（公式的な会議やざっくばらんな雑談）の際，どういった事柄が話されますか？

以下のそれぞれについて，**「頻繁にある」場合は 5** を，**「時々ある」場合は 4** を，**「どちらかと言えばある」場合は 3** を，**「あまりない」場合は 2** を，**「全くない」場合は 1** を括弧内にお書き入れ下さい．

(　　)(1) 教科体育の意義や究極的な学習目標に関する話をする．
(　　)(2) 各単元の具体的な到達目標や学習内容に関する話をする．
(　　)(3) 学習形態や学習の支援の仕方といった指導方法に関する話をする．
(　　)(4) 教科体育のあり方だけでなく，教育のあり方や生徒指導に関する話をする．
(　　)(5) 各先生がこれまで経験してきた指導経験や授業研究の経験が，経験談として語られる．
(　　)(6) 各先生が経験した授業場面での出来事が語られる．
(　　)(7) 体育授業で指導する上での感覚や「勘」について語られる．
(　　)(8) 授業をする上での教師としての「思い」や「願い」について語られる．
(　　)(9) 指導経験や指導場面での出来事を話す中で，教科体育の意義や究極的な目標に話がおよぶ．
(　　)(10) 指導経験や指導場面での出来事を話す中から，その単元の到達目標や学習内容に話がおよぶ．
(　　)(11) 指導経験や指導場面での出来事を話す中から，その単元の指導の仕方に話がおよぶ．
(　　)(12) 指導経験や指導場面での出来事を話す中から，授業の具体的な改善点が話されるようになる．
(　　)(13) 各先生の指導上の感覚や「勘」は，他の先生が使える技術として一般化されて語られる．
(　　)(14) 教科体育の意義や究極的な目標に関する考え方は，単元目標や内容と関連付けられ検討される．
(　　)(15) 単元目標や学習内容に関する考え方は，究極的な目標や指導法と関連付けられ検討される．
(　　)(16) 単元の指導の仕方に関するアイデアや考え方は，単元目標や内容と関連付けられ検討される．
(　　)(17) 教員間で共有された具体的な授業の改善点が組み合わされて，新しい授業計画に生かされる．

問 5. 体育授業に関する話し合い（公式的な会議やざっくばらんな雑談）の様子はどのようなものですか？

以下のそれぞれについて，**「頻繁にある」場合は 5** を，**「時々ある」場合は 4** を，**「どちらかと言えばある」場合は 3** を，**「あまりない」場合は 2** を，**「全くない」場合は 1** を括弧内にお書き入れ下さい．

(　　)(1) 体育科の先生全員で体育授業について話す．

(　　)(2) （体育科全員ではなく） 数人の先生だけで体育授業について話す．

(　　)(3) 管理職や他教科の先生を交えて，体育授業について話す．

(　　)(4) 考え方の違いから，異なる意見がぶつかる．

(　　)(5) 先生同士の意見が異なると，どちらかが折れて一方の意見に落ち着く．

(　　)(6) 先生同士の意見の違いをできるだけ無くそうと，とことんまで話し合う．

(　　)(7) 授業実践や意見が違った時，違う点をはっきりさせたり，違いが生まれる原因を探る．

(　　)(8) 意見が異なると，先生全員が納得するまで話し合いを続ける．

(　　)(9) 先生同士の意見が異なっても，無理にひとつの結論にまとめようとはしない．

(　　)(10) 先生同士の意見が異なると，互いに自分の考え方に妥協し合って，意見をひとつにしようとする．

(　　)(11) 先生同士の意見が異なると，最後には決裂してしまう．

(　　)(12) 教職年数や在校歴の長い教員の意見が強い力を持っている．

(　　)(13) 各単元の運動領域に高い競技力を有している（有していた）教員の意見が強い力を持つ．

(　　)(14) 体育研究校に在籍していた経験をもつ教員の意見が強い力を持つ．

(　　)(15) 研修（学校外）の経験豊かな教員の意見が強い力を持つ．

問 6. 体育授業に関する話し合い（公式的な会議やざっくばらんな雑談）の際，どのような情報が話題として取り上げられますか？

以下のそれぞれについて，**「頻繁にある」場合は 5** を，**「時々ある」場合は 4** を，**「どちらかと言えばある」場合は 3** を，**「あまりない」場合は 2** を，**「全くない」場合は 1** を括弧内にお書き入れ下さい．

(　　)(1) 行政（教育委員会，教育センター）主催の研修会で聞いてきた教科体育の意義や究極的な目標に関する考え方が話題になり，授業計画づくりに生かされる．

(　　)(2) 行政（教育委員会，教育センター）主催の研修会で聞いてきた各単元の到達目標や学習内容に関する考え方が話題になり，授業計画づくりに生かされる．

(　　)(3) 行政（教育委員会，教育センター）主催の研修会で聞いてきた各単元の指導法に関する情報が話題になり，授業計画づくりに生かされる．

(　　)(4) 他校の教科体育の実践，中体連・高体連や民間研究団体の研究会で見聞きした教科体育の意義や究極的な目標に関する考え方が話題になり，授業計画づくりに生かされる．

(　　)(5) 他校の教科体育の実践，中体連・高体連や民間研究団体の研究会で見聞きした各単元の到達目標や学習内容に関する考え方が話題になり，授業計画づくりに生かされる．

(　　)(6) 他校の教科体育の実践，中体連・高体連や民間研究団体の研究会で見聞きした各単元の指導法に関する情報が話題になり，授業計画づくりに生かされる．

(　　)(7) 学習指導要領や文科省作成の解説，教委作成の手引き等に書かれている情報が話題になる．

問 7. 先生は体育主任として，体育授業に関する話し合い（公式的な会議やざっくばらんな雑談）の際に，どのようなことを心がけましたか？

以下の各々について，**「いつもそうしている」場合は 5** を，**「大体そうしている」場合は 4** を，**「どちらかと言えばしている」場合は 3** を，**「あまりしていない」場合は 2** を，**「全くそうしていない」場合は 1** を括弧内にお書き入れ下さい．

(　　)(1) 私は，他校や他教科の成功例をモデルとして語る．

(　　)(2) 私は，体育科の教科体育の考え方，方向性を伝える．

(　　)(3) 私は，自分自身の個人的な考え方，意見を述べる．

(　　)(4) 私は，先生方の考え方や意見に偏りなく耳を傾ける．

(　　)(5) 私は，意見を聞き出したり，深く理解するための質問をする．

(　　)(6) 私は，意外にうまくいった授業を先生方に報告してもらう．

(　　)(7) 私は，話し合いの場では，主に司会を務める．

(　　)(8) 私は，学校全体の動きについて伝える．

(　　)(9) 私は，頑張らないと達成できない目標を提示する．

(　　)(10) 私は，先生方に仕事の期限を守ってもらうことを強調する．

(　　)(11) 私は，授業を計画する流れや資料の作り方は体育科のやり方に従ってもらうように伝える．

(　　)(12) 私は，時間を気にせず話し合いを続けてもらう．

(　　)(13) 私は，先生方から出された意見を明確に（分かりやすく）するために具体例を追加する．

(　　)(14) 私は，授業を計画する際に各先生が考えたことを自分に知らせるように伝える．

(　　)(15) 私は，一人ひとりの先生の考え方や人柄をふまえた発言をする．

(　　)(16) 私は，先生方が自分より先に新しいアイデアを進めるよう待つ．

(　　)(17) 私は，議論に切りをつけ，話し合いを一定時間で終わらせる．

(　　)(18) 私は，仕事が遅れがちな先生を鼓舞する（励ます）．

(　　)(19) 私は，新しい指導法を取り入れることを躊躇する先生の背中を押す．

(　　)(20) 私は，先生方の授業の準備（計画）の進み具合について報告してもらう．

問 8. 体育科での体育授業に関する「共通理解」と「見直し」についてお聞きします.

以下の(1)から(6)の各項目について, 最も当てはまる項目1つに○をお書き入れ下さい.

(1) 貴校の体育授業の意義や究極的な目標に関する共通理解について

(　　　)ほぼ一致した理解や解釈ができていると思う.

(　　　)教員同士の考え方はそう違わないと思う.

(　　　)教員間でいつも一致した理解や解釈ができるわけではない.

(　　　)教員間で一致した理解や解釈をする必要はない.

(2) 単元の到達目標や学習内容に関する共通理解について

(　　　)ほぼ一致した理解や解釈ができていると思う.

(　　　)教員同士の考え方はそう違わないと思う.

(　　　)教員間でいつも一致した理解や解釈ができるわけではない.

(　　　)教員間で一致した理解や解釈をする必要はない.

(3) 単元の学習指導の方法・テクニックに関する共通理解について

(　　　)ほぼ一致した理解や解釈ができていると思う.

(　　　)教員同士の考え方はそう違わないと思う.

(　　　)教員間でいつも一致した理解や解釈ができるわけではない.

(　　　)教員間で一致した理解や解釈をする必要はない.

(4) 貴校の体育授業の意義や究極的な目標の見直しについて

(　　　)見直され, その結果, 新しい考え方が生まれることがよくある.

(　　　)見直され, 部分的に修正されることがよくある.

(　　　)見直されるが修正されることはあまりない.

(　　　)見直されることはほとんどない.

(5) 単元の到達目標や学習内容の見直しについて

(　　　)見直され, その結果, 新しい考え方が生まれることがよくある.

(　　　)見直され, 部分的に修正されることがよくある.

(　　　)見直されるが修正されることはあまりない.

(　　　)見直されることはほとんどない.

(6) 単元の学習指導の方法の見直しについて

(　　　)見直され, その結果, 新しいアイデアが生まれることがよくある.

(　　　)見直され, 部分的に修正されることがよくある.

(　　　)見直されるが修正されることはあまりない.

(　　　)見直されることはほとんどない.

以上で質問は終わりです. お忙しい中ご協力いただき, ありがとうございました.

資料2 リーダーの発話（平成16年4月21日）

発話者	発話	意見表明					指導						質問								
		論拠①	論拠②	論拠③	論拠④	論拠無	論拠①	論拠②	論拠無	明確化	同意	反論	問い	発問	情報	疑問	依頼	指示	伝達	進行	その他
リーダー	始めます．50分過ぎちゃうと思いますので用事ある方は．今日Y先生お一人ということで，跳び箱運動ということで持ち上がりの学級ですね．「授業行うにあたって」いうことで．I先生，「授業を行うにあたって」のひな形を，毎年全体で共通して出してもらってるんだけど，部会色が出ちゃうので．																	1		2	
ベテラン教師（研究主任）	指導案の形で？																				
リーダー	指導案の形じゃなくって，検討会について最低限これと，これが・・																	1			
ベテラン教師（研究主任）	入ってなかった？																				
リーダー	入ってましたっけ？　すいません．よく読んでなかった．ごめんなさい．個人個人でバラバラになっちゃうから，これとこれとは押さえて．例えばここにある学習の場の計画とか，学習資料の計画とか，学習カードもこういうのがあったらいいんじゃないかとか．何もないと検討にならないので．　　はい，ではY先生の方から．お願いします．																	1		2	
若年教師	はい．それでは，「跳び箱運動」です．「運動の特性」と書いてあるんですけれども，まず，今回の跳び箱を行うにあたって，特にという意味なんですけれども，跳び箱学習の「第一空間」，踏み切りをしてからぽーんと体を投げ出すというか，あの感覚を特に今回は意識して，開脚跳びの場合なんですけど，やっていきたいなというふうに思っています．「実態調査」．実態調査で1時間，子どもたちが，跳び箱を，実際，今，どのぐらい跳べるのかという，自分の力を知る時間を取ったんですけれども，まず，子どもたちの跳び箱運動に対して「怖い」という子．怖いのはどこかというと，やっぱり，踏み切ってから手を着いたところ，手を着く瞬間で，そのあと，なんていうのかな，うまく体を投げ出すことができないというか，怖いから踏み切りが弱くなって，手をべたっと着いて，上に乗っちゃうという．そういうところが子どもたちの感想から出ていたので，「実は，踏み切りをしてぽーんと跳ぶあの感覚って，すごく気持ちいいんだよ」っていうのを，子どもたちに味わわせてあげたいなということで，今回は，これを特に意識して取り組みたいと思っています．																				
若年教師	学習面の中では，「グループ学習」，「ペア学習」で，去年は異質・等質とありましたけれども，生活班を基本とした学習で，挑戦学習では，場面によっては等質になってしまうと思うんですけども，いろんなグループとの関わりとか，できる子に見せてもらったりとか，資料の見方をしっかりとしておけば，異質同士でも教え合うこともできますし，無理して異質にするわけじゃなくて，自然なかたちで，子どもたちの関わりが増えるようなグループ，ペア学習にしていきたいと思っています．次，ここが今，自分で一番悩んでいるところなんですけれども，体慣らしの運動の中に，跳び箱で一番大事なところ，「踏み切り」，「ケンパー跳び」とか，着地したあとの腰上げとか，大事なポイントを入れて指導をしていきたいんですけれども，まだ自分は勉強をしていないですけれども，どんな言葉がけで，「この運動では，ここが大事なんだよ」という，一つの運動に対して「ここを意識して大事にしようね」というようなうまい言葉かけをかけて，一つ一つの運動が，「ケンパー跳びの場合だったらここだよ」というようなポイントをしっかりと押さえた体慣らしの運動にしたいと考えています．また，挑戦学習の中では，資料の中で，資料の絵から，「ここは踏み切りが大事なんだな」とか，着手したときに，「腰が上がっているね」とか，そういうように資料の絵からも読み取ることができるし，うーん，うまく表現できないんですけれど，単元を通して，大事にしていくポイントっていうのを，体慣らしの中にうまく入れていきたいと考えています．																				
若年教師	「単元の流れ」のほうに行きます．まず，1時間目，2時間目はオリエンテーション，まだ1時間目で実態調査をしたところです．まだ2時間目には進んでいません．2時間目では，単元の見通し，単元を通しての目当てを持つ，例えば，この学習が終わったときには，「台上前転ができるようになりたい」とか，「まだ4段しか飛べてないので，この学習が終わったあとに・・・」子どもたちの最初の持ち方だと，「8段も跳びたい」という漠然とした目当ての持ち方になるのかもしれないんですけど，単元を通しての目当てというか，自分の姿を，2時間目で持たせて，この学習への夢というか，こうなりたいなという気持ちを大事にしたいと考えています．3時間目は，ここが，今，自分が一番のポイントだと思っているんですけども，この体慣らしの運動で，子どもたちにどれだけ大事なポイントを意識させて，跳び箱につながる運動を簡単でわかりやすく伝えられるかなというところ，ここは，まだ勉強していないので何とも言えないんですけども，大事にしていきたいと思ってます．																				
若年教師	4時間目．今回の学習で，開脚跳びでは第一空間を楽しませたいというふうに考えているので，4時間目で，「踏み切り」，「着手」，「着地」の中の「踏み切り」を特に，まず一番最初に，強く，子どもたちに意識させたいと考えています．まだ，まとめてなくて申しわけないんですけれども，第一空間を，カステラ板を入れて距離をつくって，4つぐらい入れて，気持ちよく体を放り出している子が5人か6人ぐらい，あとはやっぱり2つ，それ以上入れると怖いという子が多かったです．踏み切りを強くして，「踏み切り・着手・着地」が基本だと思うんですけれども，第一空間を楽しませられるように高める学習で，4時間目をやっていきたいと思います．4時間目の最後に，「目当ての確認」と「自分ができそうな技なのかどうかの判断」と書いてあるんですけれども，場づくりをしてみて，「自分が，今，どの程度にいるのか，どの程度の力があるのか」っていうのを確認して，次からの挑戦学習の自分の取り組む技を決めるぐらいで終わると考えています．本格的に始まるのは，次の5時間目からと考えています．																				

第4章・下位課題2における若年教師の発話分析のデータである．

若年教師	5時間目では，少しずつグループでの学習を，きっと，今までの積み重ねで，いい人たちが出てくると思うんですけれど，ほめながら伸ばしていきたいんですけども，改めて意識させたいと考えています．遅いかなとは思うんですけども，3時間目と4時間目で，子どもたちに（第一空間を意識する学習を）やってもらおうというのがあるので，5時間目にしました．もしも，「もっと早くからできるんじゃないか」とか，その他ありましたら，あとでご指導をお願いします．6時間目，7時間目は，2時間同じような目当てになっています．去年，K先生が，跳び箱をやって，「めあて3」という考え方があるというようなことをご指導いただきました．例えば，開脚飛びから，さらに水平飛びに，という，何ていうかな，その考え方が，ちょっとまだ自分でどう整理して子どもたちに伝えていっていいかよく理解できていないので，今回，今のところなんですけれども，この時間から，挑戦学習の中でも，「めあて3」という考え方を，少し認めていきたいなと考えています．うまく言えないんですけれども，自分の考えだと，第一空間を，もっと距離を出して跳べるようになりたいという，もっと美しく，足を真っすぐに伸ばして跳べるようになりたいとか，そういうめあてを持つ子が出てくると考えているので，その子はそのめあてを認めつつ，挑戦学習の時間も，自分のやりたいものに向かって，もっとひざが伸びるようにっていう，もっと腰が高く上がるように，もっと体が真っすぐになるようにとか，そういうのも認めていきたいなと考えています．最後は学習発表会をして，自分の伸びと最初に立てためあてとどうなったのかな，この学習を通してどうだったかな，というような振り返りをしていきたいと考えています．5月6日の本時では，今のところ4時間目を考えています．今回の第一空間を楽しませるための踏み切りのところを見ていただきたいなと考えています．以上です．																				
リーダー	はい，じゃあ，整理していきたいなと思うんですけれど，ちょっとまず思ったところを言って整理していきましょう．どうぞ！																			1	
O	思ったこと？はい．私，跳び箱の授業をやったことがないので，分からないのですが，跳び箱は普通は，異質でやっていたのですか？今までは．																				
若年教師	高める学習は生活班とか異質でやっていて，挑戦になるとめあてが同じ者たちが集まってその場で，台上前転できる様にがんばろうよってことで，自然の流れだったと思います．																				
O	はい．良い動きというか，怖い部分とかが今あるみたいなので，そういうのをなくしていきたいというお話だったのですが，跳び箱だったらどういうものを資料にしてやるんですか？																				
若年教師	資料．．．																				
O	良い動きとかは上手な子を良い動きとして参考にさせたりしてやってるんですか？																				
若年教師	もちろんそれもありますし，見るポイントを知っていれば，後々，手がしっかり跳び箱を押していく，掻いてるねっていうか，上手く言えないですけども，友達のを見て気付くことができる．ウサギ跳びで合ってるのかどうか分からないですけども，いっぱいやるじゃないですか．ああいうのとかタイヤ跳びとか，台の上に一回乗ってから肩をこういう動きを．																				
O	それを3時間目に初めて出していくという形ですか？																				
若年教師	そうですね．3時間目というか実質子どもが跳び箱をやっていくのは3時間目かなと考えているんですけども．はい．																				
O	すいません，なんかまたあったら聞かせてください．																				
リーダー	どうぞ！どうぞ！																			1	
N	跳べない子はいるんですか？																				
若年教師	跳べない子は，Nくんが4段跳べない．跳べるというか越せる，っていう．																				
リーダー	踏切とか使ってないってことでしょ？									1											
若年教師	そうです．																				
N	低いからまたげるってこと？																				
若年教師	そうですね．でもNくん，これができてるんで．手が着いた後にこれだけ，で越せるっていう．																				
N	良かったね，・・良かったね，だって　笑																				
若年教師	Yさんは4段は跳べるけど，5段より上になるとちょっと怖がってるかなっていう．																				
N	よくほら，回転系とか，ああいうのは？																				
若年教師	もちろん子どももそっちの方に進んでいくと思うので，もちろん子どものめあてを大切にしていきますけど，開脚跳びのぽーんという瞬間を感じさせてあげたいなと考えています．																				
N	・・・　最初の時点で怪我のこととか，着手の仕方とかの約束事をしっかりしていくとか，ホントに基本的なことなんですけど，そこのところを押さえていくと安心かなと思いました．																				
若年教師	はい．																				
N	ほんとに小さいことになるんですけど，前の子がどこにいったら動き出すとかね．																				
若年教師	はい，ありがとうございます．																				
リーダー	はい，NM先生どうぞ．																			1	

NM	まだ始めたばっかりだから，子どもたち，助走とか意識してないんだと思うんですけど，やっぱり跳び箱でいっつも言われるのは着地安定させるために，っていう逆に戻るってのが普通学校で指導される，着地安定させるためにあなたは着手はどうなのか，第一空間はどうなのかというふうになってくるとだんだんそれが後ろに戻ってきて，踏切だの，助走だのになってきて，それがちゃんとしてきて初めて，っていうのを技にそれができてきて初めて，あなたは第一空間よくなってきて，今度は大きなフォームでとか，そういうふうになってきて，子どもたちの次への意欲っていうか，そういうなのができてくると，わかんないですけど，いつも子どもの他の授業もそうだろうけど，強い願いっていうのが子どもたちにあるかなというのがいつも，例えば勉強してたら，できるようになりたいとか，テスト100点取りたいとかいう願い，算数の計算力が僕は弱いから計算力を付けたいというのと同じで，跳び箱は一応跳べるんだけども，なんかイマイチ跳び箱が楽しめてない，だから第一空間をおおきくしたいっていうんなら，そのために自分はどこを練習すればいいのかなという，そういう第一空間をかっこよくしたいという強い願いがあれば自然にそれが助走とか踏切とか，そういうところに戻ってきて，自分は助走がまだあれだから勢いが着かないとか，踏切がぽーん！と力がないからとか，マット運動でもなんでも強い願いがあるとそれに行き着くために自分は何が足りないかと考えたときに個人ではどうしようもないから，友達の関わりの中でとか，資料を使うとか，先生に聞くとか，そういう関わりが出てきて，個人じゃあどうしようもないから友達と関わって少しでもそこを解決していきたい，それから先生に聞いてとか，強い願いというのがもう少し我々は掘り下げていかないと子どもがただ何となく，自分がいつも反省するのはそこなんだけど，なんとなくただ単元が何時間か終わってしまって，じゃあ何だったのかなという，何となく跳び箱が上手くなった様な気持ちになってるけど，ほんとに子どもが強い願いを持ってそれをやったかというか，授業でやったかというのが自己反省するのがそこなんだけど．	
NM	願いの持たせ方というか，願いが強ければそれに向かって努力するというか，そういうのがあると子どもたちが，たとえば開脚跳びがまだできない子どもにとっては開脚跳びがうまくなりたい，跳べる様になりたい，っていう，そのために自分がどうするかというと，僕の場合には助走が弱いから腰が落ちてしまうとかいうのがあるから，最初の助走から少し第一踏切，第二踏切のあたりをやってみて，タイミングを掴んでそこから5段に挑戦してみたいとか，その辺ができればいいなとおもってるんだけど，なかなかいい言葉がなくて子どもに投げかけられなくて何となく授業が終わってしまって反省してるんだけど，願いを持たせる様なところに追い込んでいって，子どもがじゃあそのために僕はひとりでこんな練習をして，走るスピードがないから走りをスピード付けてみようとか，そういうときに先生が身体慣らしでそういうところに目が向く様な走り方みたいなところとか，着地で足がそろわない子どもには着地で足がそろえるとか，踏切で足がそろわない子には足をそろえるようなのを身体慣らしに入れていきたいとおっしゃってましたね，そういう一連の流れを整理して，子どもたちが見て，お互いが評価しあえるというのを入れていくだけでもずいぶん子どもたちがだんだん自分の願いを達成できるかなと思って，今考えてて思いつかないんですけど，そういうのを整理すれば，あなた本当に5段とびたいとおもってるんでしょ？じゃあその助走で良いかな？とか，誰々ちゃんの見てごらんと助走の違いを気付かせるとか，いい言葉がないんですけど，そういうのを強くしていって，子どもに投げて，ちょっとまとまりませんけど，子どもが意識してくると変わった姿が出てくると，誰ちゃんは意識してるみたいだなとかっていうかんじで参考になるようなものがあったら，ビデオとかで良い動きがあるんだよ，とこれ小学生なんだよとかって見せて，ちょっとこの辺までは自分がなってみたいなという願いを持つと，自然に子どもが自分で計画を立てて，友達と関わって，先生とそんな中で解決していきたいというのが出てくるかなと，頭で分かってるんだけど子どもに上手く投げかけられないというジレンマがあるんですね．	
若年教師	ありがとうございます．	
N	子どもに期待する姿に関する質問・・・	
若年教師	そうですね，そうなったらいいかなぁって．	
リーダー	I先生なにかないですか？	1
ベテラン教師（研究主任）	はい，僕も単元の流れ，子どもの実態分からないんですけど，6年生なんで，最初のところなんかは，オリエンテーションに時間取ってるんだけど，跳び箱去年やってないのかもしれないけど，鉄棒とか他のものでやってるんで，6年生ですし，そんなに時間取らなくてもいいかなと思うんですけど，6年生で挑戦学習が実際行われるのが6時間，この6つの中で子どもたちがどれくらい伸びるのかなっていう，Y先生が願ってるところもあるから，最初にじっくりやりたいっていうのがあるので分からないですけど，子どもたちは挑戦学習やりたいかなぁ，そういうところも考えて欲しいかなと思いました．もしあれだったら，高める学習の最初のあたりから挑戦学習にいっちゃって，ていうのもいいかなと，一番分かってるのはY先生なので，それから，研究重点とかねてですけど，怖いっていう子が克服するためにどのような運動ができるのか，それは自分が場の設定で・・・・(具体例の提示)しっかり自分(先生)の考えをもってやってもらえばいいかなと思います．一番最初の授業ですから，学習形態の工夫のところで，これもやっぱり最初は生活グループでやって・・・，自分が思ったのは，挑戦学習が最後終わったときに，子どもたちの技能をY先生としてはどのへんまで高めたいと思っているのか，というのが知りたいです．	
リーダー	はい，では私の方から，だいぶ出たんですけど，実態調査してるということで，その実態調査からこの過程を組んでやると，子どもたちが気持ちの面，もちろん技の面でどういう風に変容してくるだろうなって，変容していく中でやっぱり心の動きっていうのが体育のおもしろさだと思うので，ただ上手くなっただけじゃないと思うので，それが学級経営の中に，他の勉強の中にどういう風に広がっていくかということを指導案の中に明確にできると良いかなと思います．大変だと思うんだけど，30人弱なので可能だと思うので，たとえばNくんにはこういう言葉がけを単元の中でしてあげよう，そしてきっとこういう姿に変わってくるだろうっていうのを30通り全部考えて入れてあげる，関わってあげる，時には特にこの子に関わってあげたいっていうのが出てくると思うし，機械的に分ける必要はないと思うんですね．この子に関わったらこの子達に波及していくだろうっていうことで，最終的にいい学級経営に，他の勉強にも，子どもたちがなんだ体育と国語と同じだなとか，そんなとこに気が付けばいいのかなという気がするので，そこを強烈に持っていい，訴えてもいいと思います．	1　2
若年教師	ミーティングと第一空間にこだわったのは，最初跳び箱を外で一回やったときに，6段でもカステラ板を2個最初入れといたんですけど，それを1個にしてやろうとしたんです．で，ある子にはそれは2個入れなって言ったんですけども，他のところも1個にしようとしてたんです．あ，それは踏切と第一空間を身体を放り投げてやる楽しさを感じてないんだな，だから調節箱は少ない方を子どもたちが望んでるんだなっていうのを感じたので，今回は第一空間にこだわって，みんなが踏切をぽんっ！というのを多くの子に味わわせたいというのが一番の今回の自分の思いです．	

リーダー	たぶん先生は第一空間を大きくした言っていったんだけど，こういう（実演しながら）跳び方の子が多いのかなと．先生が見て，着手の時に前に出ているっていう．			1																	
NM	自分でこう，かっぱじく，自分で手を着いてかっぱじく子どもっていうのはなかなか空間大きくならないしね．上からとーんと来る子はふわーっていう感じが味わえるけども，走っていってかっぱじいて，とりあえず跳んだいう感じではなかなか．																				
リーダー	第一空間を意識させる，でも，6－1の子どもたちだったらね，一次，二次で大部分の子は意識できちゃうんじゃないかなって．ここに先生が4時間目のところにたたーんのリズムでって書いてあるんだけど，第一空間を大きくすると，たたーんじゃなくて，とーん，とんとんっていうリズムなので，そこでやっぱり必ず言われるのは高める学習から挑戦学習のつながりを考えて，ってことで，屈伸跳びとか，ハンド，ネックってなるとタターン，むしろ第二空間が大きくなってくるので，ここのつながりをどう意識してるのって言われてしまって．　とーん，とんとんの第一空間を身体を放り出した感覚っていうのはもうさっき，めあて③って言ったんだけど，従来の言葉を使うんなら，技能の高い子達は身体慣らしの段階でトーン，トントンって横で言ってあげて，一回目から跳んでる中でリズム作っちゃってできちゃってるんじゃないかなって．高める学習は自分ができる技だから，この流れでいくと高める学習が全体の共通課題に近い形でトーン，トントンのリズムでやってみましょうみたいな形になるのかなって思うんだけど，できる子はどんどん別れていってやってって，挑戦学習ではさらに発展させていってっていう考え方でもいいのかなって，そういう方向もあるかなっていう．かなり能力的には高い，○くんとか△さんとか，能力的にはそんなに低くないと思うので．　高める学習を全体でが一って押さえなくても良いのかなぁって．すぐにつかめちゃうんじゃないかなって．笑　やれない子は別だと思うんだけど，時間かけてじっくりやって．トーン，トントンのリズムで．	1		3		1															
若年教師	踏切の時の，ここが・・・　これが・・・（実演しながら）																				
リーダー	高める学習が個のめあてにクローズアップして，第二空間を意識してどこまで跳べたかとか，そういうことを意識してやってる子がいてもいいし，まだできてない子にちょっと見ててあげて，っていう．結局最終的にハンド，ネックとか，そっちの方向にいくと思うんで，第一空間をゆっくりするとハンドスプリングきつくなっちゃうから，いかに早く蹴り上げるかっていうちょっと違う感覚になってくる部分もあると思うんで，そこをちょっと先生のどういう姿に育てたいって言うのをもうちょっと個別に強烈に持っていくといいのかなって思いますね．K先生のめあて③っていうのはちょっとよく分かんないけど，もう一ランク広がっためあてっていうのがあってもいいのかなっていう考え方なのかな．					4															
	子どもたちの学び方についての意見が飛び交う．																				
リーダー	そうなってくると目つきが変わってきたりとか，真剣に取り組んできたりとか，そこまでいってくると，他の勉強と同じじゃんとか，Y先生が国語の時に言ってるのと同じだなとか，そこまで広がってくるといい学級作っていこうってことで，勉強も頑張っていこうっていう意識になってくるのかなぁって，あとそれがもう少ししっかり生きてくると教師の関わりとか，テーマの沿って，明確になってくるのかなって思うんで，指導案にも制限あるんだけれどそういうところをやってもらえるといいかなぁって．場の設定なんかももう少し整理できるといいし，最終的にどういう姿にしたいのかっていうのが，先生の頭の中にはイメージがあると思うんだけれど．					2			2												
N	と一んって，楽しく気持ちよく跳ばせたいんでしょ？一番は．																				
若年教師	僕はね，僕が子どもの時に楽しかったのは，僕結構跳び箱得意だったんですよ．ハンドした後一回転とかできてたんですよ．でも一番楽しかったのは，やっぱり跳び箱と距離を取って，遠くから踏み切るのが楽しかったんですよ．																				
N	去年の体つくり運動だっけ？やったじゃん？あの時すごい遠くに跳ぶのを一組さん，楽しんでやってたじゃない？ああいうのを見ると，内のクラスにはできないなって思う様な，怖がらない子がいっぱいいるじゃない？きっと先生がいう様に面白いよね．																				
	・・・書き起こし困難：跳び箱の楽しさについての意見が飛び交う．																				
リーダー	先生の目指す姿のひとつで，全員跳べる喜びを味わせたいっていうのが，ひとつあると思うし，ただ跳ぶじゃなくて，浮いてる感覚とか飛び越す感覚を伴って跳ばせたいなぁっていうのがひとつでしょ？												1								
若年教師	水平跳びを目指す子が出てくると思うんですよ．																				
リーダー	学級経営への発展性がね・・・笑											1									
N	Tくんとか，何個も何個も並べて跳びそうじゃない？																				
若年教師	うーん，でも危険は危険なんだよねぇ．笑																				
N	危険なんだよねぇ．笑　どっかで止めないと．私さぁ，あるのよ，手の骨折ったの．それは着手に失敗したのかな．体育館だったんだけど，こういうふうに手を着いちゃったの．それでこういうふうに．																				
リーダー	じゃあ，はい．先生																			1	
保健教諭	全然関係ない話なんですけど・・・笑　私が全然できない子だったんで，今聞いてて思ったんですが，跳び箱ではなくて，私は水泳が全然できなくって，本当に顔を付けるところからやってくれたんですよ，先生が．私はもう泳げなくてもいいやって思ってたので，あぁ，ばれちゃったていうのが正直な気持ちで，自分だけ個人的にやってもらうのがちょっと苦痛だったのと，恥ずかしかったのがあって，正直やりたくなかったんですけど．でもそこで先生が見捨てないでやってくれて，結果的に泳げる様になったんです．泳げる様になったことももちろん嬉しかったんですが，泳げる様になったことに対して，先生が言ってくれたのは，そんなに根性がある子だとは思ってなかったからびっくりしたっていうことを言ってくれたんです．底の方に眠ってた力を出してもらったことが今でも結構支えになるところがあるので，担任ではないのでどうすればそうできるかとか分からないのですが，Nくんとか Yさんからそういう眠ってる力を出してあげたらいいかなというのと，3年間その同じ先生だったので，Y先生も3年間ですっけ？ずっと見てくれてるからできることもあると思うので，自分がやらないのに口出しするのは申し訳ないんですが・・・																				

若年教師	いえ！はい，本当にずっと見てるんで，結構子どもが嫌だなぁってなってても，これやってみ，できるよって言うと，結構子どもが動いてくれるんです．だからその点は恵まれてるかなと思います．はい，思い切って言えるところとか．はい，ありがとうございます．																					
リーダー	その子の可能性を出してあげるのが学級経営だから，そうしないと，気が付くと自分なんかも漠然と終わっちゃったなぁとか，ちゃんと目標を立てていればいいかなぁと．はい，また何かありましたらお願いします．時間も過ぎてますので，これでしめたいと思います．主任の方から授業を行うにあたってというひな形が出ますので，テーマに沿って，基礎・基本とか，可能なかぎり明確にして，やっていきましょう．では，ご苦労様でした．																	1		2		
ベテラン教師（研究主任）	あ，指導案の提出は今後の27日ということで，それから，あと授業研なんですけど，講師の先生の都合が・・・・(日程の説明） 先生達から日程の確認																					
リーダー	ご苦労様でした．																			1		
		1	0	4	0	8	0	0	4	1	0	1	1	0	0	0	0	4	0	12	0	36
		2.8%	0.0%	11.1%	0.0%	22.2%	0.0%	0.0%	11.1%	2.8%	0.0%	2.8%	2.8%	0.0%	0.0%	0.0%	0.0%	11.1%	0.0%	33.3%	0.0%	100.0%

資料3　リーダーの発話（平成16年6月17日）

発話者	発話	意見表明					指導						質問								
		論拠①	論拠②	論拠③	論拠④	論拠無	論拠①	論拠②	論拠無	明確化	同意	反論	問い	発問	情報	疑問	依頼	指示	伝達	進行	その他
リーダー	はい，じゃあ講師の先生いらっしゃらないんですが，部会の中で進めて，私の方で進めます．授業者ひとりということで，O先生の方から．																			2	
O	はい，先生方お忙しい中，どうもありがとうございました．時間が5分くらい延びてしまいましたことをお詫び致します．体ほぐしということなんですが，今日の一時間の流れは心ほぐしのようなところに力を入れたような時間の扱いになりました．というのもこの学級の実態として新しいクラスになってから2ヶ月くらいが経つんですが，日頃の私の配慮不足というのもあり，まだ学級全体で何かひとつのことを成し遂げるような体験がとても少なかったので，人間関係もまだまだだなというふうに思っていたので，心がほぐれて関係が良くなるようなものはないかということで，ウマ跳びをやって体に触れるようなものを選んだり，川渡りとかもY先生に紹介して頂いたんですが，みんなでひとつのものをやり遂げて，やった！いうような気持ちになるようなものを選んで，ちょっと時間かかったんですが，そこに重点を置いて最初のところ，楽しんでできるようにしました．初めて川渡りをやったんですが，楽しんで何とか成功したので，良かったと思いますが，まだ体つくりとか，体ほぐしというような意識は子どもたちの頭の中にはないようでした．																				
O	グループの作り方なんですが，今日はやらなかったんですが，これまでのストレッチ運動やはじめの記録を取るときなどは，学級の中の学級班や，隣の席のペアとかを使ったりしたことが多かったんですが，高める学習，挑戦学習というような二次に入ってからは，自分のやりたいもの，自分の強めたい体力のグループという風な分け方をして今日もやってみました．場なんですが，以前他の先生方からご指摘があった通り，ちょっと私は広すぎて見切れない部分が今日もやはりあったので，これはもう少し絞るべきだったのかなというのが反省点です．あれだけの場があるんですが，場所の取り方も，まだ私も子どももうまく考えられておらず，高めるから挑戦に場を変えないといけない時とかも，自分たちで考えて上手く広く使って欲しかったんですが，どうしても偏った選び方になってしまったりして，まだまだだなというふうに思いました．																				
O	挑戦学習に入ってからも，タイヤをごろごろして上に上らせていくのは，子どもたちは好んでやっていたんですが，下ろすときにどうしてももののすごい勢いでタイヤがごろごろ落ちていくようになってしまって，そうならないように横を持って，支えながら協力してやるんだよといっていたんですが，やはり子どもたちの力では及ばないときが時々あって，今日もぶつかっていたい思いをしていた子がひとりいたので，ちょっと今後やり方を考えないといけないなと思いました．　私と子どもの関わりなんですが，今日は主に挑戦学習の方で，壁登りをやっている子どもたちの方を見ました．なかなかできなくて，最後まで結局4人全員が乗られなかったんですけど，どうやったら上がれるかなというのをすごく一生懸命考えていて，上がった子達も，腕が痛いとか，ここの力を使ったとか，自分たちの中で出し合っていたので，まだ体への気付きとは言えないんですが，これがもうちょっと続けていく中で体への気付きへとつながっていければいいなと思っています．最後に子どもたちから，教室に戻った後なんですが，先生がどこどこが痛いよとか，ここが疲れたというようにいろんな意見が出てきたり，あとは力強い動きの練習をしてたこなんですが，持ってきたときより軽く感じるなんて言ってきた子がいて，それが本当かどうか分からないんですが，自分なりに力を付けたのかなという思いを，錯覚だとしても感じることができたのかなと思って，少し昨日とは違うなという風に思いました．																				
O	色々と心配はあったんですが，思いの外子どもたちが楽しんでやってくれて良かったなと思っていますが，やはり活動の合間合間に指導があったり，集団の行動のぱっと集まったり，ぱっと散ったりするようなやりかたがまだまだだなと反省したのと，これから強めていかなくてはいけないと思いました．今回は，去年の指導案を参考にさせて頂いたんですが，高める学習と挑戦学習を区別したいなと思って考えて，高める学習では自分の記録を高める時間にして，個人の記録を伸ばす時間にして，挑戦学習では同じ目的を持った，例えば力強い力を強くしたいという人たちが集まったグループで一緒に壁登りをしたりとかというふうに分けて，毎時間ローテーションするような形を取ってやってみました．ですが，そのようなやりかたをすると，今日力強い動きをやって，壁を上れなかった子達が次の時間は柔らかい動きの方に移って，継続してできないという欠点もあり，どちらのがいいのかというのがちょっと難しいなという風に考えています．体つくりの前例が少ないんですが，今後のためにどのように進めていったらいいのかと言うことでご意見があれば教えて頂きたいなと思います．ご指導よろしくお願いします．																				
リーダー	はい，去年の高学年で展開した題材だと思います．去年の反省点，課題等出て，また指導過程，今回も8時間扱いということでやってるんだけど，ちょっと僕も率直に見て8時間必要なのかなというように感じますね．あと，O先生自身が2年目ということで，これから基本的行動様式，子どもの掌握の仕方とか，用具の扱い方とか研究していかないといけないところもあると思いますけど，そちらの方は個人の努力ということで，この授業をどうしていくかということを話の中心にしていければいいかなと思います．はい，そちらの方，話題にしていきたいと思います．よろしくお願いします．ではNM先生，去年5年生の方から．					2														3	
NM	はい，今日はどうもご苦労さまでした，ありがとうございました．ひとつ，最初の方ですね．一番最初にみんなで下の何でしたっけ．																				
O	おにごっこですね．凍りウマオニ．																				
NM	あれ，子どもたち汗びっしょりになるまでやってましたね．今日初めてだったんですよね．一回経験してると子どもたちも工夫のしがいだとかあったでしょうけど，背中が丸くなってましたけど，背中がまっすぐなってるととんとんとんとリズム良くできるとか，この次やられると，色んな子どもたちのアイデアとか出てきて楽しいんじゃないかなと思います．今日はあそこで時間が経ったのはもったいないかなという感じもしました．でも初めてだったということでね．あと最後集合したときにはみんなで喜んでいたので，この次はまたみんなで話し合いしていくといいのができていって，なるほど，みんなでこうやって触れあって，創り上げていくと楽しいんだなというのが実感できるんじゃないかなという感じがしました．																				

NM	今日はペアというのはずっと二人組でしたよね．中心はね．	
O	後半はグループなんですけど．	
NM	でもまわるのは二人組でまわっているような感じましたけども，特に二人組ではなかったですか？	
O	最初に記録を取り合った仲間と結局同じ場にいくことになるので，ひとりでやっていたところもありますが．	
NM	最初，すぐに子どもたちが一番多くいったのは，ジグザグと，コーンを行ったり来たりするのに集まりましたね．自分でこうやって結果が分かりやすいっていうので行ったんじゃないかと思いますけどね．私がやったときもそうでしたけども，なんかやっぱり，難しいなという感じがしますね．自分がやっていても訳が分からない間にやったような感じがしましたけど，例えば記録が伸びたことによって何かを感じて，たとえば記録が伸びればこういうことが言える，とか，そういうことが子どもたちが分かっていくと良いのではないかと思いますけど，今の段階では始まったばかりだから，ただ何となく自分の記録を伸ばすことばかりに夢中になってますが，いつの間にかだんだんそれが，記録が伸びたのはこういう力が少し伸びたのかなということを子どもたちが感じるようになってくるとああいう場とかが生きてきたり，場を工夫しようとか，自分で負荷を与えたりとか，そういう感じで子どもたちが挑戦していけるようになるのではないかと思いますけど．今のところは何となく記録を測ってただ楽しんでいるというような，私も最初はそうでしたけども，今の段階ではそういう感じを受けました． 自分の高めたい体力を決めて取り組めたかという評価がありますけども，今の段階では子どもたちが場をまわって記録がどうだったみたいなことで楽しんでいるような感じがしましたけど．	
NM	挑戦の方では，子どもたち自身で場を作ったりしてましたけれども，ゴムひものところに集まってましたけれども，タイヤをこう，あれするのは子どもたち一生懸命やってましたよね．何が楽しいんだろう，子どもたちは．	
O	記録が伸びるのが，経験が少ないので．	
	あぁ，そう，先生，壁登りのところにほとんど長くいましたよね．安全面考えてのことだと思うんですけど．他のところももう少しまわって子どもを評価してあげても良かったのかもという感じがしました．以上です．	
リーダー	N先生良いですか？	1
N	どうもご苦労様でした．最初の橋渡っていくやつ，きっと子どもたちは次の時間を楽しみにしてるのではないかなぁと思いました．大体の様子がたぶん分かったから，強く人を踏んづけちゃったりとか，踏み外したりとか，早く行く作戦を今日のうちにたぶん頭によぎってる子がいると思うので，次回やるときには安全ということを今日よりも一層注意した方が良いかなと思いました．競争が出てくるかなと思ったので．子どもたちは口々にいろんなことを話していたんだけど，大きな声で言わないから．O先生が指導案を書かれるときに，K小学校の形態で高める学習と挑戦学習っていうのを自分の中で決めるのをとても考えて悩まれていたと思います．去年のY先生もどこでどういう風に区切った方がいいのか，どういうものを基準にしたらいいのかというのをとても考えていたようなので，たぶんO先生も高める学習はこういうもの，挑戦学習はこういうものというのは，自分の思ったところには区切りをつけてやることができたのではないかなと思いました．この間の授業研の時に，こうじゃなくたっていいじゃないかっていうS先生が最後におっしゃっていた気がするんですけど，その直後だったので，これ分けて良いのかなと考えたりしていたようだったのですけれど，そのへんのことが，この単元は難しいなと思いました．去年と今年と見たんですけど，U先生がおっしゃっていたように，これだけで続くというのは難しいんだろうなというのが私の中での結論なんですけど，あえて8時間取り扱うとしたら，できるだけ子どもたちに自分の体を知って欲しいというのか，生涯，トレーニングとか，そういうものに役立てられるような単元としてやっていけたらいいのかなぁなんて思うところです．ありがとうございました．	
リーダー	どうぞ．	1
ベテラン教師（研究主任）	どうもご苦労様でした．自分，N先生の話を聞いていて，N先生と違うんですけど，さっきちょっと校長室で話していて，高める学習，挑戦学習って，どういう風に取り扱うのかって話してたんですけど，その人その人で高める学習，挑戦学習の捉え方が違っちゃって良いのかっていうことなんです．K小学校で高める学習をどういう風に捉えるのか，・・・そこらへん，この間S先生が言われたのは，・・・・ 去年も出たのかもしれないですけど，高める学習では自分の記録を高める，挑戦学習を楽しもうになっているけど，本当にいうと，楽しむの方が高めるで，記録に挑戦してるんだから，こっちが挑戦になっていくのかなって．それは捉え方だと思うんですけどね．そこらへんをU先生に．・・・	
リーダー	先生どうぞ．	1
保健教諭	はい．今日はありがとうございました．最後の15分くらいしか・・・	
リーダー	S先生．	1
音楽教諭	ありがとうございました．お疲れ様でした．	

リーダー	え，私の方から，昨日，今日見させて頂いて，基本的なことは別の問題で，まず授業どうしていくかということで，う～ん，ちょっと大幅に組み直さないといけないのかなって．この領域の時間は8時間取ってあると思うんだけれど，この指導過程と内容，もうちょっと見直してみて，最終的に子どもの願いをどういうところに持っていったらいいのかなというところから，今日やったのは例えば最初の3時間，4時間って，後半なんかちょっと違う過程を組んでみたりとか，これだけではないと思うので，やってみるのも良いかなって．あと高める学習と挑戦学習，昨日も見てて区別分かんなかったんだよね．文面見たり，よく考えると逆じゃないのって思ったり．今日，逆かもしれないなと思って，挑戦学習のところ，高める学習みたいな見方で見てたのだけれど，やっぱり子どもたちが高めるという雰囲気にはなってないのかな．やっぱりできた，できないでわーって盛り上がってて失敗したら，わ一失敗したってなってて，子どもへのめあての持たせ方，もしかしたら先生の子どもを掌握する力にも関係あるかもしれないけど，授業の流し方として，きっちり正確にやってこれだけ伸びた，だからこういうことに挑戦したいっていう風にもっていけないと，いけないのかな．今日，どれが挑戦でどれが高めるなのかをもっと整理しないといけないと思うんだけれど．			3		3															
リーダー	今日，これを高めるにしてみたら，正確さも必要だなと，タイヤ投げるんでも漠然としてますよね．個によっても変わってくるし，タイヤ，同じもの使ってるのかなって思っちゃったし，それからタイヤは投げるものじゃないので，これを投げれたから体に力があるって言えるのかな，結構コツだったりするかもしれないですよね．タイミングとかね．これができたから，この力が高まってるってことは今日の運動だとどれにするっていうのがはっきりと説明できるのかなっていうところがあるので，もうちょっと根拠があればな．体力が高まった，力が付いたっていうことを子どもたちが分かるような形にしてあげる部分があったらいいのかなって思いました．ビーチフラッグ見たんだけど，これはどの力が必要なのかなって．それで，今日結論でなかったですよね．子ども，たぶん分かってないと思うんですよね．自分もよく分からないし．何が必要なのかなって．もちろんスタートダッシュの瞬発力も必要だろうし．これ，本当は検討でやらないといけなかったんだけど，もうちょっと整理しても良いのかな，見直してもいいのかなって思いました．実践例がものすごく少ないので，本校の研究として，高める，挑戦，そして子どもをそれを通して高めていって，というところでちょっと漠然とした部分が多いので，もうちょっとみんなで明確にしていかないといけない部分もたくさんあるなと．最終的にどういう姿がいいのかっていうのがよく分かんないんだよね．僕ら見てても．これ，O先生のせいじゃないんだけどね．笑　これはみんなでやってることなんで．子どもも必要感があまりない．盛り上がってるけど，成功したわー，失敗した，わーっていう．どこに必要感感じてるのかなぁって．そういう願いとかに結びついてないから．もうちょっと基本的な部分から見直さないと．見た目は面白そうだし，筋肉番付K小版みたいで，面白いのは面白いけど，もしこの学習形態で高める学習，挑戦学習ってことで行くんだとしたら，最終的な子どもの姿をみんなで吟味して，あと，全体的に危険が非常に多いなと，教師の目行き届いてないっていうことと，ねらいが明確がないっていうのが一番の原因だと思うんだけど，どの種目を見ても怖いなっていうのがたくさんあったので，正直言うと公開ではこれはやりたくないなと．		3			8															
リーダー	今日のビーチフラッグ，うちのクラスでやったら間違いなく救急車出てる．笑　もうちょっと改善すれば別だけどね．あそこに飛び込むのはどうかなって．あれは着地するものであって，スライディングするものじゃないから．すべるし，そういう危険性がある．タイヤもそうだし，あそこでタイヤを持ち上げることに何のメリットがあるのかってもうちょっとはっきりさせないと，やってる子どもには不親切かなと．こういうこと頑張ればこういうところが高まっていく，こういうねらいが達成されるっていうのが明確になってないと，楽しいんだけれど授業としては，そういうところが明確じゃなければ，子どもには不親切じゃないのかなって感じるので．子どもは目標があるから体育の授業に参加するわけだし，はっきり言えば何で練習するのかって言ったら，上手くなることばかりが全てじゃないかもしれないけど，上手くなりたいから練習する，自分の姿が変わりたいって思うから練習する．これこれこういうことをやればこういう風にみんなが変わっていく，教師と児童の関わりも変わっていくっていうことが明確にないと，ちょっと私がやるとレクになっちゃうかなと．ここにねらい書いてあるんだけどね．「自分の体力に応じためあてを持ち，互いに協力し合い，根気強く取り組む子ども」根気強く，体力に応じためあて，思考判断，自分の力にあった動きを選ぶ，でも今日選んだのは自分の力にあったっていうより興味本位ですよ．　動きの回数，時間，距離，重量，組み合わせ，っていうのを正確に捉えるとしたら，・・・すいません，とりとめのない話になっちゃいましたが，去年の資料もみんなで見合って，組み直してみたいなという気があります．　　あ，すいません！Y先生！		2			6															
若年教師	はい，今日はありがとうございました．これはオレの考え方が間違ってるかもしれないですけど，今のU先生の話を聞いて思ったのは，去年も思ってたんですけど，高める学習と挑戦学習に当てはめてやろうとするとかなり苦しい単元かなと思います．																				
リーダー	う一ん，そうなんだよね，実際には苦しいんだよね．										1										
若年教師	はい，だから無理矢理入れ込む必要はないのかなと思います．去年潜伏先生からのご指導であったのは，学級経営に生かせるような体への気付きができていったら良いんじゃないかなというご指導のもと，やっていったので，それを考えると高める学習，挑戦学習というのはちょっと苦しいと思います．学校研究として高める学習，挑戦学習の形に合わせてやっていくということになると，U先生の言う通り，正確な記録とか，それに対する技能とか出てきちゃったりするのかなと．でも，そうなるときっと幅跳びの授業とかわんないのかなと．																				
リーダー	今日見て思ったんですけど，そこだね．体慣らしを45分に広げた感じかななんて．だからY先生のおっしゃるとおり，高める学習，挑戦学習に当てはめるにはちょっと難しいところがあるんだよね．		1			1															
若年教師	去年も高める学習，挑戦学習と書いたんですけども，それは名前だけで，確かに考え直していく必要があると思いました．																				
リーダー	そうすると，ねらいを変えないといけないよね．										1										
若年教師	うん，ねらいを器械運動的なものに当てはめて，無理矢理作っていかないと，なのかなぁ．まずそこの部分から高学年部会として話し合っていかないと．																				
リーダー	モンスターボックスでもやりますか．笑																				1

若年教師	研究主任, K小学校の学習過程ということでやっていった方がいいのか, それとも･･･																					
リーダー	だから, 8時間組んであるけど, この内容は一次かなぁって思っちゃった. みんなで触れあって自分の体に気付いたりとか, じゃあ二次, 三次はもうちょっと別のことで, 変える要因があるとしたらこれかな, これを高める, 挑戦するとするのは難しいと思うので, 昨日, 今日とO先生がやっていただいたことというのは, 単元の中の一次かなぁ, なんて. Tさん, どうでしょう?					3														1		
筆者	････ おっしゃる通り, ひたすら動いたりとか, 自分が筋力を高めたいとか, その高めたい力の動きを考える中で･･･ 教頭先生　入室　中断																					
若年教師	去年はフィットネスの話が出たんですけども, 去年の結論的には中途半端に終わってしまって, 体つくり運動なのか, 体ほぐしなのかごちゃまぜで, 学級経営とうたっているから, グループで協力してやって成功する瞬間とかそういうのを含めながら単元を作っていったのが去年なんです. だからもしもU先生がやるときに, どう考えるかをここで議論しないといけない.																					
リーダー	色んな考え方あると思うんだけど, 今日の授業を見てる限り, 昔の体操の方がはっきりしてたなと. 子どもも迷わず別の意味の楽しさっていうのがあるんじゃないのかなって. なので今日は古い参考書を持ってきたんだけど, 昔の体操の領域のやつを読んでみると, 帰ってこれの方が新鮮だなって見られて.		1			1																
若年教師	うん, でも整理はしないといけないなと思います. ほとんど体ほぐしの授業だと思うんです. これは, そこに高める学習とか変に名前だけしか使ってなかったり･･･																					
リーダー	はい, じゃあ話し合った内容をY先生から教頭先生に.																			1		
若年教師	はい, 話し合った内容を報告します.																					
教頭	はい, お願いします.																					
若年教師	議論の経過を報告																					
教頭	コメント････																					
リーダー	じゃあ他に先生方, お聞きしたいことありますか?この領域に限らず, よろしいですか?じゃあ後半に詰めていかないといけないと思うので, 勉強して, はい, また頑張りましょう. じゃあ次回はI先生とNM先生ということで, 鉄棒とバレーボールですね.																			3		
		0	7	3	1	24	0	0	0	0	2	0	0	0	0	1	0	0	0	14	1	53
		0.0%	13.2%	5.7%	1.9%	45.3%	0.0%	0.0%	0.0%	0.0%	3.8%	0.0%	0.0%	0.0%	0.0%	1.9%	0.0%	0.0%	0.0%	26.4%	1.9%	100.0%

資料4　リーダーの発話（平成16年10月14日）

		意見表明					指導						質問								
		論拠①	論拠②	論拠③	論拠④	論拠無	論拠①	論拠②	論拠無	明確化	同意	反論	問い	発問	情報	疑問	依頼	指示	伝達	進行	その他
リーダー	高学年の活動をふり返ってということで，部会の方やりたいと思います．報告をして頂きたいと思います．大きなテーマから順を追ってやっていきたいと思います．なかなか見合う機会もなく課題も多いと思うんですが，それでは紀要ですと，3ページから5ページあたりの所になると思うんですけど，主題とからめて，高学年の研究重点，テーマと反省の方をお願いしたいと思います．　　ないですか？																			4	
	沈黙																				
リーダー	では私から，メイン講師の先生変わられて，メイン講師の先生を柱にしてまだちょっとその柱がはっきりしてない部分が，これからまだちょっと探っていかないといけない部分が多いかなと感じてます．K小学校のテーマが学級経営と体育ということで，個人的には特に学級経営と，と含めなくても全ての教科で学級経営というものが含まれると思ってるんですけれど，例えばテーマがすごく壮大で，難しい部分があるなということです．何が具体的に難しいかというと，仮説が総則を除いて大きく3つあって，さらに高学年部会のテーマがあって，主に学習形態，場の設定，教師の役割ということで，テーマが述べられているんですけど，テーマがすごく大きいので，この重点の言葉に形だけ振り回されてる部分が，ついて行けずにどうしても形だけそろえようかなということになっちゃってるところがあるのかなと．今年すごく話題になった言葉で，言葉自体は全く悪くないと思ってるんですけど，教え合いということで，特に異質グループの教え合いということで言葉がクローズアップされてるんですけど，ちょっとそれが全てになってしまっていて，自分はその教え合いというのはここに書かれているとおり，ひとつの手段かなと思ってるんですけど，どうしてもそちらの方に重点注がれてしまって，教え合わなきゃいけない，教え合わなきゃいけないと，限られた時間，授業の中でそこばかりが強くなってしまっていて，重点というのは本当に追えているのかなということをもう一度見直さないといけないかなと思います．来年度またS先生にお願いする形になると思うんですけれど，柱をもう一度見直して研究を進めていけると良いのかなと思いました．					5															
リーダー	あくまでも重点は重点なので，重きを置かないといけないんですけど，目的ではなく手段かなと思っているので，これをちょっと見直していけるといいのかなと．で，2番，今年は主題が教え合いになった部分があるのかなと．この主題，仮説，重点とうちの学校すごく多いんだけれど，これを整理して，子どもの追求する姿，そのための重点，手段ということで授業の中を整理していけるといいのかなと．今年清水先生や高岡さんの方にも新しいことを投げかけて頂いて，また来年度も是非検討していかないといけないかなということもあると思うんですけど，ある程度見通しを持って前期，一学期の授業から実践していけると良いかなと思いました．I先生，分かりましたか？笑					3								1							
若年教師	いいですか？																				
リーダー	はい．																			1	
若年教師	はい，今の話なんですけど，教え合いについてなんですけど，何で教え合わなきゃいけないのかというのが子どもたちに理解させる前に形だけ教えちゃってた部分が自分の授業なんかでもあるのかなと，何で教え合いが必要なのかなというと，できるようになりたいから，先生は一人しかいないし，なんていうかな，必要にかられて，そういう本来の子どもからの欲求から出てきて，教え合いの学習は大事なんだよ，こういう風にやると良いよっていう助言ができると良いなと思うんですけど，はじめからこういう風にやるんだよ，みたいなところが自分の授業でもありました．学校の体育の形としてそういう風になってきているから，なんていうのかな，新しく来た先生とか若い先生も，ここで見るんだよ，みたいな，もう一回そういうところを学習の中で，何年生がやるべきことか分からないですけども，そうなったらいいのかなと思いました．I先生，来年はやっぱり異質の方向で研究を進めていくんですかね？																				
ベテラン教師（研究主任）	先生方の意見もあると思うんですけど，はい．																				
リーダー	重点，テーマも見直さないといけないですよね．									1											
ベテラン教師（研究主任）	ま，それは．																				
リーダー	学習形態の工夫，異質グループ，それだけでいいんですか？ただ，よっぽど勉強していかないと，Y先生，形だけに追われちゃうことがどの教科もそうだと思うんだけれど，たとえば言葉かけの上手な先生がいて，真似したいみたいな雰囲気が広がって，教師の言葉かけがクローズアップされちゃって，言葉かけなきゃいけない，言葉かけなきゃいけないってことで，ある学校なんか，言葉かけ全集みたいなものを作ってみたりして，なんか言わなきゃいけないってことで，やっぱり教師の力量が伴って，それがマッチしたものができてないと，形だけにとらわれて，先行する場合があるでしょ．それは気を付けないといけないことかなと．我々が一人ひとり意識持たないといけないところと重なってるんだけど，TTというものがクローズアップされれば，TTをやらなきゃいけないって，場の設定という言葉がクローズアップされると場をつくんなきゃいけないと，そうすると形だけ場を作ってやりなさいということになっちゃって，本当に研究を深めていかないと難しい部分があるかなと，繰り返しになっちゃうかもしれないけど，僕はひとつの手段かなと思っているので，教え合いが必要，だから教え合いが生まれた，場の設定が必要だから場が生まれた，教師の言葉がけ，補助が必要だからその場面で生まれた，ということかなと解釈してたんだけど，異質グループって言葉だけが，それも大事なひとつなんだけど，異質グループが主題になってるなと．	1				2								1							
ベテラン教師（研究主任）	僕はそう捉えてないんだけど，学習形態の工夫の中にそれがあって，だから来年それに絞るかどうか分からないんだけど，場の設定と教師の役割っていうのも大事なんだから，それは先生方の・・・・　あんまり異質グループだけにこだわってるわけじゃないんで．																				
リーダー	うん，ただ気を付けないと，子どもを合わせちゃおうというところもあるので，もちろん深めていくことは大切なんだけど，もうちょっと勉強していかないと，はい，O先生．					2														1	

O	はい，高学年のテーマとか学習形態の工夫などの要所要所に出てくるみがき合いということが難しいなと思いました．中学年までは協力し合いながらとか，見合いながらといった言葉だったのですが，高学年になるとみがき合いながらという言葉になっていて，これも教え合いと関わることなんですが，どこまですることがみがき合うことなのかということがちょっと疑問だなと思いました．今年はY先生やI先生が新しいやり方というか，少ない情報の中から子どもたちに学び方を考えさせるようなやり方をされていたと思うんですが，私のような者は，授業を成り立たせることが先というところがあるので，あのような授業は難しいなと思っていたんです．今の自分の力だと．やり方はあるんだと思うんですけど，そういった中でみがき合いってどういうこと，どうすればみがき合ったことになるのかなというのが難しいなと思いました．																				
若年教師	みがき合いかぁ～．どういうこと？																				
O	言葉の定義．																				
若年教師	言葉の定義．協力の一個上って感じかな．分かんないけど．笑																				
リーダー	目標があって，協力し合って．									1											
若年教師	お互いに良くなろうっていう意識を持ってやろうってことかな．																				
O	意識・・？																				
若年教師	良くなるためにこういう風にしていこうっていうことかなと思います．助け合いでしょ？困ってる人を助けてあげよう，協力しよう，みんなでやろう，みんなでよくなるためにやろう，そんな意味合いでいいんですかね？																				
O	みがき合いの中には技術に関わるような子ども同士の言葉かけも求められているのかなぁなんて思ったりして．																				
若年教師	良くなるためには考えて，あ，こうしたらこの人のためになるんじゃないかなとか，そういうことなのかな．うーん．																				
O	そういうものをある程度教師が与えた情報の中から発見していくのか，少ない情報の中から発見していくのか．																				
若年教師	このステップで考えると，低学年の時に助けてあげようね，中学年の時にみんなで協力しようねって，こうやると上手になるからやってあげようっていう風に学習していくと，高学年になるとその経験で少しは出てくるんでしょうね，きっと．																				
O	うーん，積み重ねがあれば．																				
若年教師	うん，積み重ねがあれば，お互いにこの子にはこういうことやってあげたら，経験した子なんかはこうもりふりやってる子に，前にこんな補助の仕方教えてもらった，というふうに出てくるのかなと思いますけど，良くするために考えて活動を進めていくということなのかな，わかんない，わかんないよ．																				
ベテラン教師（研究主任）	この前にN先生がおっしゃっていたように，教え合いのレベルがあるんじゃないですか？																				
若年教師	ステップ？教え合いのステップ？																				
ベテラン教師（研究主任）	高学年はどこまで教え合うのかって，おっしゃってましたよね．12ページにあるけど．																				
	ページめくって見ている．																				
リーダー	抽象的だよね．形だけの話し合いって，上辺の意見になっちゃうと教え合ってて良かったですとか，教え合ってる姿があって良かったですって，でも本当に良かったのかなって．本当にその教え合いによって子どもは高まってるのかなっていうのを検証するシステムが確立されてないし，どうしても姿を出さなきゃいけない，結局姿があって良かったですっていう．そこで止まってる，実際には全体でやるとそこが限界になっちゃうっていう気がしないでもないんだけど．					3															
ベテラン教師（研究主任）	あの一，なんていうか，この前もS先生（外部講師）が・・・N先生の授業を映して，なんかの回数を数えて．																				
リーダー	うーん，そうなんだけどね．										1										
ベテラン教師（研究主任）	確かにひとつのあれではあるとおもうんだけどね．マイク付けられて，すっごい意識する．笑　そんなんでいいのかなぁと思いながら，それもひとつのあれではあるとおもうんだけどね．																				
リーダー	H小で10時間授業全部マイク付けて．									1											
	へぇー．																				
リーダー	T大の人が来て．									1											
ベテラン教師（研究主任）	この前の授業は，本人が意識しないうちに周りが撮ってるんだろうけど．すごい気になる．やたらといつもより口数が多くなる．笑なんか言わなきゃいけないって笑																				

NM	今の話からずれるかもしれないけど，話し合いは全くないけど，ただひたすら練習に打ち込んでるっていう授業はあっちゃいけないのかな？昔から国語の研究校に行くと，作文書いてる授業は誰もしないんだよね．ただひたすら作文書いてる授業は，あれは学習じゃないんじゃないかって．話し合いをする授業しかしないわけ．作文をひたすら書いてる授業をだれかやってくれって講師は言うんだけど，だれもしないっていう．体育でも例えば指導計画の中で，教え合う場面を強調される授業があっても良いだろうし，ただひたすらその時間はとにかく徹底して打ち込んでるとかさ，そういう授業があっても良いんじゃないかなって個人的には思うんだけど．先生はただ黙って見て，ちょっと関わるけど．本当は小さな声で話しはしてるかもしれないけどね．我々はしゃべってばっかりいる．運動量が足りないってしょっちゅう言われるじゃないですか．集め方でも，何回も集めるんじゃないよとかさ，もっと運動やらせろ，練習やらせろとかって言われるんだけど，さっきの国語じゃないけどひたすら練習してるっていう授業があっても良いのか，前々から感じてたんだけど，自分ではできなかったんだけど，だから体育でも話し合いを強調する授業とひたすら練習する授業があっても良いんじゃないかなと思いますけどね．するとメリハリが出てくるのかなと思いますけどね．だからY先生がやったようなのを増やしていけば，そのうちああいう場面を取り上げて強調しなくても，子どもがその場でどんどんそういう子が増えていって，一連の流れの中では話し合いをしながら練習に打ち込む．																				
養護教諭	Y先生はなんであの授業を取り入れたの？																				
若年教師	うーん，なんで？えーっとですね・・・																				
養護教諭	例えば講師からやれっていわれたのか，自分がやりたかったのか．																				
若年教師	一番最初に，去年の分解図と練習方法が載ってる資料を使って鉄棒やったんです．で，今年は分解図だけあればいいかなと思って，夏休みの指導案検討のときにこういうふうにやってみたいですっていう話をして，そしたら分解図を使えば異質グループでもできるのかなって思ってやってみたんです．でも結局，中間では自然に等質になっちゃって．4時間目に挑戦学習始めたときには生活班でやったんです．そのときは良かったんですけどね，場とかが広がっていかなかったので．はい．でも自然と集まり始めちゃって．　分解図は技のポイントを気付けることは気付けるかな．　そうですねぇ．気づき方とかは教えましたけど．																				
養護教諭	あえて教えないこともあるんでしょ？自分から見つけなさい．																				
若年教師	学習の仕方だけ教えました．																				
養護教諭	仕方，流れ？																				
若年教師	流れって言うか，分解図があって，この見方，使い方ってことで，グループの中でひとりがやって，3人で見てあげようって，見比べてあげようって，分解図が6個の動きがあったら，6個の動きに対してどこまでできてるか見てあげようって．目標と違うところがその子の課題になるんだよっていう指導はしましたけど．																				
リーダー	はい，じゃあもう時間ないので，その他というところで全般的で結構です．何かありましたらお願いします．																			2	
若年教師	どんなことでもいいですか？																				
リーダー	どんなことでもいいです．ひとつ，一番最初のO先生の意見で，一番最初の授業研は体育の基礎基本的な確認で良いのかなって．例えば普通の授業の中の，例えば国語の授業でいえば，巡視の仕方とか発問の仕方とか子どもの集合のかけ方，正直言うとテーマは壮大なんだけれど，体育の基本的なことが全く分からないっていう方もいらっしゃると思うんですよね，または自信がない．それぞれ教師も個性があるので，教え合ってともに高まっていくところから子どもを高めていくのが得意な先生もいれば，一対一の触れあいがすごく得意な先生もいれば，というところで，子どもとの関わり方の基礎基本みたいな所を経験者のベテランの先生から全く経験されてない先生が，ここは真似したいなとか，研究を越えてっていうか，そこの前の段階でこの先生の板書の仕方上手いなとかそういう段階の研修が必要なんじゃないかって思うんですよね．だからO先生がさっき言ったところが現実的な悩みだと思うんです．					3					1									1	
ベテラン教師（研究主任）	それは授業研になっちゃう．																				
リーダー	だからそういう研修の場が必要かなって．									1											
若年教師	集団行動様式をやるみたいな感じですか？																				
リーダー	だから授業を見る視点を，体育の基本的な部分を，たとえば道具を3分で出しなさいっていっても，先生が道具の持ち方を知らない，それからどういう姿がいいのかっていうのを知らないで3分で出せって言ったって，いわれてる子どもはあれじゃない，子どもの姿見なきゃって言っても巡視の仕方が分からない，子どもの全体を見たりとか，個に関わったりするタイミングとか，そういう経験が全くないっていったって，子どもの関わりを高めていけっていったって，僕ははっきりいって無理だなって，その前の段階かなって，マットの授業研やってて，そういう壮大な理想は良いんだけど，マットの持ち方も知らない，並べ方も知らない，では，現実的にそういうことで悩まれてる先生は，レベルが低いって言ってるわけではないんだけど，当然だと思うよ，経験してないわけだから，そういう当たり前のことを確認する，授業として最低限教師として持っていなきゃいけないものを，本当は教員養成機関で勉強すべきことなのかもしれないけれど．					6															
ベテラン教師（研究主任）	あればあったほうがね．でもその先生はそういうことを学年の先生を見たりとか，そういうことをしているのか．																				
リーダー	だから，それは自分からやるのが一番なんだけど，学校としてきちんと教育していく，先生達を育てていくというのは体育のことを研究しているんだったら当たり前かなと，理科の実験校で理科の実験道具の扱い方をしらない，実験道具の持ち方を知らない，それで子どもの理科の実験授業をやれって言われてるのと同じで，体育の研究するには必要かなと．					2															
ベテラン教師（研究主任）	でも与えるだけのものではなくて，色んな機会を捉えながらそういうのを覚えていって，いっぺんには教えられないだろうし．																				

発言者	発言内容	1	2	3	4	5	6	7	8	9	10	11	12	13	14	15	16	17	18	19	20	
リーダー	ただそれはもちろん先生がおっしゃるように，個人が最低限これ指導するんだったら勉強しなきゃいけないなってことで自分がやっていくことだと思うんだけど，正直言うとそれは個人差もあるし，先生の意欲もあるし，時間や限られた先生の条件というのもあるわけだから．それを個人任せにするのは難しい・・．やっぱりそうなってきて一番混乱するのは子どもかなって．壮大なテーマを与えて，やれ教え合いですとか，教師の支援ですとかね．そういう基礎がない中でそういう壮大なテーマを全体でぼーんと持ってきて一番困るのは子どもかなって．単純に感じることがあるので．もし研究全体を見れば，教材について精通するっていうのも大切なテーマかなと思いますね．教える，教えないっていうことは難しい論争もあるんだけれど．					4																
若年教師	初若年研修でやる．笑																					
リーダー	それもひとつの方法だと思う．ベテランの先生がやるのも良いし，若い先生がやって，そういう視点で研究とちょっと違っちゃうかもしれないけど，そういう視点でみんなと勉強していくっていう．今の先生の周り方はよかったかどうかとか，教師の見る位置はいいかとか，学習用具はきちんと正しく使われているかとか，置き場所は正しいか，使い方は正しいか，踏切版の置く場所は良いかどうか．初若年研修はひとつの場かなと思うけど，初若年研修はこれ以上広げるのもやだな．笑　新たに研修をボコボコボコ作るとまた文句が出てくるから．そういうことを勉強する機会は必要じゃないかな．もちろんそれは個人で努力しなきゃいけないことです．					4																
養護教諭	全授業の総括・・・																					
リーダー	じゃあもうちょっと聞きたいんですけど，ここで打ち切りたいと思います．足りない人は個人的に．笑　半年間，どうもありがとうございました．																			3		
		1	0	0	0	34	0	0	0	5	2	0	0	2	0	0	0	0	0	12	0	56
		1.8%	0.0%	0.0%	0.0%	60.7%	0.0%	0.0%	0.0%	8.9%	3.6%	0.0%	0.0%	3.6%	0.0%	0.0%	0.0%	0.0%	0.0%	21.4%	0.0%	100.0%

資料5　若手教師による構想発表（平成16年4月21日）

	発話シークエンス	発話内行為		内容	
		サブ・カテゴリー	メイン・カテゴリー	サブ・カテゴリー	メイン・カテゴリー
1	はい．それでは，「跳び箱運動」です．「運動の特性」と書いてあるんですけれども，まず，今回の跳び箱を行うにあたって，特にという意味なんですけれども，跳び箱学習の「第一空間」，踏み切りをしてからぽーんと体を投げ出すというか，あの感覚を特に今回は意識して，開脚跳びの場合なんですけど，やっていきたいなというふうに思っています．	意思表明	意思表明	運動技能	学習内容
2	「実態調査」．実態調査で１時間，子どもたちが，跳び箱を，実際，今，どのぐらい跳べるのかという，自分の力を知る時間を取ったんですけれども．	事実報告	基礎情報提供		
3	まず，子どもたちの跳び箱運動に対して「怖い」という子．怖いのはどこかというと，やっぱり，踏み切ってから手を着いたところ，手を着く瞬間で，そのあと，なんていうのかな，うまく体を投げ出すことができないというか．怖いから踏み切りが弱くなって，手をべたっと着いて，上に乗っちゃうという．	仮説提示	仮説提示	運動能力	学習者
4	そういうところが子どもたちの感想から出ていたので，「実は，踏み切りをしてぽーんと跳ぶあの感覚って，すごく気持ちいいんだよ」っていうのを，子どもたちに味わわせてあげたいなということで，今回は，これを特に意識して取り組みたいと思っています．	意思表明	意思表明	運動技能	学習内容
5	学習面の中では，「グループ学習」，「ペア学習」で，去年は異質・等質とありましたけれども，生活班を基本とした学習で，挑戦学習では，場面によっては等質になってしまうと思うんですけども，いろんなグループとの関わりとか，できる子に見せてもらったりとか，資料の見方をしっかりとしておけば，異質同士でも教え合うこともできますし，無理して異質にするわけじゃなくて，自然なかたちで，子どもたちの関わりが増えるようなグループ，ペア学習にしていきたいと思っています．	仮説提示 意思表明	仮説提示 意思表明	学習集団 学習の仕方	学習方法 学習方法
6	次，<u>ここが今，自分で一番悩んでいるところなんですけれども</u>，体慣らしの運動の中に，跳び箱で一番大事なところ，「踏み切り」，「ケンパー跳び」とか，着地したあとの腰上げとか，大事なポイントを入れて指導をしていきたいんですけれども，<u>まだ自分は勉強をしていないですけれども</u>，どんな言葉がけで，「この運動では，ここが大事なんだよ」という，一つの運動に対して「ここを意識して大事にしようね」というようなうまい言葉かけをかけて，一つ一つの運動が，「ケンパー跳びの場合だったらここだよ」というようなポイントをしっかりと押さえた体慣らしの運動にしたいと考えています．	<u>困難性表明</u> 意思表明 <u>困難性表明</u> 意思表明	課題提示 課題提示	運動指導 具体的指導手法	学習内容 指導
7	そうすることによって，グループ学習，ペア学習になったときに，子どもたちに自然と見る視点が育ってくると考えているので，子どもたちで，具体的に，「今，踏み切りが弱いよ」とか，「弱かった」とか，うまく言えないけど，「腰上げの腰が上がってなかったよ」とか，見るポイントが絞れるんじゃないかと考えています．	仮説提示 仮説提示	仮説提示 仮説提示	学習集団 学習の仕方	学習方法 学習方法

8	また，挑戦学習の中では，資料の中で，資料の絵から，「ここは踏み切りが大事なんだな」とか，着手したときに，「腰が上がっているね」とか，そういうように資料の絵からも読み取ることができるし，うーん，うまく表現できないんですけれど，単元を通して，大事にしていくポイントっていうのを，体慣らしの中にうまく入れていきたいと考えています．	困難性表明 意思表明	課題提示	学習の流れ	学習方法
9	「単元の流れ」のほうに行きます．まず，１時間目，２時間目はオリエンテーション，まだ１時間目で実態調査をしたところです．まだ２時間目には進んでいません．	事実報告	基礎情報提供	単元構成	学習方法
10	２時間目では，単元の見通し，単元を通しての目当てを持つ，例えば，この学習が終わったときには，「台上前転ができるようになりたい」とか，「まだ４段しか飛べてないので，この学習が終わったあとに・・・」子どもたちの最初の持ち方だと，「８段も跳びたい」という漠然とした目当ての持ち方になるのかもしれないんですけど，単元を通しての目当てというか，自分の姿を，２時間目で持たせて，この学習への夢というか，こうなりたいなという気持ちを大事にしたいと考えています．	仮説提示 意思表明	仮説提示 意思表明	単元構成 学習の流れ	学習方法 学習方法
11	３時間目は，ここが，今，自分が一番のポイントだと思っているんですけども，この体慣らしの運動で，子どもたちにどれだけ大事なポイントを意識させて，跳び箱につながる運動を簡単でわかりやすく伝えられるかなというところ，ここは，まだ勉強していないので何とも言えないんですけども，大事にしていきたいと思ってます．	困難性表明 意思表明 困難性表明	課題提示	運動指導	指導
12	４時間目．今回の学習で，開脚跳びでは第一空間を楽しませたいというふうに考えているので，４時間目で，「踏み切り」，「着手」，「着地」の中の「踏み切り」を特に，まず一番最初に，強く，子どもたちに意識させたいと考えています．	意思表明	意思表明	運動指導	指導
13	まだ，まとめてなくて申しわけないんですけれども，第一空間を，カステラ板を入れて距離をつくって，４つぐらい入れて，気持ちよく体を放り出している子が５人か６人ぐらい，あとはやっぱり２つ，それ以上入れると怖いという子が多かったです．	現状報告	基礎情報提供	運動能力	学習者
14	踏み切りを強くして，「踏み切り・着手・着地」が基本だと思うんですけれども，第一空間を楽しませられるように高める学習で，４時間目をやっていきたいと思います．	仮説提示 意思表明	意思表明	学習目標	学習内容
15	４時間目の最後に，「目当ての確認」と「自分ができそうな技なのかどうかの判断」と書いてあるんですけれども，場づくりをしてみて，「自分が，今，どの程度にいるのか，どの程度の力があるのか」っていうのを確認して，次からの挑戦学習の自分の取り組む技を決めるぐらいで終わると考えています．本格的に始まるのは，次の５時間目からと考えています．	仮説提示	仮説提示	学習の流れ	学習方法
16	５時間目では，少しずつグループでの学習を，きっと，今までの積み重ねで，いい人たちが出てくると思うんですけれど，ほめながら伸ばしていきたいんですけども，改めて意識させたいと考えています．遅いかなとは思うんですけども，３時間目と４時間目で，子どもたちに（第一空間を意識する学習を）やってもらおうというのがあるので，５時間目にしました．もしも，「もっと早くからできるんじゃないか」とか，その他ありましたら，あとでご指導をお願いします．	仮説提示 意思表明 困難性表明 意思表明 協力依頼	意思表明 課題提示	学習指導 学習指導	指導 指導

17	６時間目，７時間目は，２時間同じような目当てになっています．去年，K先生が，跳び箱をやって，「めあて３」という考え方があるというようなことをご指導いただきました．例えば，開脚飛びから，さらに水平飛びに，という，何ていうかな，その考え方が，ちょっとまだ自分でどう整理して子どもたちに伝えていっていいかよく理解できていないので，今回，今のところなんですけれども，この時間から，挑戦学習の中でも，「めあて３」という考え方を，少し認めていきたいなと考えています．	外部知提示 困難性表明 意思表明	課題提示	運動指導	指導
18	うまく言えないんですけれども，自分の考えだと，第一空間を，もっと距離を出して跳べるようになりたいという，もっと美しく，足を真っすぐに伸ばして跳べるようになりたいとか，そういうめあてを持つ子が出てくると考えているので，その子はそのめあてを認めつつ，挑戦学習の時間も，自分のやりたいものに向かって，もっとひざが伸びるようにっていう，もっと腰が高く上がるように，もっと体が真っすぐになるようにとか，そういうのも認めていきたいなと考えています．	困難性表明 仮説提示 意思表明	課題提示 意思表明	学習能力 具体的指導手法	学習者 指導
19	最後は学習発表会をして，自分の伸びと最初に立てためあてとどうなったのかな，この学習を通してどうだったかな，というような振り返りをしていきたいと考えています．	意思表明	意思表明	学習の流れ	学習方法
20	５月６日の本時では，今のところ４時間目を考えています．今回の第一空間を楽しませるための踏み切りのところを見ていただきたいなと考えています．以上です．	協力依頼	課題提示	学習の仕方	学習方法

注：括弧内の言葉は筆者が加筆したものである．

資料6　ベテラン教師による構想発表（平成16年5月27日）

	発話シークエンス	発話内行為		内容	
		サブ・カテゴリー	メイン・カテゴリー	サブ・カテゴリー	メイン・カテゴリー
1	はい，よろしくお願いします．十分な資料がないんですけども，お願いします．まず，鉄棒運動をやるということで，クラスの実態をということで考えました．去年，どの程度やっているのかちょっとわからないんですけども，「大好き」，「好き」が９名，２９人について，「普通」９名，「嫌い」が１１人ということで，差がかなり大きいなって，上から下まで大きいなと思いました．	事実報告	**基礎情報提供**	学習能力	**学習者**
2	「好き」っていうのは，やっぱり「成功できた」，「できた」っていう気持ちを味わっているっていうことが，そこの「大好き」って答えた人の気持ちの中からはわかるような気がします．「大嫌い」，「嫌い」って答えているのは，やっぱりできないからが多いんじゃないかなと思います．やっぱり「痛い」という子と，「あんまりやったことがないから」，「落ちたら痛そうだから」ということで，もちろん怖さとかもあるんですけども，それを克服した喜びがまだわかってないからだと思います．	仮説提示	**仮説提示**	学習能力	**学習者**
3	技能のほうを見ても，これを見るよりこっちのほうを見たほうがはっきりするんじゃないかな．表を見たほうが一目瞭然なんです（資料を提示）．ほとんどの子が「こうもり」と「こうもり振り降り」を，多分，去年，中心にやっているかなと思います．これ（表）を見ると，一番こっち側がこうもり振りの辺りで，あと，逆上がりができるぐらいで，真ん中の回り技はほとんど付いていない．付いている子は付いているんですけども，付いていないんです．	事実報告	**基礎情報提供**	運動能力	**学習者**
4	ここら辺の実態から，できるだけこれから回り技の，真ん中の部分を，少しできるようにしてやったらいいかなというふうに考えました．去年は，でも，こうもりとこうもり振り降りをやっているので，それからすると，ひざ掛け回転のほうを中心にやらせてつなげてあげて，できている子については，腕立て系統についても，触れさせてあげるっていうようなかたちなのかな，っていうふうに思います．	意思表明 意思表明	**意思表明**	学習目標	**学習内容**
5	詳しくは，実態調査していないんで，もう少しはできるかもしれないんですけど，でも，そんなに大きくは変わらないのかなというふうに考えています．なので，多分，1組（他の教師の組）もそんなに大きくは変わらないと思うんですけども，そういうことがわかりました．	仮説提示	**仮説提示**	運動能力	**学習者**
6	ここで，「考察」のところにも，今言ったことが書いてあります．できれば，５，６年生に鉄棒がないんで，一応，「上がる・回る・下りる」ができればいいかなと．<u>実態からいくとちょっとどこまでいくか，ちょっとわからないなっ</u>ていうふうに思います．	意思表明 <u>困難性表明</u>	**課題提示**	運動内容 学習の仕方	**学習内容 学習方法**
7	ただ，技能が低いので，その部分，細かいステップって，やっぱりいつもそうなんですけども，技能をみんなで認め合えられるようにしていきたいなっていうふうに思います．	意思表明	**意思表明**	学習目標	**学習内容**

8	それから，あとは，やっぱり慣れていないなんだろうなってすごく思いました．うちのクラスのイシドウくんとか，結構，できそうだなと思う子についてもそんなにできていないんですね，実態が．やっていないんですね．取り組んでいないっていうことで，取り組めば，ある程度，やっていくと思うので，慣れさせることがまずは第一なのかなと思うので，業間のあととか昼休みのところとかを使って，やっぱりやっていきたいなっていうふうに思っています．	仮説提示 現状報告 現状報告 仮説提示 意思表明	仮説提示 意思表明	運動能力 運動技能	学習者 学習内容
9	「テーマとのかかわり」で，「指導計画」にもかかわるんですけども，一応，去年までの１０時間で，去年はどういうふうにしたとか，これは，自分でも，去年，やっていないところもあるので，やっぱり１０時間かなと思うんです．前，指導された中で，N先生（外部講師）から指導されたんですけども，年間計画の中で，本校の一応５年と６年ということで，５年に１０時間入っているんです．「５年生で５時間で，６年生で５時間やって，そういうやり方のほうがいいのではないか」っていうような指導も受けました．子どもたちのことを考えると，まず，体が重くなるからってこともあるのかもしれませんけど，ここで自主的にそういうのをやったほうがいいのか，少しずつこういうのが出てきたほうがいいのか．ここで１０時間取り扱って子どもがどれだけ伸びるのか．やっぱりある程度，時間的にかけないとそんなに大きくは，すぐには伸びないのかなというふうな気がします．技能的に，やっぱり「できた」っていうことを味わえないと，やっぱり喜び感じられないのかなって思いました．「年間計画」との関わりもあるんで，勝手に変えるわけにはいかんなとは思いますけども．はい，そういうことを思いました．そういうふうにやってみてもいいのかどうかはよくわかんないんですけど，ちょっとそういうことを考えましたんで，先生方のご意見を聞かせていただければなというふうに思います．	困難性表明 外部知提示 仮説提示 問題提起 仮説提示 仮説提示 困難性表明 協力依頼	課題提示 課題提示	単元構成 学習の流れ	学習方法 学習方法
10	それから，あとは，本当に一般的なことです．「つまずきを克服できる場や痛さや怖さを和らげる場」ということで，特にセーフティーマットとか使っていこうかな．できる子については，特に危ない子に，といっても何人かしかいないんですけど，ナカジマさんとか．ナカジマさんはもう少しできると思うんですけども．あとは，できない子についての指導もやっぱり，特に逆上がりができない子がまだ７人もいるんで，その子たちは，本当にそれ以前の運動を，多分，たくさん経験させないといけないのかなというふうに，今思っています．「技能差が大きい」ということを頭に置いて指導にあたっていきたいと思います．	意思表明 現状報告 仮説提示 現状報告 仮説提示 意思表明	意思表明 仮説提示	具体的指導手法 運動指導	指導 指導
11	それから，グループということで考えたことは，異質グループと等質グループをっていうことで考えたんですけども，人数が２９人なので，こっちの鉄棒が全部で２１かな，小さい三角鉄棒も合わせると２１ぐらいあるんで，できれば２人組のペアでやっても．最初の高める学習とか，ペアにして場を多くさせていってもいいかなというふうに考えています．	事実報告 仮説提示	仮説提示	学習集団	学習方法
12	あとは，やっぱり生活グループなんですけども，どちらのほうがいいかなって思っています．あとは，鉄棒の高さがあるので，鉄棒の高さでペアを組み替えにさせて，できるだけ場を多くして取り組める回数ができるだけ多いほうがいいかなというふうに思います．	困難性表明 仮説提示	課題提示	学習の場	学習方法
13	あとは，暑さとの関係もあるんで，そこら辺，はい．今，水分がなくなっちゃうと，逆にそれもきついかなと思うんで，働き掛けていきたいなっていうふうに思います．７月なので頑張っていきたいと思います．	意思表明	意思表明	具体的指導手法	指導

14	それから，「挑戦学習」のほうについては，次のところに書いてあるんですけども，高鉄棒のほうで「こうもり振り」，「ひざ掛け」，「両ひざ掛け」の辺りを持ってきて，こっちの三角鉄棒のほうで「逆上がり」．「腕立て」はあんまりいないと思うんですけども，やりたいと思うんですけども，とりあえず，向こうの高鉄棒は６基しかないんで，今，現実，子どもたちの実態としては，こうもりとこうもり振りをほとんどやっている状態で，途中で終わっているようなかたちみたいなんで，こっちの三角鉄棒でどれだけできるかなって，ひざ掛けやるっていうときに．その場の設定の仕方って，「？」で書いてあるんですけども．そこら辺，何かいい方法があったら教えていただきたいと思います，今までやった先生方．前，２年前にやったときは，あんまりそういうひざ掛けとかもそんなに，うまく分かれていたんで大丈夫だったんですけども，今回は，多分，実態からすると，何か工夫をしなきゃいけないなっていうふうに思っています．そんなところです．	仮説提示 事実報告 現状報告 困難性提示 協力依頼 仮説提示	仮説提示 課題提示	運動能力実態 学習の場	学習者 学習方法
15	授業の流し方は・・・印刷されていません，すいません．あとで印刷します．一応，１０時間扱いで，真ん中８時間にして，高める学習の時間をすごく長く取ったんですけども，挑戦学習は一応，この前の指導もあったので，挑戦学習の時間は，こういう姿勢で行くというようなかたちにしていきたいと思っています．以上です．よろしくお願いします．	意思表明 外部知提示 意思表明	説得的方向示唆	単元構成	学習方法

注：括弧内の言葉は筆者が加筆したものである．

資料7 リーダーによる構想発表（平成16年5月13日）

	発話シークエンス	発話内行為		内容	
		サブ・カテゴリー	メイン・カテゴリー	サブ・カテゴリー	メイン・カテゴリー
1	陸上運動ということで，ハードルを去年までずっとやっていたんですけれど，今まで２回やっていますし，ちょっと違う領域で陸上の力というか，高跳びのほうを考えてきました．	事実報告	**基礎情報提供**	運動内容	**学習内容**
2	それで，まず年間計画の表を参考にしてもらって，年間計画では５年生の走り高跳びは全部で６時間扱いということで，４５分ぐらいでやっていくと，どういうふうに組めるかなということで考えました．それで，この前，Y先生のほうで，ちょっと話題になったこと（学び合い・教え合いに関すること）なんかにも，後半ちょっと触れて，高学年の考え方についてやりたいと思います．	問題提起	**課題提示**	学習の仕方	**学習方法**
3	実態の採り方をまずどうしたらいいのかなということで，関心・意欲・態度面と学び方，それから技能面のほうで，ということで，どれだけ跳べるのかというところは，まだ跳んでいません．５０メートル走と垂直跳びと体の柔らかさ，体の柔らかさについては，ちょっと具体的数値，ちょっとどう出したらいいか分んなかったので，◎，○，△ということで調査しました．これは，スピード，それから，ばね，それから，空中姿勢や跳び越すときのそういう体の身体能力等っていうことで，3つを採ってみたんですが．陸上をやっている人なんかにも，どんなところをとったらいいかなと相談したんですけれど，「ちょっとこんなことをやってみると，参考になるよ」とか，そういうものを教えていただければと思います．	問題提起 事実報告 困難性表明 事実報告 協力依頼	**課題提示**	運動能力	**学習者**
4	実態調査については，１ページに書いてあるとおりです．「好き・ふつう・嫌い」って聞いたんですけど，実際，「よくわからない」って言うんです．好きか嫌いかがよくわからない．好きっていうよりも，「面白そうだな」とか「お友達同士でゴム跳びやったら，ちょっと楽しかった」とか．ただ，総体が練習をやっているので，「いいな．やってみたいな」っていう子もいれば，逆に，「バーが怖いな」とか，「痛いな」とか，「あの棒は嫌だ」とか，はっきり，特に女の子は，「あの棒は嫌だ」とか「怖そうだ」とか言う子もいました．恐怖心を取り除いてあげたらいいかなと．全体的には運動好きで，そんなに著しく肥満・・・多少苦労するかなっていうと，Oくん，Tさんがなかなかなじめないかなというような気がします．	現状報告 困難性表明 仮説提示 現状報告 意思表明 現状報告 仮説提示	**課題提示** **仮説提示**	学習能力 運動能力	**学習者** **学習者**
5	３組は，能力的に突出した子はちょっといないかなと今思っているんですけど，ムカイくんやエハラくんなどは，かなりばねがあるので，やりようによっては運動にすごく興味を持って．ムカイくんなんかは，最終的には，かなり能力が高くなると思うんですけど，すごく飛躍するいい種目かなということは感じてます．	現状報告 現状報告 仮説提示 仮説提示	**仮説提示**	運動能力 運動内容 （内容重複）	**学習者** **学習内容** **（内容重複）**
6	次に３番目で，運動の特性を踏まえて，学習の狙いや方向性ということで，こんな方向性に持っていきたいなということで．競争の楽しさとか，自分の記録への挑戦ということが味わえる，跳び越える感覚とか，そういうものを味わえる，特性もちょっと詳しく書かなきゃいけないなと思ったんですけど，学習だなと思いますので．	意思表明 困難性提示 意思表明	**課題提示**	学習目標	**学習内容**
7	関心・意欲・態度面は，これは自分の，普段，子どもたちといつもモットーにしていることなんですけれど，学び方の面，特に，「跳び越せるわけがない」「できるわけがない」という，やっぱりちょっと否定的なスタートをしてしまっている子たちもいるので，そういう子たちを本校の重点目標に合わせて，どういうふうにプラス思考に変容できるかなということが，子どもたちと教師の気持ちのバランスかなと思います．	現状報告 問題提起	**課題提示**	学習指導	**指導**
8	教師が出過ぎても，やはり「無理だ」と，それは当然，子どもの思考の中で，やはり出てきてしまう子もいるかもしれないし，これからあとでちょっと話題に出てくると思うんですけど，そういうところのバランスを考えながら，重点をうまく組み合わせてやっていけるといいのかなということを感じています．	仮説提示 問題提起	**説得的方向示唆**	学習指導	**指導**

9	同じく，学び方で，練習する技のポイント，それから競争の仕方の習得ということで，教え合いの活性化．あとでちょっと教え合いのこと，この間もちょっと話題になったので，ちょっと変な文章を添えてしまったんですけれど，「教え合いって何だろう」ということで，教え合いのいい意味での活性化，それから，適切，そこに「必要最小限な」って書いてあるんですけれど，漠然と場を出して漠然と練習してもしょうがないかなと思うんですけど，本当に必要な子どもに適した場，必要最小限の教師の言葉かけということで，これが未熟なんですけれど，整備していければいいのかなと思います．	問題提起 問題提起 問題提起 困難性表明 問題提起	課題提示 課題提示	学習の流れ 学習指導	学習方法 指導
10	技能面については，よく本に載っている，「モノグラム」と言うんでしたっけ？何か，こういうのが基準になって，目安を与えられるというのがあるんですけど，０．５×「身長」－１０×「５０メートル走」＋１２０・・・前，確か，何かこれを使ってやったなと思うんですけど，これは真の５０メートル走のベストタイムが本当にわからないと，５０メートルをいいかげんに走るとラッキーなんですよね．つまり，足が速いとスピードがあって，身長とか体格が伴ってくると，基準値が高くなるということなので，「５０メートル，用意ドン」ということで実際に測ったんですけど，５０メートルがいいかげんなタイムだと，得点が上がるんですよね，基準値が下がるので．なので，そういう自己のベストタイムを知る努力も，これは必要だなと思います．前，僕がこれをやったときに，高く跳んでいるやつらばっかり，運動能力があるやつがすごく苦労しちゃって，「面白くない．俺，こんなに跳べているのに，全然跳べないやつに，数値，得点で負けちゃう．俺のほうが跳んでいるのに，何で負けちゃうの？」ということで，「つまんない」ということで．	外部知提供 問題提起 現状報告	課題提示	具体的指導手法	指導
11	これはボールなんかのルールの工夫なんかにも言えると思うんだけれど，できない子も何とかしなきゃいけない．ルールの工夫で何とかしなきゃいけない．そうすると，本当に何か違うことを考えている子が，「先生，こんなの面白くない．こんなの『ごっこ』だ」みたいな感じになる．その辺のバランスをちょっとうまくやらないといけないのかなというふうに思っています．	仮説提示 問題提起	説得的方向示唆	学習指導	指導
12	次のページは，「学習の道筋」ということで，ここは，ちょっとあとで先生方のご意見をいただきたいところです．いくつか今まで見てきたり，あと，本を読んだりして，それをまとめてくればよかったんですけど，そこに今書かれている「挑戦」という言葉を使ったんですね．これは４５分の中で，こんな流し方もあるかなと．全部の授業の中で，６時間なら６時間の中で，前半を「高める」，後半を「挑戦する」，そういう考え方，流し方をしているのをよく見かけるなっていうのがありました（黒板に言葉を書きながら説明）．最終的に僕が選べばいいんだけど．　あとですね，この「高める」と「挑戦」の内容なんですけれど，一応僕のほうはアンチョコなんかを見て，体慣らしの例とか，高める見本の例ということで．「高める」運動で，一応，僕のほうは，グループごとに今できる力で楽しんだり，挑戦したり競争したりする．「挑戦」のほうで，自己の記録を伸ばすために場の設定をして，跳び方を直してみたりとか，助走を直してみたりとかするっていうので，考えて，ちょっと言葉を作ってみました．	協力依頼 外部知提供 意思表明	説得的方向示唆	学習の流れ 運動内容 （内容重複）	学習方法 学習内容 （内容重複）
13	何年か前に見た雑誌なんだけれど，この雑誌で・・・．ちょっと言っていることがまとまりがなくて，わかるかな．陸上の，ある学校の実践で，ちょうど「新学習指導要領」が出たころの新しい提案授業ということで，ちょっとそこで実践例ということで．これが何か「高める学習」と「ねらい１」と「ねらい２」の考え方が逆になっているのかなと．あとでお聞きしたいなと思うんだけれど，「ねらい１」で，自分の高さにだんだん記録を目指して挑戦しています．その次も，挑戦していて高めたところでグループを作って，グループごとにルールを決めて競争したりとか，何かちょっと逆なのかなと．言っていることがわかる？あとで，これをちょっと見て．コピーしてくればよかったんだけど，何かこれと逆なのかなみたいに思ったんです．	困難性表明 外部知提供 仮説提示 協力依頼 困難性表明 仮説提示	課題提示	学習の流れ	学習方法
14	「ねらい１」と「ねらい２」ですね．「高める」と「挑戦」っていう言葉でいいのかどうかもわからないけど，子どもたちは，その言葉のほうが使いやすいので，陸上でもこれでもいいかなと思うんですけど，紀要も，もっとよく読まなきゃいけないかなと思ったんだけど．何か逆なのかななんてね，僕のコピーしたやつと．何か昔のコピーなんだけど．「ねらい１」と「ねらい２」の取り組み方とかも，ちょっと教えてもらえると，うれしいなと思います．一応，これでどうかなということで私は考えてみたんですけれど．	困難性表明 仮説提示 困難性表明 問題提起 協力依頼	説得的方向示唆	学習の流れ	学習方法
15	学習カードについては，ごめんなさい，今日コピーしてこようと思って忘れた．そのモノグラムの表を使った採点表や，それで学習カードを作る予定ですが，コピーを忘れてしまいました．				

16	あとは，最後に，「教え合い」ということで，この前もちょっと何か論争みたいになってしまったんですけど，山澤さんの提案授業ということで，最後のほうに，「教え合いって何だろう」っていうことで．結構，普段，僕もいろいろN先生にご指導を，怒られながら，いつも考えているんですけれど．よく分科会とかで，「教え合いがあってよかったです」とか，「できない子が教えてて，教え合っていてよかったです」っていうことで，「すごくよかった」って，何か，それで終わっちゃうんだけれど，「じゃあ，何がよかったのかな」っていうことをもっと，やっぱり研究テーマにしているんだったら，何だろうということを今，僕もうまくつかめないんだけれど，検証していく必要があるんじゃないのかな．	問題提起 困難性表明 問題提起 困難性表明	課題提示	学習指導	指導
17	この前のY先生を弁護するわけじゃないんだけれど，Y先生は，こういう考えで，こういう支援をした．僕は，いろんな教え合いがあるんじゃないのかな（と思います）．例えば，言葉は発しないけれど，遠目で友達の姿にずっとあこがれて，じっと見ていて，「あの人，すごいな．あんなふうになりたいな」と思ってじっと遠目で見てて「あんなことまでするのかな」とか．それは，言葉はかけ合っていないけれど，僕は，もしかしたら，それだって教え合いかもしれないし，学び合いかもしれないんじゃないのかなって（思います）．Y先生が「これを教えたいんだ」ということで一生懸命，「これを実はテーマにしたいんだ」ということでやっていて．「じゃあ，ほかの子はどうなるんですか」ってよく言われるんだけれど，そういうかたちでやると．でも，Y先生は，別にその子だけのかかわり合いを求めてるだけじゃなくて，きっと，「この子にこういうことを言ったら，この子を通して全体に広まっていくんじゃないのかな」，それも学び合いじゃないのかな，教え合いじゃないのかな．要するに，教師主導だっていうことで，「それは研究のテーマじゃないんじゃないか」っていう方向に話が行ってしまうんだけれど，本当にそれがまずいのか．	現状報告 問題提起 問題提起 現状報告 問題提起	課題提示	学習指導	指導
18	じゃあ，教え合いとか，そういう学び合いの姿っていうのがいいって言うんだったら，いったいそれは何が子どもにとってメリットがあったのか，どういうものにつながっていったのかということを子どもたちの目指す理想像っていうことで．あれもちょっと具体的じゃないような気がするんだけれど，そういうところを，もう三十何年研究して，やっぱり我々も，ちょっと頭の端に考えを置いてみたり．分科会の時間は限られているから，「できない子が教えていてよかったです」っていう，そういう言葉で終わってしまうんだけれど，本当にそれはよかったのかな．できる子っていうのは，できない子の教え係じゃないし，その子も，その時間を運動したいし，目当てを持ちたいし，先生ともかかわりを持ちたいし．	問題提起 困難性表明 問題提起 問題提起 仮説提示	説得的方向示唆	学習の仕方	学習方法
19	だから，「教え合っていてよかったです」っていうのが，本当に，それを簡単に言っていいのかなっていうのをちょっと最近感じるんです．だから，ちょっと太字で書いたんだけど，教え合うことによってどこにメリットがあったのかっていうことを，もし「教え合い」をテーマにするんだったら，それをちょっとやっぱり具体的に持っていないと．例えば，僕が今日，ここで「意図的に教え合いの部分を指導した，教えた」っていうことも，ちょっとこれからまた教材研究を含めて出てくると思うので，授業を見ていただいて先生方が，「教え合っていてよかったです．できない子を助けてあげていてよかったです」だけじゃなくて，それによって全体に，またその子たちと教師とのかかわり，そういうものがどういうところに作用があったということまで考えて見ていかないとだめなのかな．	問題提起 問題提起 問題提起	課題提示	研究展開	授業研究

20	自分事で恐縮なんですけど，僕も体育の研究してきて，今から考えるとよくわかるんだけど，公開研究会の直前になると，先生たちに，「助言しなさい，助言しなさい」って言われるんですよね．子どものときはよくわかんなかったんだけれど，この仕事に就いてみると，何となくわかるんですよね．でも，それって，やらせじゃないかな．「研究テーマに重点テーマがあるから教え合いなさい，参観者が来るから教え合いなさい，教え合いはきっといいから教え合いなさい」っていうのは．でも，そこで終わっちゃうと，子どもにとっては，すごく迷惑でしかないのかなという気もするんです．教え合いは，もちろんすばらしいと思うし，だけど，さっき言ったように，じっと黙って遠目に友達の姿を見ていたり，周りの子が叱咤激励しているのを横で見ていたりとか，そういうのも学び合い，刺激合い，教え合いっていうのに，僕自身は，そういうところも考えて，教師の支援と関連するんだけど，いいんじゃないのかな．ただ，かたちだけ教え合っても全く意味がない．「意味がない」っていう言い方は，ちょっとあれなんだけれど，効果はどうなのかなって．長いビジョンを考えれば，あれかもしれないけど．それはもう，子どもだって，大人もそうだけど，人間だから，疲れている子もいるだろうし，聞く意思のない子もいるだろうし，それから，やっぱりレベルが違い過ぎて，言っているのを理解できないとか，「余計なお世話だよ」って感じてしまう子とか，それは当然人間だからいると思うし，そこで，「教えなさい，教えなさい，教えなさい」って，４５分，流して，教え合っていたからよかったですというのは，もうちょっと何か．	外部知提供 問題提起 仮説提示 問題提起 仮説提示 問題提起	説得的方向示唆	学習指導 学習能力	指導 学習者
21	去年からいろいろ話題になっているんだけれど，検証方法をどうしようとか考えています．ちょっと重点に対して突っ込んだ見方，そういうものが必要かなっていうのを感じることがあります．それをしないと，ともすると，本を読んで，研究紀要を読んで，先輩たちの指導案を見て，何となく流して，何となく・・・．「何となく」っていう言い方かどうかわかんないんだけど，「かたちだけ流して，かたちだけ消化して，それで何となく終わっちゃったかなっていう危険性はないのか」みたいな，確か，お話をいただいたと思うんだけれど，ちょっとそういうものも考えなきゃいけないのかな．よく，「どの先生も，どんな，何年目の先生でも，紀要を読んで，そのとおりにやったら子どもが高まっていくのがK小の体育なんだ」っていう，先輩の先生たちからも言われるんだけれど，僕は，実際には難しいなって，すごく．それはちょっと，言葉で言うと理想かなっていう気も，正直言うと，しないとこもないんですね．だから，かたちだけ流して，かたちだけ教え合いの姿を作って，場の設定を作って，よく器械運動の中でも漠然とその場で練習しているのはよくないって意見なんかも，分科会でいろいろ出てくるけど，そういう重点テーマをちょっと一歩突っ込んだ目で，やっぱり参観者も見ていく必要があるのかなということを思って，我々で，こちらの立場で，生意気なことを言っちゃってあれなんだけど，どうかなっていうことで．すみません．たくさんと長々と．よろしくお願いします．	困難性表明 問題提起 問題提起 外部知提供 仮説提示 外部知提供 問題提起	説得的方向示唆	研究展開	授業研究

注：括弧内の言葉は筆者が加筆したものである．

学校組織のナレッジマネジメント

より良い体育授業実践を目指して
効果的な教師間コミュニケーションを探る

2023年4月2日　初版第1刷発行

著　者　　高岡 敦史
発行者　　那須 保友
発行所　　岡山大学出版会
〒700-8530　岡山県岡山市北区津島中3-1-1
TEL 086-251-7306　FAX 086-251-7314
https://www.lib.okayama-u.ac.jp/up/
印刷・製本　友野印刷株式会社

　ISBN 978-4-904228-78-4